中国信息经济学会电子商务专业委员会 **推荐用书**

高等院校电子商务专业系列教材

电子商务运营基础

明小波　冉敏　刘毅　编著

重庆大学出版社

内容提要

基于对淘宝天猫的剖析,以及对电子商务人才核心能力与电子商务专业基础知识的定位分析,本书立足对网店运营实战知识进行基础化、系统化和全面化研究,整理了淘宝大学部分网店运营的视频公开课程,融入自主开发的实战培训知识模块,将真实运营项目编制成综合应用实践作业,注意培养电子商务运营的全局观,形成理论与实战相结合的内容体系,通过配以"知识窗""拓展园"和"瞭望台",让重要知识点得以扩展或提升。

本书主要内容包括电子商务运营概述、开启平台电子商务运营、平台电子商务运营起航、网店商品发布规则及方法、网店美工与装修基础、网店运营数据基础、网店数据综合应用、网店运营案例诊断、网店引流推广方式与策略,以及"附录一:电子商务运营实践作业安排及要求"和"附录二:《电子商务运营基础》实践作业团队及个人成绩表"。

本书适合作为高校电子商务类专业基础必修课的教学用书,也适合电子商务运营创业者作为快速入门的重要参考书,还可以成为广大网商们理清思路的良师益友。

图书在版编目(CIP)数据

电子商务运营基础 / 明小波,冉敏,刘毅编著. --
重庆:重庆大学出版社,2022.1
高等院校电子商务专业系列教材
ISBN 978-7-5689-3136-6

Ⅰ. ①电… Ⅱ. ①明… ②冉… ③刘… Ⅲ. ①电子商务—运营管理—高等学校—教材 Ⅳ. ①F713.365.1

中国版本图书馆 CIP 数据核字(2022)第 017156 号

高等院校电子商务专业系列教材
电子商务运营基础
明小波 冉 敏 刘 毅 编著
策划编辑:尚东亮
责任编辑:尚东亮 龙沛瑶 版式设计:龙沛瑶
责任校对:夏 宇 责任印制:张 策
*
重庆大学出版社出版发行
出版人:饶帮华
社址:重庆市沙坪坝区大学城西路 21 号
邮编:401331
电话:(023)88617190 88617185(中小学)
传真:(023)88617186 88617166
网址:http://www.cqup.com.cn
邮箱:fxk@ cqup.com.cn(营销中心)
全国新华书店经销
重庆华林天美印务有限公司印刷
*
开本:787mm×1092mm 1/16 印张:16 字数:372 千
2022 年 1 月第 1 版 2022 年 1 月第 1 次印刷
印数:1—3 000
ISBN 978-7-5689-3136-6 定价:45.00 元

总 序

　　重庆大学出版社"高等院校电子商务专业系列教材"出版 10 多年来,受到了全国众多高校师生的广泛关注,并获得了较高的评价和支持。随着国内外电子商务实践发展和理论研究日新月异,以及高校电子商务专业教学改革的深入,促使我们必须把电子商务最新的理论、实践和教学成果尽可能地反映和充实到教材中来,对教材全面进行内容修订更新,增补新选题,以适应新的电子商务教学的迫切需要,做到与时俱进。为此,我们于 2015 年启动了本套教材第 3 版修订和增加新编教材的工作。

　　从 2010 年以来,中国的电子商务进入新的发展阶段:规模发展与规范发展并举。电子商务三流规范发展与中国电子商务法制定同步进行:①商流:网上销售实名制由国家工商总局负责管理;②金流:非金融机构支付服务资质管理由中国人民银行总行负责管理;③物流:快递业务规范管理由国家邮政局负责管理;④电子商务立法:中国电子商务法起草工作由全国人大财经委负责组织。中共中央、国务院及多个部委陆续出台了一系列引导、支持和鼓励发展电子商务的法规和政策,极大地鼓舞了已经从事和将要从事电子商务活动的企业、行业和产业,从而推动了电子商务在我国的稳步发展。特别是李克强总理提出"Internet+"行动计划以来,电子商务在拉动内需、促进就业和促进创业的作用正空前显现出来。全国从中央到地方多个层面和行业对电子商务的认识逐步提高,电子商务这一先进生产力正在成为我国经济社会新的发动机。

　　2015 年 7 月 28 日《人民日报》报道:全国总创业者 1 000 万,大学生占 618 万。其中应届毕业生占第一位,回国留学生占第二位,在校大学生占第三位。2016 年 5 月 5 日中央电视台新闻报道:全国大学生就业 20% 由创业带动;全国就业前十大行业中 Internet 电子商务排名第一。中国的大学正在为中国的崛起提供源源不断的人力支持、智力支持、创新支持和创业支持,Internet 电子商务正成为就业创业的领头羊。

　　在教育部《普通高等学校本科专业目录(2012 年)》中已经把电子商务作为一个专业类给予定义。即在学科门类:12 管理学下设 1208 电子商务类,120801 电子商务(注:可授管理学或经济学或工学学士学位)。2013 年教育部公布了高等学校电子商务类专业教学指导委员会(2013—2017 年)名单,共由 39 位委员组成,是第一届 21 名委员的近两倍,主要充实了除教育部直属高校以外的地方和其他部委所属高校的电子商务专家代表。

　　截止到 2015 年底,全国已有 400 多所高校开办电子商务本科专业,1 136 所高职院校开办电子商务专科专业,几十所学校有硕士培养,十几所学校有博士培养。全国电子商务专业在校生人数达到 60 多万,规模全球第一,为我国电子商务产业和相关产业发展奠定了坚实的基础。

　　重庆大学出版社10多年一直致力于高校电商教材的策划出版,得到了"全国高校电子商务专业建设协作组""中国信息经济学会电子商务专业委员会"和"教育部高等学校电子商务类专业教学指导委员会"的大力支持和帮助,于2004年率先推出国内首套"高等院校电子商务专业本科系列教材",并于2012年修订推出了系列教材的第2版,2015年根据教育部"电子商务类专业教学质量国家标准"和电子商务的最新发展启动了本套教材的第3版修订和选题增补,增加了新编教材14种,集中修订教材10种,电子商务教指委有14名委员参与主编,2016年即将形成一个近30个教材品种、比较科学完善的教材体系。这是特别值得庆贺的事。

　　我们希望此套教材的第3版修订和新编能为繁荣我国电子商务教育事业和专业教材市场、支持我国电子商务专业建设和提高电子商务专业人才培养发挥更大的作用。同时我们也希望得到同行学者、专家、教师和同学们更多的意见和建议,使我们能够不断地提高本套教材的质量。

　　在此,我谨代表全体编委和工作人员向本套教材的读者和支持者表示由衷的感谢!

总主编　李琪

2016年5月

前言

如今一说到"淘宝",人们很自然地把它归类于传统电子商务,相比"抖音""快手"所代表的现代电子商务方式(可谓"新商族"),其"火爆"程度略显低调。淘宝不够"火爆"的原因,主要是"吸粉"和"引流"的市场效应不如"新商族"增长迅猛,犹如身处实战前沿的某企业人士所言,"很多情况下,店铺引流几乎微不足道,直播成为主战场",一些企业干脆暂停淘宝、天猫运营,而把主要人力和物力投入到直播中,的确创造出骄人的业绩。

难道"淘宝"真的过时了吗?在一次与浙江耘峰公司的实战讲师姜戈交流时,他道出其中真谛,"淘宝、天猫的人群都是冲着买东西来的,可以说都是精准用户,运营者求之不得,而抖音、快手等新兴媒体的粉丝群,其首要需求却是娱乐,购物只是第二需求,仅此一点便说明淘宝、天猫的基础地位难以撼动"。进一步分析认为,"淘宝、天猫具有稳定的店铺形象,更适合商家开展品牌运作,有利于不断提升企业的品牌价值,而新兴媒体平台则适合塑造个人形象,企业品牌往往紧随其后"。此外,随着国家监管机构对互联网平台规范化管理的加强,特别是要求平台打破"二选一"限制等措施的发布,"淘宝、天猫"所代表的传统电子商务势必迎来更友好的商机。

"淘宝"还是电子商务运营的摇篮。对新手或创业者而言,"免费开店"仍然是入行的最低门槛。众多淘宝讲师及其团队创作出奇彩异色、便捷实用和各级所需的视频公开课程集群,为网商们铺设了一条智慧运营与科学运营之路,成为名副其实的"24 小时电商加油站"。淘宝细致入微的运营推广功能,以及海量多样的市场数据资源,能助新手、新店插上高飞的翅膀。淘宝的基本运营逻辑,"行业—同行—店铺—宝贝"循环递进分析处理模式,放之平台皆准,一旦掌握淘宝运营,对其他平台则可触类旁通。所有这些现象或事实都"弱弱"地告诫我们,淘宝不仅没有过时,似乎还是最适合运营者学习起步的"电商速成驾校"。

我们从事电子商务教育工作,一直思考电子商务人才培养的核心能力究竟是什么?根据对电子商务生态圈的调查与分析,以及与广大传统企业的深入交流,最终得出结论:电子商务生态圈围绕网店运营而延展,形成广阔的电子商务服务业态体系;电子商务运营是基于网店运营基础之上的,放眼服务生态链、网店供应链和传统产业链的全局化运作过程;网店运营是电子商务生态圈的核心,是电子商务运营的基础,因此也是电子商务人才必须具备的核心能力。

长期以来,困扰高等院校电子商务人才培养的难题,一般认为是由于网店运营教学工作需要具有丰富实践经验的讲师才能胜任,而高等院校缺少这样的人才,因此造成运营实战教学普遍薄弱甚至缺位的现象。带着这个问题，我们跟随实战讲师认真学习了网店运营实战知识，发现其中不仅含有系统、科学的知识和方法，而且拥有值得归纳的实战经验和诊断案例等丰富素材。如果对这些实战素材进行系统研究，完全可能将它们转变成一种符合高校电子商务类专业人才培养需要的理论基础课程之一。这样，既可达到为学生实施普及性教学的目的，解决运营知识薄弱或缺位的问题，又能让专业教师易于承担运营知识的教学任务，更有利于教师提高"双师型"能力。为此，我们萌生了编写本书的意愿。

基于上述对淘宝、天猫的认识，以及对电子商务人才核心能力与电子商务专业基础知识的定位分析，本书立足对网店运营实战知识进行基础化、系统化和全面化研究，整理了淘宝大学部分网店运营的视频公开课程，融入自主开发的实战培训知识模块，将真实运营项目编制成综合应用实践作业，注意培养电子商务运营全局观，形成理论与实战相结合的内容体系，通过配以"知识窗""拓展园"和"瞭望台"，让重要内容点得以扩展或提升，适合作为高校电子商务类专业基础必修课的教学用书，也适合作为电子商务运营创业者快速入门的重要参考书，还可以成为广大网商们理清思路的良师益友。

本书共分为九章及两个附录，其中第一章、第二章（部分）、第四章、第六章、第七章、第八章（部分）和第九章由明小波编写；第二章（部分）、第三章和第五章由冉敏编写；第八章（部分）、附录一和附录二由刘毅编写。潘鹏举、吴琪、陈玉娥提供实战项目参考模板及运营实战复盘记录。参与课程建设及素材编制的老师有：肖红波、陈丽玉、刘群芳、杨昆、陈怡桉、周霞、梁玉莹。全书最后由明小波和冉敏统稿，刘毅负责对全书实战知识审定把关。

本书在编写过程中得到姜戈、简易等实战讲师的指导，在此一并致谢！

本书参考淘宝大学部分新手入门、电商基础及精品课程的视频公开课，将其中的思路、经验、案例等素材进行了整理，主要参考的视频课程及文献将在"参考课程"及"参考文献"里列出，方便学习者查询对照。

明小波　冉敏　刘毅

2021 年 5 月于成都

目 录

第一章
电子商务运营概述

第一节　电子商务运营与生态圈关系

一、电子商务生态圈雏形

电子商务是指在互联网上开展商品交易及各种相关商务活动的一种新型商业运营模式,包括电子邮件营销、发布网络广告、建立企业网站、搜索引擎优化、创立交易平台、网店基础运营、网店引流推广、新媒体内容营销,以及商品供应链及其产业链协同等。其中,电子邮件营销、发布网络广告、建立企业网站和搜索引擎优化属于早期电子商务应用方式;创立交易平台、网店基础运营和网店引流推广属于发展期和鼎盛期形成的典型电子商务模式,至今仍然代表电子商务生态中的主流、核心和基石;新媒体内容营销是近几年来涌现的电子商务新生态,主要应用形式有网络达人推广、商品软文分享、短视频营销、直播营销等;商品供应链及其产业链协同则是指在网上商品交易的带动和引导下,商品的供应方和生产方主动改变原有的运行方式或合作方式,以适应网络交易在市场规模、运作效率和精细服务方面的更高要求,达到线下运行与线上运营高度协调、高度一致的目的。电子商务生态圈概念最初来源于阿里研究院对淘宝网形成的各种业态所进行的分析,当时称为"电子商务服务业生态圈",为了实现网上交易所必需的各种相关配套服务,分为四个层面,即核心层、扩展层、相关层和社会层,如图 1-1-1 所示。

在"电子商务服务业生态圈"的基础上,马云于 2013 年提出构建电子商务生态系统,并阐明其主要构成:一是数据流,即淘宝、阿里巴巴等网络上的电子商务数据;二是资金流,即阿里巴巴小微服务、支付宝;三是物流体系。2014 年阿里巴巴的上市路演资料将阿里系的各大交易平台称为电子商务生态圈,而把阿里系交易平台与其他紧密相关的服务平台共同构成的整体系统称为电子商务生态体系,并对电子商务生态圈和电子商务生态体系进行了具体描述,如图 1-1-2、图 1-1-3 所示。

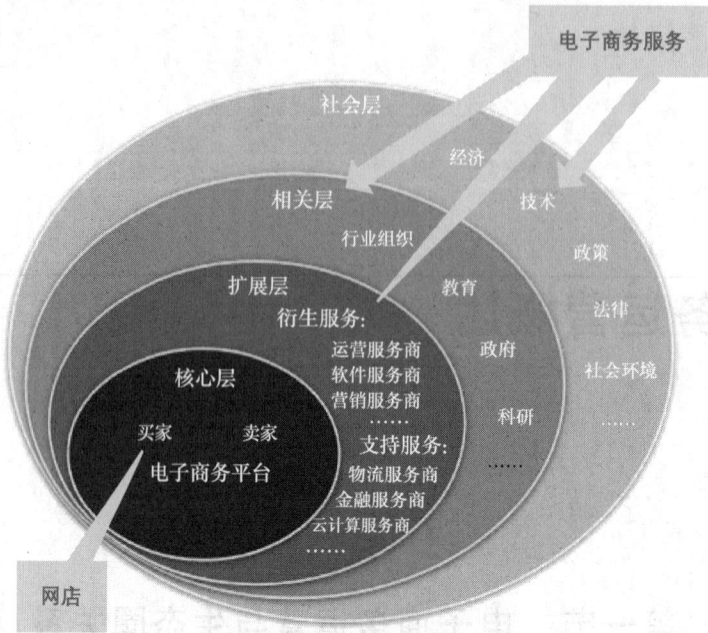

图 1-1-1　电子商务服务业生态圈

图 1-1-2　电子商务生态圈

图 1-1-3　电子商务生态体系

二、电子商务生态圈演变

此后,经历了 2014 跨境电商元年、2015 移动微商元年与农村电商元年、2016 直播元年、2017 短视频与新零售元年、2018 电子商务法元年、2019 社群电商元年和 2020 全民直播元年,如今电子商务生态圈涌现许多新业态,不断得以重构,呈现电子商务生态圈的演化状态,如图 1-1-4 所示。

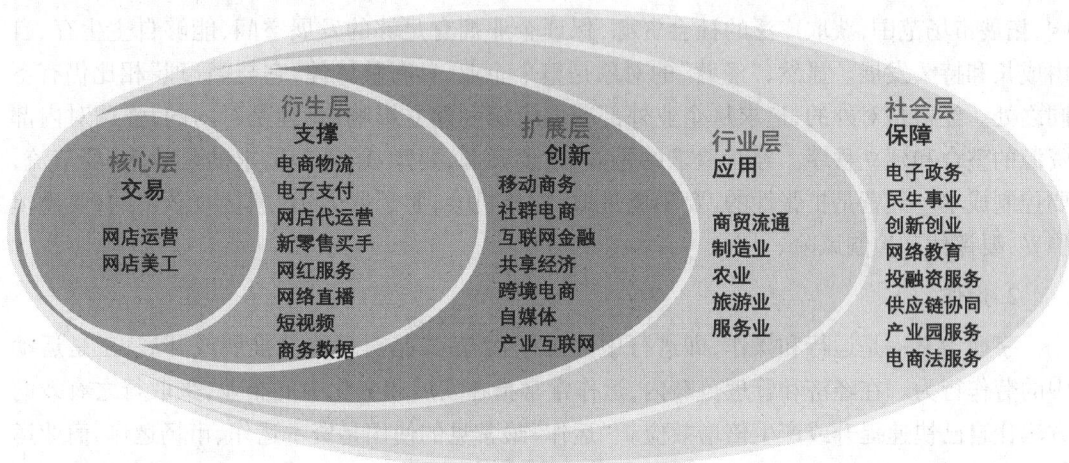

图 1-1-4　电子商务生态圈演化

三、电子商务运营地位

无论是电子商务服务业生态圈,还是电子商务生态圈及电子商务生态体系,或是当前电子商务生态圈的演化状态,交易始终处于整个电子商务生态的核心地位。的确,一切商务活动都是为了交易而存在的,没有交易则一切商务活动都失去意义,电子商务依然如此,无须推演论证。不过,如前所述,电子商务确实经历过没有网上交易的早期阶段,如网络营销阶段主要采用电子邮件进行推广并获得订单,那是因为互联网技术还没有与商业模式创新结合在一起。当 eBay、亚马逊、阿里巴巴等互联网交易平台出现后,电子商务才结束了缺少交易环节的“空心”时代。在各大交易平台上,承载各种交易活动的主要形式是网店,因此网店是电子商务健全发展的原点或基点,网店运营则是电子商务全面运作的基本环节。如果将电子商务运营对应电子商务的全面运作,网店运营就是电子商务运营的核心部分。

第二节　电子商务运营内涵及全局观

一、经营、运作及运营概念异同

为了清晰地认识电子商务运营的内涵,有必要对几个相近的术语作出区分,即“经营”“运作”和“运营”。参考百度百科等网上资源,以及根据相关学术文献的使用情况,我们对上述三个术语在企业管理范畴内的适用场合加以整理说明。

总体上,"经营""运作"和"运营"均属于企业管理范畴内的具体概念,它们与"管理"术语有着交叉重合的关系,同时三者之间既有相同含义,又有细节上的区别。下面分别对三者加以区分说明:

1. 经营

经营指企业所有者或操控者,为了获得最大经济利益,运用各种营销手段,扩大企业影响,拓展市场范围,获取广泛的社会资源,保证企业拥有足够的发展空间,能够自主生存、自由成长和持久发展。显然,"经营"的对象是整个企业,具有整体性,它与"管理"相比仍有不同之处。经营是对外的,追求从企业外部获取资源和建立影响;管理是对内的,强调对内部资源的整合和建立秩序。经营追求的是效益,要开源,要赚钱;管理追求的是效率,要节流,要控制成本。经营是扩张性的,要积极进取,抓住机会,胆子要大;管理是收敛性的,要谨慎稳妥,要评估和控制风险。

2. 运作

字面含义一是运行和操作,即进行中的工作状态;二是对事物的推展或开展;三是运动中的劳作行为。在经济和管理范畴内,运作常常指在发展和变化中的企业,采取行之有效的方法让自己快速提升或产生倍增效应。"运作"最常见的使用是资本运作、市场运作、商业运作、生产运作、运作模式、运作机制等。可以理解为,"运作"是企业面对市场环境发生重大变化时采用非常手段而取得重大发展的一个特殊过程。

3. 运营

字面含义一是指车船等的运行和营业;二是比喻机构有组织地进行工作,如改善工矿企业低效率运行状况等。在企业管理范畴内,运营通常指为供应、生产、销售和服务所构成的运行系统进行设计、运行、评价和改进,或者指与产品生产和服务密切相关的各项管理工作的执行过程。可见,运营属于某一局部环节保持正常运行的具体管理活动,强调业务规范化、实施周密化、运转高效率和应变灵活性。常用于市场运营、用户运营、内容运营、社区运营和商务运营等方面。

二、电子商务运作内涵

根据上述对"运作"术语的界定及其在电子商务领域的使用情况,我们认为电子商务运作是指宏观层面含有资本运作在内的特定资源整合与优化、商业模式创新或企业升级转型等电子商务项目的运行及操作过程,其涉及的主要领域有电子商务平台创新与发展、电子商务平台并购与联盟、电子商务平台融资与上市、传统企业电子商务应用与转型、电子商务生态环境与规划布局、信息技术与商务(商业)模式融合创新等,如图1-2-1所示。

长期以来,高等院校电子商务专业注重综合素质培养,各院校结合自身所在地区的应用特点,引进各具特色的电子商务项目,积极开展课外实践活动,让学生在电子商务"创新、创意、创业"方面的综合能力得到提升,大大拓展学生对电子商务相关领域的认知视野,并在每年一届的"全国高校电子商务'创新、创意及创业'挑战赛"中展示出丰硕成果。这些项目大

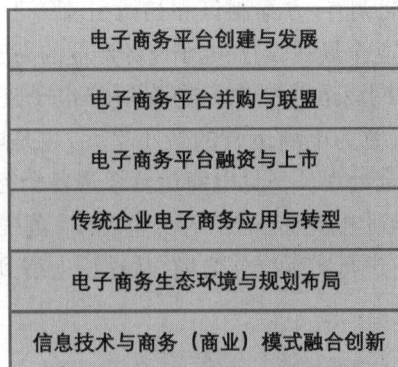

图 1-2-1　电子商务运作所涉及的主要领域

多属于上述电子商务运作所涉及的主要领域。

三、电子商务运营内涵

根据上述对"运营"术语的界定及其在电子商务领域的使用情况,我们认为电子商务运营是指从产品生产到产品供应,以及网上售卖、物流配送和售后服务等全过程进行一系列管理工作的实行过程,即将管理的基本职能,包括计划、组织、实施和控制,应用于各个具体业务环节中。电子商务运营的具体业务环节是指调查、分析、设计、美工、引流、推广、客服、转化、物流、数据、评价、诊断和改进等,它们都集中体现在网店运营过程中。

按照电子商务运营全过程的不同阶段,可以将其分为新零售买手运营(或称货源与供应链运营)、网店运营、电商物流运营、售后服务运营等类型。其中,网店运营是牵动前后过程的关键环节。

将上述要素联系在一起,构成电子商务运营的有机内涵,反映电子商务运营要素之间的逻辑关系,如图 1-2-2 所示。

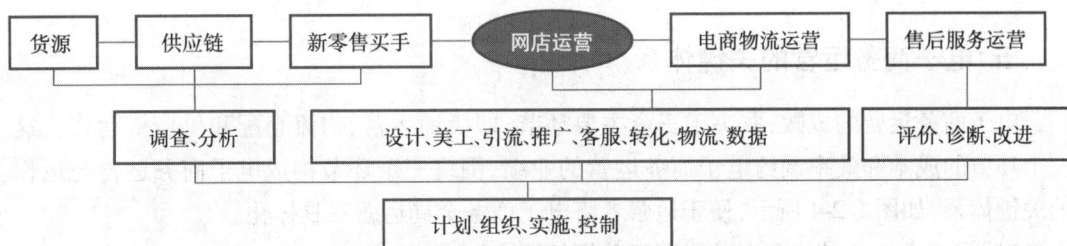

图 1-2-2　电子商务运营内涵及逻辑

四、电子商务全局运营观

电子商务运营实战往往被误认为只是做网店装修和维护的具体操作,或者认为运营实战知识只能在实操中才能学习。其实不然,实战知识除了具体操作流程之外,还包含其灵魂精髓,实战讲师们常称此为"商业逻辑"或"运营逻辑",再加上周密的同行调查、经验判断和复盘推演等一系列运营,才能做到方向明确、心中有数和渐创佳绩。这一过程仅仅靠对网店进行操作是远远不够的,否则即使学完各种操作后也仍然感到无从下手,而需要事先全面理解电商运营逻辑,以及如何开展前期调查、方案制订和初始引流等工作,才能消除起步时的茫然。这要求做电商运营首先需要树立全局观,站在电子商务产业的高度审视实战运营的全过程。

如图1-2-3所示,如果将"网店运营""电商物流"和"电子支付"三个紧密不可分离的业态视为电商产业的"铁三角",意为电商运营的最小单元,也是电商运营起步策略的最小范围,则构成电子商务运营的小全局观。一旦电商运营渗透各个行业,或者侧重为不同的业态板块,这时便需要把视野拓宽到电子商务全产业"生态圈"范围,形成电子商务运营大全局观。这些知识都必须在对网店进行实际操作之前,从理论上得到解决,才能使后期实战更具有主动性。

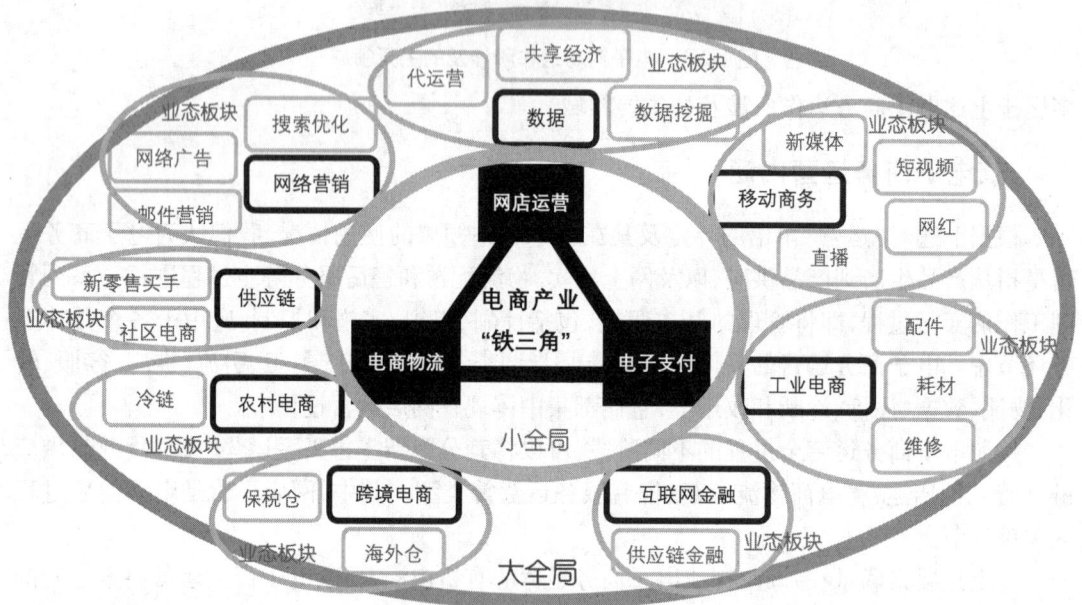

图1-2-3 电子商务运营全局观

五、电子商务运营的关键体系

电子商务运营的成败,取决于三个主要环节,即店铺运营、物流仓配和供应链运作。这三个环节的成本和效率制约电子商务运营的业绩,围绕三个环节构成电子商务运营与运作的关键体系,如图1-2-4所示,便于运营者将电子商务全局运营观具体化。

对图1-2-4中的其他两个关联因素分析如下:

1. 综合电商与垂直电商

综合电商是指在以满足日常生活所需的综合商品交易平台上开展的商务活动,其典型代表是淘宝网和京东网。淘宝平台商品分类主要包括15大类,如女装/内衣/家居、女鞋/男鞋/箱包、母婴/童装/玩具、男装/运动户外、美妆/彩妆/个护、手机/数码/企业、大家电/生活电器、零食/生鲜/茶酒/厨具、收纳/清洁、家纺/家饰、鲜花、图书音像/文具、医药保健/进口、汽车/二手车/用品、装修/建材/家具、手表/眼镜/珠宝饰品,它们涵盖消费者日常生活方方面面的需要。

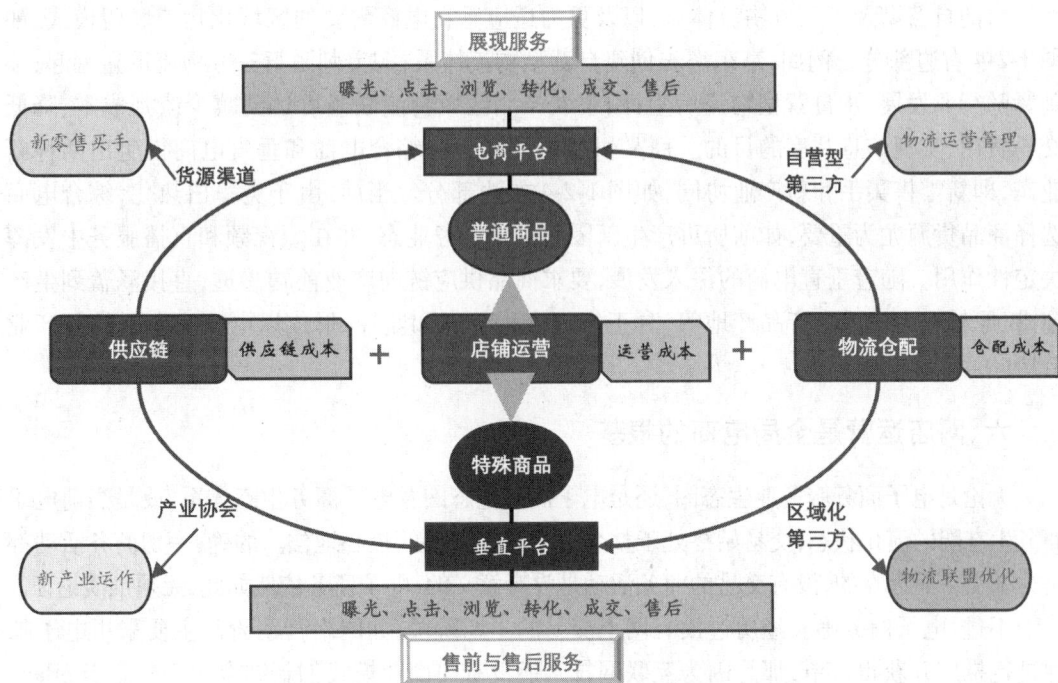

图 1-2-4　网店运营关键体系要素构成

相对而言,这些商品的使用功能比较清楚,消费者容易判断哪些商品适合自己购买,商家无须对广大消费者做过多的技术指导,便能任由他们自主选择。因此,综合电商突出商品外观和功能展示,着重从新颖、美观、时尚、流行、便利等高阶需求方面吸引顾客,而不是从低阶需求——了解基础知识入手,解除顾客初识商品时的认知问题,这样则让图片、短视频、直播等富有表现力的互联网应用方式得以充分发挥作用。

垂直电商是指专门针对某一类特殊商品交易而建立起平台并在其上开展商务活动的电子商务模式。当前我国互联网市场上主要有 7 大类平台,除综合电商平台以外,其余 6 类均可视为垂直电商,如母婴电商、生鲜电商、跨境电商、二手电商、折扣优惠、商家服务。当然,最为典型的垂直电商则主要指传统制造型企业代表一个行业所建立的电子商务应用模式。垂直电商具有明显的行业特征,其经营的商品则往往拥有行业的关联性、技术的专门性、服务的配套性和消费对象的特殊性,因而需要在综合电商注重外观和功能展示的同时,附加更基础、更复杂的专业化服务。

图 1-2-4 表明,普通商品的电商运作结果自然形成综合电商模式,而特殊商品的电商运作结果则形成各具特色的垂直电商模式。综合电商的运营注重商品展现服务,即将曝光、点击、浏览、转化、成交和售后等环节加以精细化管理与运作,形成特有的店铺商业运营逻辑。垂直电商在商品展现服务的同时,还必须强调售前与售后服务,例如售前商品认知介绍、售后安装服务与技术指导、长期跟踪维护服务等。随着电子商务的细分化发展,垂直电商将迎来后发优势。

2. 物流仓配与供应链

物流仓配面向综合电商与垂直电商分别发展出两类分支物流模式,即紧密配套综合电商平台的自营型及第三方物流体系,以及更为适应垂直电商需要的区域化物流联盟模式,如图 1-2-4 右边部分。例如,京东率先创建自营型物流体系;淘宝刺激第三方物流迅猛崛起;菜鸟紧随行业发展,步自营型物流后尘;山东农产品区域物流联盟可达到减少谈判成本、降低交易费用、实现信息共享的目的。商品供应链同样面向综合电商和垂直电商衍生出两种新业态,即新零售买手和新产业协同,如图 1-2-4 左边部分。当前,由于竞争白热化,综合电商选择商品货源尤为重要,如前所诉产生新零售买手服务业态,并在短视频和直播服务中发挥决定性作用。随着垂直电商的深入发展,要求商品供应链向产业前端渗透,直接涵盖到生产前沿、原材料生产或农产品产地等,真正实现全程管理和监控,形成以电商为牵引的新产业链协同运作模式。

六、网店运营是全局电商的根基

无论是电子商务服务业生态圈,还是电子商务生态圈及电子商务生态体系,或是当前电子商务生态圈的演化状态,交易始终处于整个电子商务生态的核心地位。的确,一切商务活动都是为了交易而存在的,没有交易的商务活动是没有意义的,电子商务依然如此,无须推演论证。

不过,电子商务确实经历过没有网上交易的早期阶段,如网络营销阶段主要采用电子邮件进行推广并获得订单,那是因为互联网技术还没有与商业模式创新结合在一起。当 eBay、亚马逊、阿里巴巴等互联网交易平台出现后,电子商务才结束了缺少交易环节的"空心"时代。在各大交易平台上,承载各种交易活动的主要形式是网店,所以网店是电子商务健全发展的原点或基点,网店运营则是电子商务全面运作的基本环节。

如果将电子商务大全局运作称为电子商务运营,电子商务小全局("铁三角")就是电子商务运营的核心部分,网店运营则是全局电商的根基,如图 1-2-5 所示。

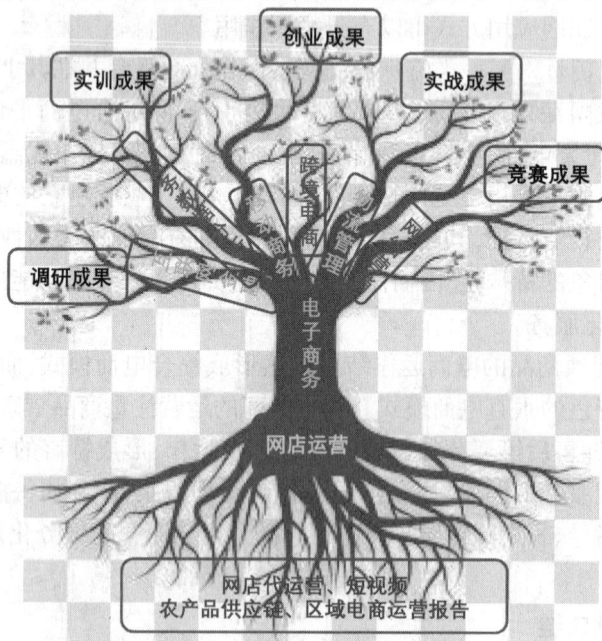

图 1-2-5　网店运营是全局电商的根基

七、网店运营及其演变

依照上述分析,电子商务运营具有全局性意义,而网店运营则是电子商务运营中的一个局部环节,但是这个局部环节在整个电子商务运营中处于核心地位,牵动前后各个环节的运行。从执行或操作层面看,网店运营是电子商务运营的一个局部过程,而从决策和定位角度看,网店运营又必须全面考虑电子商务运营各个环节的综合需求,体现强烈的全局性意识。因此在实际工作中,人们并没有严格区分电子商务运营与网店运营的差异,而往往将两者等同看待和使用。本书如未特别明确,也视两者为等同。

1. 网店运营的轴心——(访客)流量

网店运营的实际过程处处离不开"(访客)流量"(或简称"流量")问题,在上述各个环节(调查、分析、设计、美工、引流、推广、客服、转化、物流、数据、评价、诊断和改进)中始终将提升流量作为工作目标和要求,循环式地推进网店运营各环节工作,"引流"成为横贯网店运营全过程的轴心,如图 1-2-6 所示。

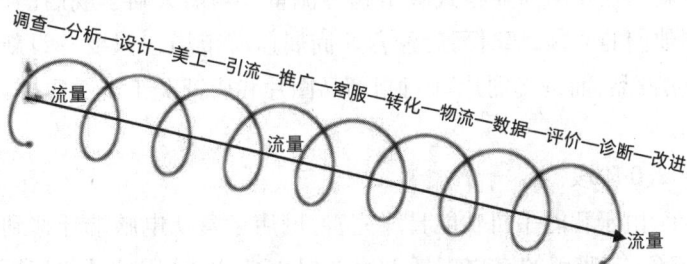

图 1-2-6　网店运营循环式推进工作示意图

2. 网店流量的来源

网店流量主要来自交易平台的内外渠道,常称为"站内"和"站外"渠道。以阿里巴巴速卖通平台的网店为例,其站内渠道主要包括站内搜索、类目浏览、站内活动、购物车、收藏夹、直接访问等,而站外渠道则指速卖通以外的搜索引擎平台、社交平台和微博平台等,如图 1-2-7 所示。

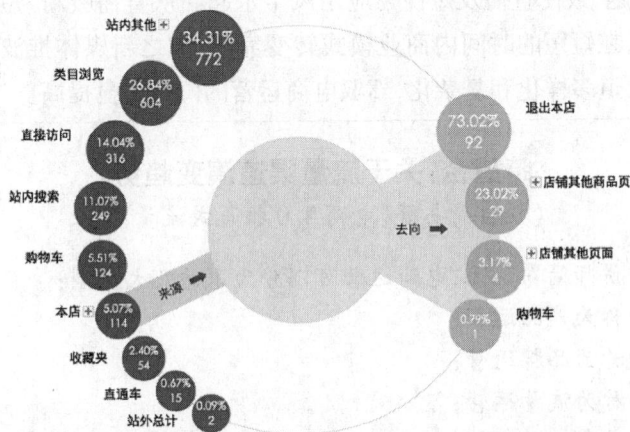

图 1-2-7　阿里巴巴速卖通店铺后台/商品来源分析/来源去向图

3. 网店运营的演变

淘宝大学实战讲师们常常把网店运营称为电商运营。他们认为到目前为止，从网店运营方式的变化来看，电商运营经历了三个明显不同的阶段，即电商运营 1.0 阶段、电商运营 2.0 阶段和电商运营 3.0 阶段，如图 1-2-8 所示。

网店实战阶段	主要运营方式
电商运营 1.0	网店+美工
电商运营 2.0	移动+微商
电商运营 3.0	直播+视频

图 1-2-8　网店运营演变过程

（1）电商运营 1.0 阶段

2003—2014 年，网店运营采用的主要方式是"网店+美工"，即创建新网店并注重网店美工装饰，以通过全新的互联网商业模式吸引顾客流量。当前天猫旗舰店的商家大多是在这个阶段起家的，据他们的回顾，那时网店经营业尚属蓝海市场，"只要开设新网店，卖什么都赚钱""网店不是卖商品，而是卖图片"（意指商品图片和店铺美工至关重要），从此网络市场迅猛发展。

（2）电商运营 2.0 阶段

2015—2016 年，由于智能手机功能日臻完善，网店运营从电脑端迁移到手机端，手机引流能力超乎人们想象，其吸引的客户流量迅速占据 95% 以上，因此手机版网店、微店等 App 应运而生，并成为主要电商运营手段。同时，各种社群 App 和 App 伴随的互动社群，造就了微商的出现，进一步将手机版网店、微店与社群 App 及 App 伴随群融为一体。农村电商运营者说："微商成本低，很适合售卖农产品。"

（3）电商运营 3.0 阶段

2016 年至今，智能手机处理视频的技术有突破性进展，视频解码能力大大增强，克服了视频播放"卡顿"问题，致使直播及短视频应用风生水起。从直播吸粉、短视频吸粉，到短视频带货和直播带货，在短短的时间内商业模式转变完成，加之新媒体推波助澜，电商运营方式丰富多彩，引流渠道多样化和复杂化，驾驭电商运营的门槛明显提高。

瞭望台：关于流量渠道演变趋势

（摘自简易著《电商 4.0 推荐式流量》）

阿里妈妈合作讲师简易认为，电商运营可以分为下面几大类型：
①专研产品的称为产品运营；
②专研品牌的称为品牌运营；
③专研流量的称为流量运营；
④专研活动的称为活动运营。

实际中,人们常说的运营主要是指流量运营。一个成熟的店铺,所能接触到的流量渠道大致有搜索流量、活动流量、私域流量、推荐式流量和新媒体流量5大类。

1. 搜索流量

搜索行为是人们购物的本能需求,它牢牢占据着多数消费者的心智。不能确定未来搜索行为是否会被某种行为所取代,即使弱化,搜索依旧会是排名靠前的流量渠道。搜索规则是淘宝等平台的机密,不可能将算法透露给外界,我们得知的所有搜索玩法均来自讲师的钻研和测试。

2018年8月,官方公布了一则数据,全网的搜索流量首次低于推荐式流量总和,预示着推荐式消费行为将成为一种更高级的消费习惯。目前,在特定的商品、特定的时间、特定的事件、特定的人等情况下,搜索仍然占据首要地位。

直通车的出现具有划时代意义,它完善平台的广告系统,完善了SEM的广告逻辑,甚至在很大程度上代表着国内SEM广告的辉煌。直通车不但是竞价排名广告的权威,而且很良心。直通车将搜索流量结构推向了巅峰。

2. 活动流量

在生意参谋后台可以看到种种活动带来的流量,统称为活动流量。

最初,活动充当一个冲销量的工具;其后,活动逐步增加许多权重,对自然流量产生好的影响;现在,活动受到直播带货等新媒体和拼多多低价的冲击,其流量不如过去那么疯狂,却依旧有一席之地。

活动大体上分为两类:第一种是店内活动,第二种是店外活动。店外活动是最多见的,也最容易玩转。什么渠道有一个活动,只需完成报名工作,剩下的等待审核即可。注意的技巧是,怎样的库存更容易通过审核,怎样的页面更容易促进转化等。一般来说,在参加大型活动的同时,配合做一些店内自营活动,如赠送礼品、搭配商品加折上折等。

未来趋势是,自营活动的策划能力将会是所有电商商家的重要拉分项。

3. 私域流量

当平台流量不再容易有更多新流量涌入时,私域流量开始流行起来。平台为了推动商家玩转私域流量,出台了很多玩法和规则,甚至开设专门的频道让商家和消费者之间产生更深度的黏性关系,促进用户多次消费,在有限的用户中发生更多次消费行为。

私域流量就是客观上属于过自己店铺的人群,或者是曾经与自己店铺产生过强关系的人群,比如有过深度浏览、收藏、加购、关注、购买、复购等行为。我的淘宝、购物车、微淘等渠道均属于私域流量。在公域流量成本越来越高的趋势下,及早将自己的老客户运营提上日程,是一个明智的选择。

跳出淘宝平台看,目前主流的网红经济就是最典型的私域流量运营行为,属于粉丝运营。私域流量运营的过程分为4个阶段:

①种草:在店铺层面看,种草就是内容散播,遵循原则是内容+产品+人群。②圈存:将种草时产生兴趣和行为的人圈起来,进行分类管理,为不同人群打上不同的标签,主要载体是微信、抖音或CRM工具等,后续跟进客情管理、内容互动。③收割:积累一定粉丝后,

逐步尝试自己卖货或接广告,并不引起用户反感。④维护:通过分享商品体验等合理维护,让购买者变成复购用户、裂变者、口碑维护者等。

在平均流量越来越少、流量成本越来越高的将来,私域流量运营将势在必行。

4. 推荐式流量

手淘首页、淘内免费其他、手淘其他店铺商品详情等,都属于推荐式流量渠道。这类流量在店铺中占据着越来越重要的地位。

早在2016年,手淘首页流量就开始频繁产生,那时大多数人对此类流量并不太看重,因为手淘首页流量的转化率偏低。手淘首页流量的产生并不预示着多了一个流量渠道,而是预示着下一个消费行为的到来。手淘首页流量渠道的重心应该在推荐式流量的消费行为上。

购物体验演变:新奇感—搜索感—意见领袖—系统推荐。

上述各种体验的主要目的是为消费者省去繁杂的甄选工作。

系统推荐好像是一个巨大的概率学事件,每个人的浏览和购买似乎没有必然联系,但是从平台角度来说,每一次购买都是必然行为,那么所有的推荐式消费将会形成一个闭环。

推荐式流量必然紧随搜索和跟风流量,成为未来一段时期最主要的流量之一。

5. 新媒体流量

未来淘宝店铺只是我们的一个成交渠道,流量来自四面八方,淘宝网站内也仅仅只是诸多流量渠道中的一个而已。这就彻底打破原来我们做淘宝就在淘宝网内死磕的局面。

消费者越来越去中心化,以前的消费者会认为购物就一定要上淘宝,因为正宗、信得过,越往后想法极有可能会变成"我希望在我触手可及的地方都能顺带看到我想要的商品"。出于对购物信任的一些担忧,大部分消费者到淘宝天猫店铺来进行购买,此时淘宝网只是他们信任的一个"签约"工具,而不再是唯一且必需的商品选择渠道。

电商江湖将会再次发生格局变化——以淘宝为核心的"签约"工具,伴随着一大批生产流量的渠道,这些渠道就是新媒体。

大多数电商人的运营工作都围绕着流量在转,市面上大多数的培训工作也都围绕着流量展开,对流量的追求是所有电商人共同的追求。如果要推测未来的流量形态变化,则需要先分析消费者行为在未来可能会发生的变化。

第三节　电子商务运营基础的学习

一、课程性质

这是一门电子商务专业群共同必修的实操性基础课,围绕网店运营主题,展开对其实战知识的系统学习,让学生从网店运营的零基础步入电子商务全局运营的殿堂。这门课与后续中高级电商运营实训教学以及成长营等实战集训保持紧密的连贯性,只有全面、系统地学好这门课程,才能在后续实训或集训中更快地提升电商运营能力。

二、课程特征

这门课程的内容主要依据淘宝大学的"新手成长""精品课"及"课程中心"等栏目的视频课程,经过精选、抓取、整理、补充和扩展,形成从开店到装修,直至引流、转化、推广、成交到售后的系统化知识,力求将网店运营的实战知识转化为基础理论性知识,便于各专业新生在没有开店经历的情况下能够全面掌握电商运营知识体系。

根据淘宝大学视频课程讲解特点,本课程同样保持其风格,即将"操作流程""运营逻辑""实战经验"和"案例诊断"融为一体,并添加相关概念的"知识窗",相互之间形成清晰的知识线条和逻辑关联,可以按照理论教学方式进行授课。

三、内容结构

1. 电子商务运营知识结构

根据上述对电子商务综合运营关键体系的分析,电子商务是一个既具有明确核心技能又涉及广泛行业知识的人才培养类专业。其中,明确的核心技能是指综合电商平台上的店铺运营能力,并在此基础上熟悉物流配送、商品供应链与综合电商及垂直电商之间的关系,同时要洞察电子商务生态圈的新业态变化,形成"立地+顶天"的具体知识结构,如图1-3-1所示。

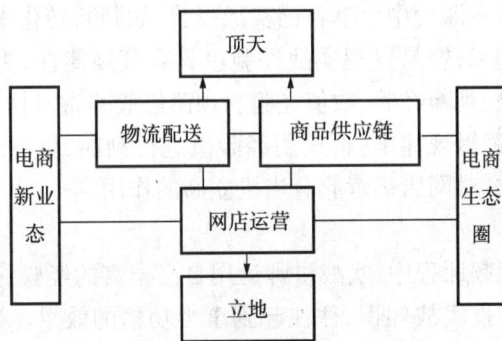

图1-3-1 电子商务运营知识结构

2. 网店运营实战知识范围

网店运营实战知识是电子商务类专业立地的根本,是符合企业实际需求的切入口,如果电子商务类专业不涉及这方面知识的学习或训练,势必造成专业的培养缺乏核心能力而出现空心化状态。网店运营同时关联物流配送与商品(货源)供应链运作的结果,将其有机地融入"曝光、点击、浏览、转化、成交、售后"的引流过程中,使网店运营具有全局眼光,加之扩展到对生态圈和新业态的把握,达到"顶天"的综合运营境界。

3. 网店运营实战知识分类

以淘宝大学的"新手成长""精品课"及"课程中心"等栏目的视频课程为依托，经过精选、抓取、整理、补充和扩展，加上实战讲师们生动的现场指导和讲解内容，形成从开店到装修，直至引流、转化、推广、成交到售后的系统化知识，力求将网店运营的实战知识转化为基础理论性知识，便于电子商务运营新手全面掌握电商运营知识体系。学习电子商务运营实战知识时，应当注意区分并把握以下 4 类主要内容，以及它们之间的相互联系。

（1）操作流程

按照淘宝平台卖家中心提供的功能模块和顺序流程，实施参数配置、信息发布和身份认证等系列操作，完成网店从注册到运行的全过程，包括网店注册、网店装饰、页面制作、宝贝设置、工具使用、推广操作等各个环节的基本技能。目前，淘宝大学编辑出版的阿里巴巴电子商务资格认证考试指定教材以及其他关于电商运营的教材，大多数注重"实操方法"这个层面，属于入门级"操作手册"式参考书。

（2）运营逻辑

只学习实操方法不仅单调枯燥，而且当学完所有功能操作后，想要上架真实商品进行实际运营时，仍然会感到不知从何入手，这与缺乏运营逻辑知识密切相关。在实操方法中，每一环节须按照运营需要进行科学合理的设计，使网店各项配置符合商业规律、定位思路、数据逻辑或规范要求。可以说，没有运营逻辑思维的网店操作是毫无意义的，只会产生无从下手的困惑，因此运营逻辑是网店运营的灵魂。如果"实操方法+运营逻辑"组合起来，就能将"操作手册"式教材提升为具有指导意义的方法论。

（3）实战经验

每一位实战讲师都会在课程中分享自己实战经验，如判断转化率高低程度等，如果将多位实战讲师的经验归纳起来，容易发现实战经验也具有其规律性，为知识理论化奠定基础。在运营中形成的操作经验、判断经验、数值经验和预测经验非常具体、实用，它们是运营逻辑的快捷着落点，即在运营逻辑规律下，再运用经验值进行判断，可以迅速决定何时采用何种方法是最有利或最有效的，对网店运营起着当机立断的作用。

（4）案例诊断

在部分时间较长的视频课程中，实战讲师运用自己丰富的经验，采取对学员真实店铺运行状况进行诊断的方式传授实战知识，往往起到事半功倍的效果。通过对实际店铺现状进行查看和分析，运用运营逻辑和实战经验，找出店铺存在的问题，并针对问题提出改进意见，或者对曾经诊断的店铺案例进行讲解，具有包括实施效果在内的完整过程，充分体现网店运营知识综合与灵活应用的结果。通过对这类案例进行对比分析，仍然能够从中找到规律性的实战知识。

四、教学方法

高校电子商务类专业和培训机构的基础教学主要采用课堂授课和项目实操两种方式，推荐说明如下：

1. 课堂授课

主要采取课堂授课方式,由教师主讲;讲授实操方法时最好借助真实淘宝店铺展示后台设置界面,提高界面清晰度,增强画面位置感;讲解运营逻辑、实战经验和案例诊断时,可以使用淘宝大学的课程视频来辅助教学;"知识窗"可以根据"百度文库"等网上可靠度较高的文献资源,参考学术论文等资料,进行有机整合,力求正确、全面、明白、简洁地介绍与运营实操相关的知识,以期对运营知识细节有更深入的理解。

2. 项目实操

并非以开店为主要项目,而是鼓励学生以团队为单位在适当时候实现开店,也可以待课程结束后自行开店。实操项目主要落脚在店铺运营前的调查、分析、设计和准备,最好由企业合作提供一个的真实产品类目(也可设定一个类目的商品),让学生以团队为单位,开展对这个产品类目的同行竞争调查和同行竞争分析,找到竞争切入点,完成宝贝运营方案设计,制订引流及推广方案,达到宝贝上架和实战运营的要求。

五、扩展知识

本书各章根据需要可能增加一些扩展知识,最后提供一个实践项目作为网店运营之前的综合训练,每章将设置思考题,供参考用。

1. 知识窗

在一些章节的基本内容中,如果涉及相关概念却并非本书正文阐述范围内的,需要点对点地插入补充知识,这时则采取"知识窗"的方式加以旁白讲解,以助更好地理解正文基本内容。

2. 拓展园

主要用于补充更高层面的实操知识,即在已有的运营基础知识之上拓展学习更多运营方法和工具,作为有余力的学生或学员的选修内容。

3. 瞭望台

对行业发展趋势、生态圈新业态状况进行分析,有利于学生或学员把握行业变化情况,树立全局电子商务意识。

4. 实践项目

以小组为单位,融入团队管理,综合运用课程知识,对一个真实产品进行调查、分析并设计运营方案。

5. 思考题

每一部分或章节设定 1~2 个问题,作为平时作业。

其中,"知识窗"引导学生或学员的知识向纵深发展,"拓展园"激励学生或学员向高阶攀岩,两者相互映衬。"瞭望台"提升学生或学员的专业综合素质。"实践项目"从管理、运营和思维方面让学生或学员得到综合锻炼,向实战运营迈出关键一步。

拓展园：学会使用思维导图 The Mind Map

自 20 世纪 60 年代中期思维导图创立之初，它就被证明不单是一种极好的记笔记的方法，也是一个有效的、能够深刻启发思维的工具，用于锻炼我们的脑力、智力和精神力，开启人类大脑的无限潜能。这是电子商务运营工作中最常用的工具之一，从开始学习时就应当熟练掌握，将其用于活动记录、规划设计等重要场合。

1. 什么是思维导图

思维导图是一种将思维可视化的实用工具。具体实现方法是，用一个中心关键词去引发相关想法，再运用图文并重的技巧把各级主题的关系用相互隶属的层级表现出来，把主题关键词与图像、颜色等建立记忆链接，最终用一张放射性的图将想法有重点、有逻辑地表现出来。随着思维可视化概念的发展，现在人们已不局限于思维导图结构，而是根据思考的逻辑脉络，用逻辑图、时间轴、鱼骨图等形式，来进行思维的发散和梳理。

2. 常用思维导图软件

思维导图可以应用在学习、生活、工作的任何领域当中，在计划制订、笔记记录、展示等应用场景中大量使用。电子商务运营中店铺诊断、店铺运营方案、会议纪要（每日早会、周会和月会）等工作特别适合思维导图工具的应用。思维导图可以通过大量的电脑程序、移动端 App 和在线平台，供使用者快速掌握并高效使用思维导图工具。

①常用的思维导图软件和移动端 App（图 1-3-2）。

软件	MindMaster	MindLine	MindVector	MarginNote	XMind	MindNode	Mindly	SimpleMind	MindMeister	iMindMap
图标										

图 1-3-2　常用的思维导图软件和移动端 App 名称及 Logo

②常用的在线平台有 XMind、百度脑图，迅捷画图，幕布，凹脑图，mindmaster。

3. XMind 思维导图使用方法及示例

XMind 是一个全功能的思维导图和头脑风暴软件，作为一款有效提升工作和生活效率的生产力工具，在电商企业中被广泛运用。XMind 有 PC 版和移动版，PC 版下载地址为 www.xmind.cn，移动版可在苹果 App Store 和安卓各大应用商店下载。

运行 XMind，在新建中选择您想使用的主题风格，即可创建新的导图。或者在图库中选择 XMind 用户上传的优秀思维导图作品，借鉴他们的模板进行自己的思维导图创作，如图 1-3-3 所示。

在选定的模板中双击主题框中的文字，输入主题文字内容；从主干延伸出二级分支，再从二级分支延伸出三级分支，所有分支上用关键词、图像或者词与图结合的方式进行标注;充分运用发散性思维不断增加主干;围绕思维导图在分支上填补空白,随着新想法和关联的产生增加新的子分支;在主干之间画出箭头、曲线或连接线来强调它们之间的联系。使用示例如图 1-3-4、图 1-3-5 所示。

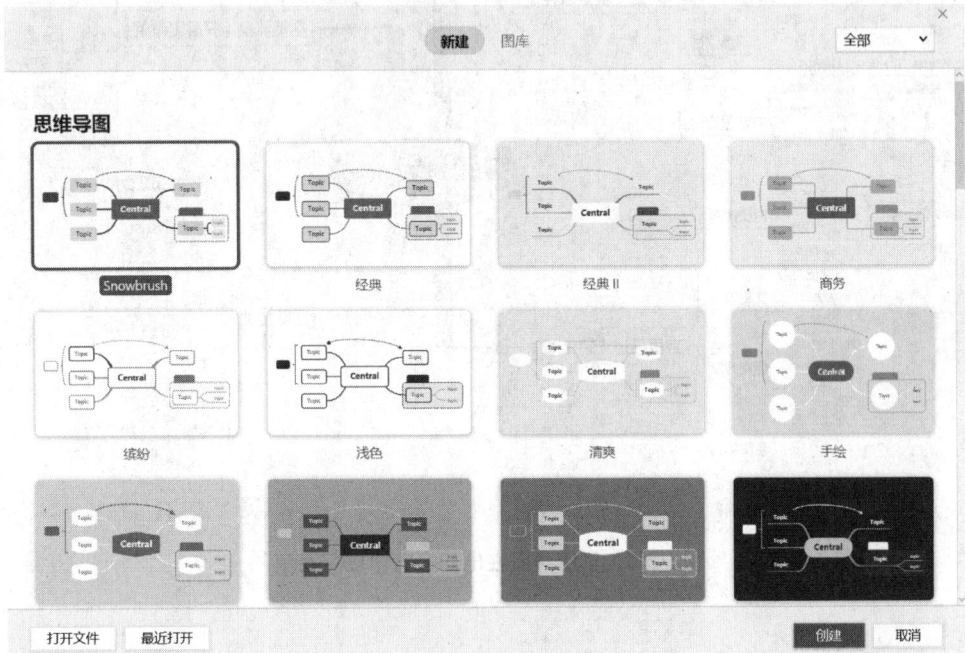

图 1-3-3　在 XMind 中创建思维导图

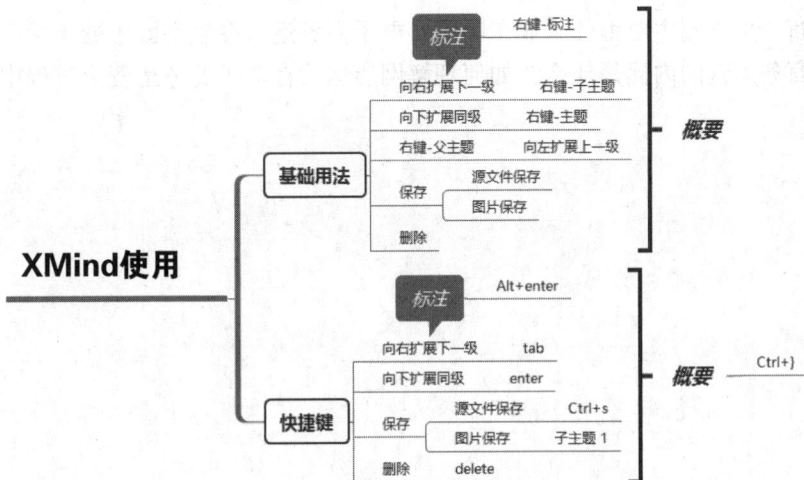

图 1-3-4　XMind 基础用法及快捷键

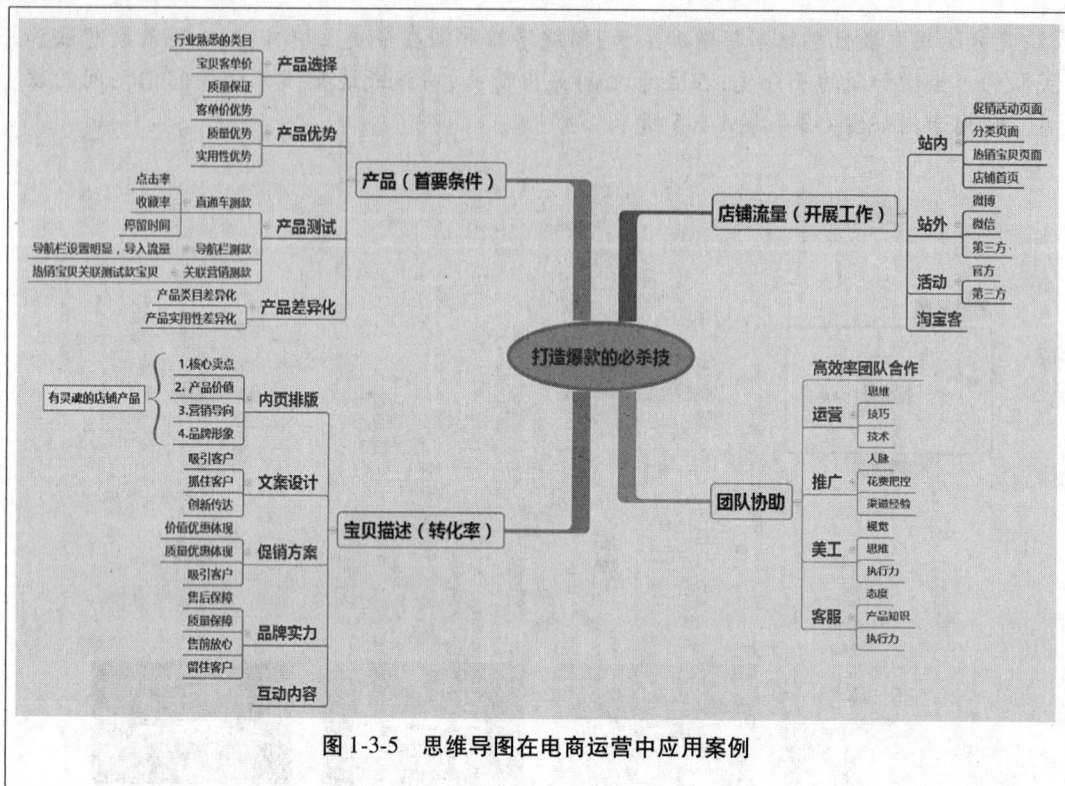

图 1-3-5　思维导图在电商运营中应用案例

思考题

1. 电子商务生态圈主要由什么业态构成？电子商务运营在生态圈中处于什么地位？
2. 电子商务运营的内涵是什么？如何理解网店运营在电子商务运营全过程中的作用？

第二章
开启平台电子商务运营

第一节　平台电子商务概念

一、平台电子商务来源

为了说明电子商务运营与相关产业的关系,体现电子商务运营的全局性特点,我们按照不同时期电子商务与相关产业结合的情况,对电子商务运营模式作出分类,如图2-1-1所示,由此产生平台电子商务的概念(简称"平台电商")。

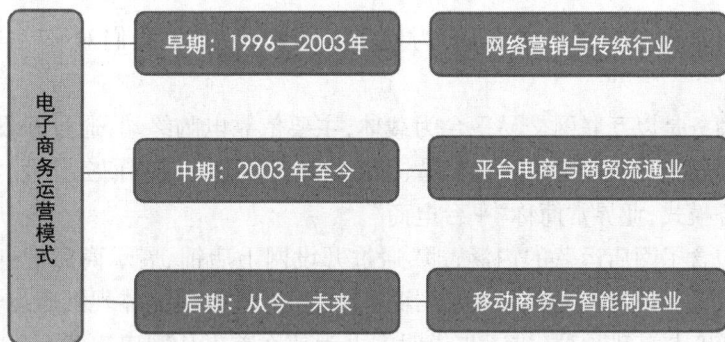

图 2-1-1　电子商务与相关产业结合的运营模式

1. 网络营销与传统行业结合阶段

在我国,从1996年互联网开始普及到2003年淘宝网发布,网络营销首先在传统企业中进行初步尝试。当时网络营销的取向主要立足于传统行业利用互联网资源开展市场营销。互联网资源包括各种网络营销工具的应用,如获取互联网信息资源、建立企业电子商务网站、电子邮件推广、搜索引擎优化、发布互联网广告、客户数据管理等,围绕一个行业或一个产品打造垂直电子商务模式,发挥了再造生产性服务业的作用。

2. 平台电商与商贸流通业结合阶段

从 2003 年淘宝网上线以后,以互联网交易平台为核心的电子商务形态成为主流趋势,直到目前这种电子商务形态仍然占据主导地位,即使进入移动商务时代也离不开平台电子商务的有力支撑。平台电子商务为众多商家提供网上店铺,可以开展独立运营活动,并以此为载体实现买卖双方的对接和交易,在极大程度上取代了传统实体商店的市场地位。平台电子商务将传统商贸流通业的商业形态转化到互联网上,一方面对传统零售业产生强烈冲击,另一方面与传统商贸流通业结合形成 O2O 的新模式,驱动商贸流通业全面转型,构建新型商贸流通体系,发挥了重塑消费性服务业的作用。

3. 移动商务与智能制造业结合阶段

自从 2014 年移动商务兴起,平台电商纷纷转向移动 App 和微信小程序商城,同时创新客户跟踪服务、移动支付服务、物流保障服务、共享经济服务,以及短视频和移动直播等市场推广服务,将平台电商成功升级为移动互联网的高级形式。到目前为止移动商务访问流量和交易量已经占据主导地位,占比达到 95% 以上,而平台电商的电脑端引流能力几乎微不足道,充分显示移动商务的巨大优势和潜力。今后以智能手机为主导的吸粉引流商务模式仍然会持续发展,但同时也将启发人们在其他移动终端开发新的市场空间,步入智能商品、移动载体和机器人的移动商务新阶段,进一步挖掘细分流量,锁定特殊用户范围,成为与智能手机相辅相成的引流利器。围绕智能家电、旅游自拍("途拍"等)、无人驾驶、移动图书和机器人等智能制造业的创新成果,开发下一代吸粉引流商务模式将代表未来的一种新趋势。

二、平台电子商务定义

鉴于上述对平台电商来源的分析,为便于本书阐述,这里我们对平台电商作出如下定义。

平台电子商务是以互联网交易平台为载体,主要依靠电脑终端,通过开设网上店铺、展示商品信息、实施引流推广、完成支付交易、保证物流配送等一系列商务作业,实现商品交换的一种电子商务模式,业界常简称"平台电商"。

上述定义包含了网店运营的内涵,即"通过开设网上店铺、展示商品信息、实施引流推广、完成支付交易、保证物流配送等一系列商务作业"。这样更能体现网店运营在电子商务全局运营中的核心与基础地位,进一步说明本书为什么首先从网店运营入手学习电子商务运营。

三、早期平台电商出现

在国外,代表平台电商出现的典型事例是亚马逊和 E-Bay,它们均在 1994 年和 1995 年推出。在我国,典型代表当数阿里巴巴的"中国供应商"平台,其推出时间是 1999 年,定位于全球批发贸易市场,即现在的"1688"。2003 年淘宝网正式发布,标志着我国互联网交易平台向国内贸易领域迈进,商家与消费者之间的网上零售迅猛增长。虽然同期存在新浪滚动新闻平台、搜狐搜索平台、网易社交平台和腾讯游戏平台,甚至还有电子商务先驱平台8848,淘宝网仍不失为国内贸易最为适合的电子商务平台模式,并因其快速成长和成熟,是我国主流电子商务市场之一。

淘宝网造就一批网商新人出现,为解决网商们开店运营的难题,阿里巴巴集团成立淘宝大学作为旗下核心教育培训部门,以帮助网商成长,并将淘宝大学定位于"网商24小时电商加油站"。通过分析电商行业动向,整合阿里集团内外及行业优势资源,请一线实战卖家、实战讲师分享店铺运营"干货"知识,发布电商创业系列课程,形成"新手成长""精品课程"和"课程中心"等栏目的实战课程体系,不仅切实解决网商群体的实际问题,而且在电商运营实战教育领域作出开创性贡献,积累丰富的电商运营实战教育资源。这些教育资源成为学习平台电商起步与运营的基础,也是把握平台电商主流市场的牢固抓手。

四、平台电商主流市场

随着电子商务发展愈加成熟,各种电子商务平台层出不穷,每一个平台的出现则意味着形成一个新的互联网市场,或者说互联网市场是由众多电子商务交易平台和服务平台所构成的,每一个平台则代表互联网的一个局部市场。除了淘宝网之外,还有更多的知名平台需要了解,下面以"Hi商城"编辑的2020年国内十大电商平台排名为代表,认识各主流平台市场的特点。

1. 淘宝网

淘宝网由阿里巴巴集团于2003年创立,是我国规模最大的综合电商平台,也是世界范围内大规模的电子商务交易平台之一。经过近20年发展,市场规模不断扩大,是我国电商平台中的领头羊。

2. 京东

京东商城早期以正牌电子数码产品起家,在发展上秉承"先人后企、以人为本"的理念,并且是自营商品,品质的管控掌握在自己手里,口碑和品牌效应良好。近年开始组建社交电商矩阵,或将抢占更多流量,与众多对手抗衡,是中国电子商务领域最受消费者欢迎和最具有影响力的电子商务网站之一。

3. 网易严选

网易严选是依托网易大牌的原创生活类自营电商品牌,以"好的生活,没那么贵"为经营理念。通过ODM模式与大牌制造商直连,剔除品牌溢价和中间环节,为国人甄选性价比好物。其网易推手板块更是受到消费者欢迎。

4. 拼多多

拼多多是一家专注于C2B拼团的第三方社交电商平台,作为新型电商的开创者,现有海淘、服饰箱包、数码电器、食品饮料、家居生活、美妆护肤、家纺家具、母婴玩具、水果生鲜九大类目。通过以更低的价格拼团购买优质商品的模式,让用户享受共享式购物体验。经过短短几年的发展,拼多多已经成为上市公司。

5. 苏宁易购

苏宁易购是苏宁电器旗下的 B2C 电商网站。近年随着业务的扩张,如今除电器之外,苏宁易购还包括日用百货等众多品类。2011 年开始,苏宁开始了线上与线下同步发展的策略,以不断地提升网络市场份额。同时,苏宁依然凭借着它强大的物流、实体店体验以及售后服务支持,在众多的电商平台中占有一席之地。

6. 唯品会

唯品会的定位是"一家专门做特卖的网站",每天上新品,以低至 1 折的深度折扣及充满乐趣的限时抢购模式,为消费者提供一站式优质购物体验。唯品会与知名国内外品牌代理商及厂家合作,向中国消费者提供低价优质、受欢迎的品牌正品,每天 100 个品牌授权特卖,商品种类囊括时装、配饰、鞋、美容化妆品、箱包、家纺、皮具、香水、母婴等。

7. 网易考拉

网易考拉是网易旗下以跨境业务为主的综合电商。网易考拉以 100% 正品、天天低价、7 天无忧退货和快捷配送,向消费者提供海量海外商品购买渠道,希望帮助用户"用更少的钱,过更好的生活",助推消费和生活的双重升级。

8. 聚美优品

聚美优品依靠化妆品特卖团购起家,发展之初便赢得众多女性的青睐。经过多年发展,已经从单一的电商平台,开始向多元化转型,商城涵盖服装、食品、轻奢、母婴等多个品类,打通了"线上电商+线下硬件+大数据"的行业链条。坚持以用户体验为最高诉求,承诺"100%正品""100% 实拍"和"30 天拆封无条件退货",聚美优品深得用户喜爱。

9. 微选

微选是京东与美丽联合集团成立的合资公司旗下的电商服务平台,依托于微信,专于微信社交电商新生态。平台商品涵盖服饰、鞋子、包包、配饰、美妆、母婴、食品、百货家居等。

10. 云集微店

自 2015 年 5 月成立至今,云集微店开创了一种 S2B2C 移动社交新零售模式,坚持共享发展理念,充分利用"互联网+",通过搭建消费者、店主和品牌商三方受益的新零售闭环型生态圈,成为社交零售电商平台的佼佼者。

第二节　网店运营逻辑

一、网店与实体店经营逻辑区别

1. 初始流量的产生

网店和实体店在初始流量获取方式上有着本质区别。对实体店而言,开业之前要进行周密的选址调查,弄清某一选址周边的人群情况,才能确定是否在那里开店,同时要事先支出一笔固定的"租金",其本质是为这个实体店地理位置所固有的人流量进行付费。实体店从开业那一刻起,店面门前过往的行人以及周边居民数即构成该店的初始流量,无须进行初始"引流"便可直接进入常规营销和经营阶段。

对网店而言,情况则完全不同。新开的网店没有任何流量基础,容易落入"零流量"陷阱,导致较长时间无人问津,使新店难以正常起步。"零流量"陷阱并非经营不善所致,而是每一个新网店所固有的特性。为了尽快跨出这个陷阱,有经验的运营者往往采取有限的"基础销量计划"以获取一定的初始流量,如同飞机起飞前在跑道上所必需的助力滑行过程一样。这种有限的"基础销量计划"时间一般控制在一周之内,这是新网店起步运行时必不可少的一个特殊阶段,可以视为测试性合理"基础销量计划"。但是,"基础销量计划"时间切不可持续进行,更不可长期以"基础销量计划"作为一种运营手段,这样不仅违背平台电商的商业规则,而且严重的将构成违法。

2. 网店消费不可逆

电子商务这个术语自 1997 年由 IBM 公司提出以来,已经成为人们普遍认同的时代标签,这种认同是基于电子商务行业日趋成熟的结果。目前,电子商务标签下所代表的行业、企业和学界,在网络市场、商业模式、成功案例和研究成果等方面都形成大量的资源积淀,不断为电子商务注入丰富内涵。只要互联网市场不消失,电子商务产业也将伴随其持续发展。无论从商家的角度看,还是从消费者的角度看,网店相对于传统的实体店而言,拥有许多不可替代的优势,如图 2-2-1 所示。网店给商家和消费者带来恒定不变的优势,是实体店所不具有的,即便存在一些劣势,如需要物流支持、不能体验实物、延时获得货物和售后服务难以保证等问题,均可通过完善物流体系、商品标准化和创新同城电子商务综合服务等途径,将网店的劣势加以改变,甚至转变为优势。这就最终造成人们越来越离不开网店购物的结果,使网络消费成为一种不可逆转的趋势。

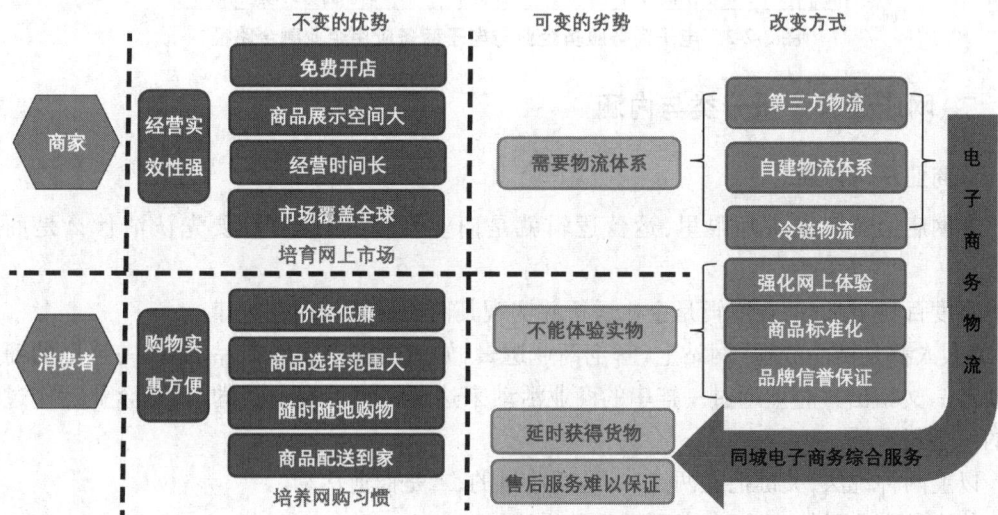

图 2-2-1　网店相对于实体店所具有的优势

3. 线上线下融合路

电子商务服务和电子商务应用是电子商务产业的两大生态板块,如图 2-2-2 所示。如前所述,电子商务服务生态围绕电商平台衍生和扩展,形成与之紧密相关的支撑业态(如电子支付、物流配送等),而电子商务应用生态则以传统产业为重心,将电子商务服务方式运用于传统企业的互联网市场推广中,或者称电子商务服务业渗透到传统产业,形成"垂直"电子商务模式。电子商务服务与电子商务应用均以各自的路径向O2O(线上线下)迈进:前者先建互联网平台,后走线下物流体系之路;后者先有线下深厚的产业链和供应链,一旦条件成熟便上线建立自己的电子商务体系。今后势必形成电子商务服务与电子商务应用纷繁林立的平台生态,打破目前仅由少数电子商务服务平台垄断的局面。

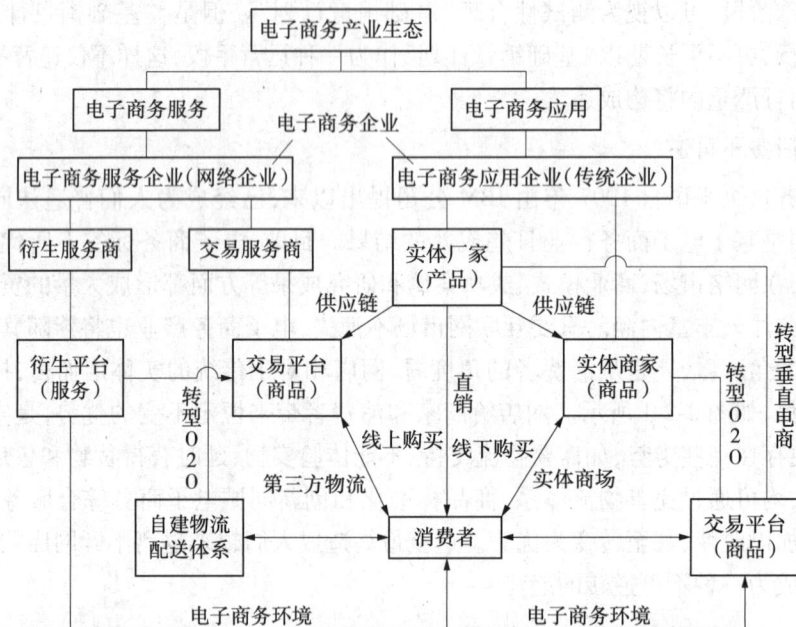

图2-2-2　电子商务服务企业与电子商务应用企业融合路径

二、网店运营逻辑分类与内涵

1. 商业逻辑内涵

在网店运营实战讲师眼里,运营逻辑就是商业逻辑,因此有必要先认清什么是商业逻辑。

百度百科定义:商业逻辑是企业运行并实现其商业目标的内在规律。

"人人都是商品经理"网站上《解剖商业逻辑:如何匹配市场与产品,做出一连串的商业活动?》一文指出:"企业通过一连串的商业活动来达到最终的商业目的,就是企业运作过程中的商业逻辑。"

以上两种说法,关键把握两点:一是商业目的,二是商业活动。

什么是商业目的,可以参考下列4种说法:

①著名商业顾问刘润老师讲:"商业的目的是让人类的生活更美好。"

②管理学家德鲁克经常讲:"商业的目的在于创造和留住顾客。"

③著名咨询顾问华杉老师讲:"商业的目的在于为社会解决问题。"

④一位创业者直白地讲:"商业的目的就是赚钱。"

要达到上述商业目的,必须开展一系列商业活动,而这些商业活动是具有流程顺序和内在联系的,在商业活动之间、商业活动与商业目的之间构成协调运行的内在规律。可以将这个内在规律表示为一个基本循环过程,即"假设—验证—反馈—调整"。例如,对待市场需求的问题,通常设想存在需求,然后调查市场状况,接着试推商品,获得销售结果,最后调整商品结构或运营方案,再进行新一轮循环。其他商业活动大多数也都遵循这个运行规律。

2. 运营逻辑内涵

借用上述商业逻辑的定义,可以将电子商务运营逻辑描述为:网店运行并实现引流和转化目标的内在规律。对此,实战讲师们总结出成熟的运营逻辑思路。例如,蒋晖运营讲师在《淘宝数据分析要看哪些数据》一文中提出,一般日常运营只需重点关注三个方面的数据:行业数据、同行数据和自己数据(即店铺数据),也有讲师认为还应当加上商品数据。

按照商业逻辑的基本循环过程,网店运营逻辑可以与此相对应,即行业数据对应假设阶段,同行数据对应验证阶段,店铺数据对应反馈阶段,商品数据则对应调整阶段,如图2-2-3所示。

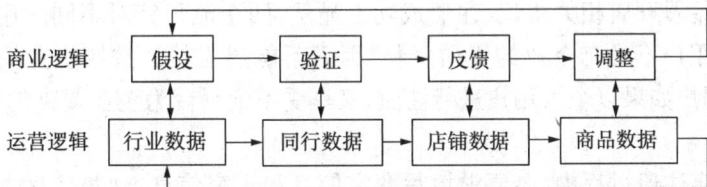

图2-2-3 运营逻辑与商业逻辑基本循环过程对照

网店运营逻辑的基本循环过程是:

①假设—行业数据分析:开设网店之前首先考虑要经营什么商品,此时需要从行业数据中分析某类商品的市场容量有多大、利润是多少,以及流量规模怎样,以便判断哪类商品能够在网上推广,用行业数据证实最初设想的商品是否可行。

②验证—同行数据分析:通过对同行店铺的分析,验证竞争店铺究竟有什么优势,从中找到自己店铺差异化经营的切入点,同时可以学习和借鉴优秀同行的运营方式,形成可行的运营方案,让自己更快进入优秀行列。

③反馈—店铺数据分析:实施运营方案后,随时查看并分析自己店铺的数据变化,一旦发现异常波动,及时反馈给运营者,以便在第一时间内查找原因,最后把问题落实到宝贝的主图、详情页、文案、视频甚至促销推广等细节上。

④调整—商品数据分析:从商品数据的分析中明确原因和问题的出处后,则要求运营者针对这些问题及时加以改进,例如主图色调如何调整才能引流、详情页的细节表现是否全面、文案对卖点的提炼是否精准、视频场景切换是否连贯等,围绕引流和转化的目标不断进行调整。

调整后的方案是否有效,需要回到行业数据、同行数据和店铺数据中进行验证,查看与行业数据变化是否吻合、与同行数据水平是否接近、店铺数据反映的整体权重是否提升。总之,店铺运营会自然进入下一轮循环过程,今后还将周而复始地长期运行下去,这样才能保证店铺整体水平逐步迈上更高层级。

3.运营逻辑分类

上述关于网店运营逻辑的基本循环过程,可以看作运营的总体逻辑。在总体逻辑之下,还包含各种具体环节的逻辑过程或操作流程,下面仅做简要分析供参考:

(1)电商平台交易逻辑

站在平台商角度,为卖家和买家设定交易流程,包括访客浏览商品主图、查看详情页、加入购物车、提交订单、支付金额,此后商家处理订单、提货备货、输出快递运单、发货,平台商暂收暂存货款,消费者确认收货后转款给商家。其中,为了让买卖双方消除互不信任,设计推出电子支付工具,为买卖双方起到担保作用;为了使交易实现交付,配套推荐物流服务。这些操作流程构成电商平台的基本交易逻辑。

(2)网店操作流程逻辑

网店操作的每一种流程都内含着合理的逻辑顺序,例如开店注册流程面向个人和企业有不同的逻辑顺序:个人用户注册流程是,验证手机、设置会员名、填写账号信息、设置支付方式、注册成功;企业用户注册流程是,使用邮箱注册淘宝账户、进行直通车企业认证、填写工商注册信息、签署开店相关协议、注册成功。显然,两个流程针对不同的用户各有其合理的逻辑性,个人用户不具有企业的资质材料,因而不能想当然地按照企业用户流程进行注册;同样,企业用户如果以个人用户进行注册,又享受不到平台为企业提供的更多服务资源,最终得不偿失。

此外,在开店注册过程中,会要求填写商家信息和买家信息,这些信息也不是随意安排的,每一条信息均要符合交易过程所需要的,还包括必选项和可选项的合理安排。另外,对商品进行基础信息设置更能体现信息的逻辑性,例如服装的规格、尺码、颜色等一应俱全,家具的材质、样式、空间等不可或缺,几乎设置每一条商品的基础信息均要仔细考虑其对引流有什么影响。

(3)网店引流基本逻辑

每一个新手开店起步,都要经历流量从无到有、从有到增长的过程。这个过程中,往往要求新手们先练好基本功(或称为内功),专注自然搜索流量的产生和提升。

自然搜索运营主要在关键词选择、宝贝标题设计及属性词设置等方面做出科学抉择,此后应通过视觉与文案的创新创意,引导并驱动用户发生点击行为,改善宝贝和店铺的搜索排名,让自然搜索流量提升起来。

当有一定的自然搜索流量,加之形成一定的转化率后,应当考虑开展一定程度的付费推广,直通车、钻展和淘宝客是标配常选项。具体在展现位、推广关键词、目标人群特征和淘宝客资源匹配性等方面做出符合市场逻辑的合理安排。

无论做自然搜索还是付费推广,运营者始终要对自己经营的商品有着深刻的理解,并将商品的组合因素融会贯通到推广中,才能使推广附有灵魂。本质上,商品是用户心仪的状貌,售卖商品无异于用商品牵引用户的心。网店运营中的商品,需要由卖家相关因素组合而成,来最好地表达用户偏好,这些因素包括货源、价格、主图、详情页、售后服务等。

（4）网店装饰布局逻辑

根据买家认知规律决定店铺装饰布局逻辑。买家认知商品经历了从感性到理性,再从理性到感性的过程。下面以宝贝详情页为例,说明买家的认识规律,以及按照买家认知规律如何编排详情页内容的逻辑顺序,如图2-2-4所示。

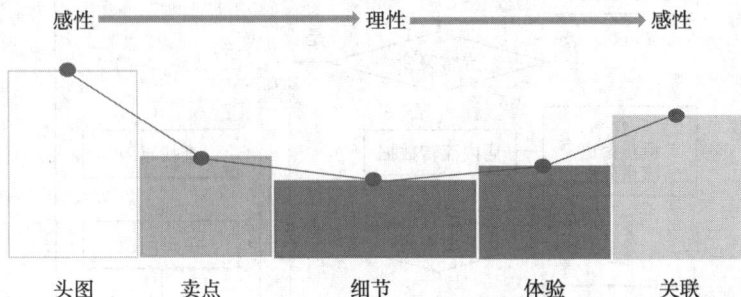

感性 ——————→ 理性 ——————→ 感性

头图　　　卖点　　　细节　　　体验　　　关联

图2-2-4　用户认知规律及宝贝详情页内容逻辑

详情页首要位置的主图称为头图,它起着瞬间传递商品和店铺信息的作用,这对短时间内抓住客户是至关重要的,因此应尽可能凸显商品特色。紧接着以提炼卖点为抓手,多维度展现利益点,力求吸引访客继续浏览。往下阅览进入细节部分时,客户渐渐趋于理性或冷静,需要获知更多关于商品的微观信息,局部放大图常常会在这里被采用。观看细节之后,客户往往需要得到进一步的体验感受,由于网店不能让客户直接感触到商品实物,因此可以考虑增加与直接感触相关的内容,如时尚感、趋势感、流行感、厚重感、轻盈感、严肃感、活泼感等方面的提示语、用户留言或意见领袖观点。最后可能将客户引入到更高一级的感性认知阶段,产生更多的关联需求,此时一定要为详情页所代表的宝贝认真配搭关联商品,提高宝贝附加值,或产生提档升级的效果。

（5）网店诊断逻辑

参考雨果网推荐的"5颜6色"观察员文章——《如何有层次、有逻辑的诊断店铺》,对一个阿里巴巴国际站店铺进行诊断,要带着运营思维和商业思维去审视它,有层次、有步骤地关注店铺的问题点。文章认为,诊断店铺的主要问题及其逻辑顺序是:看店铺业绩水平(询单量、销售量等)、看店铺转化业绩水平(访客量、转化率、点击量等)、看成交水平(订单量、交易额、客单价等)、看店铺效果结构(商品流量数据,如曝光量、点击量、访客数、询盘数等)、看稳定性和生长能力(店铺询盘和访客的走势、核心单品流量走势及搜索量等)、看橱窗利用率(橱窗产品的点击率、转化率等)、看流量渠道占比(搜索、系统推荐、导购会场等流量占比等)、看付费推广效率(直通车等曝光量、点击量、平均点击成本等)、看平台整站质量(店铺信息完整度、填写信息是否完全和准确、上传资料证书是否齐全、店铺首页是否简单大方与美观得体等)。

实际运营中,店铺诊断往往先从整体数据查看开始,如实时交易额、实时访客数、实时浏览量等,同时检视这些数据的当前变化趋势与昨日同期变化趋势是否稳定。如果稳定无突变,则继续检查转化率、流量渠道、流量分配等是否合理。如果仍然合理正常,方可进一步查看较长周期的报表情况,从长期数据的变化中,发现更加细微的问题,逐步将店铺运营做到极致。一旦在上述各个环节中发现异常突变等情况,则应当专注找出引起异常突变的原因,并深入到每一个宝贝的各个方面,确定问题的来源,以便及时处理和改进。店铺诊断的一般过程如图 2-2-5 所示。

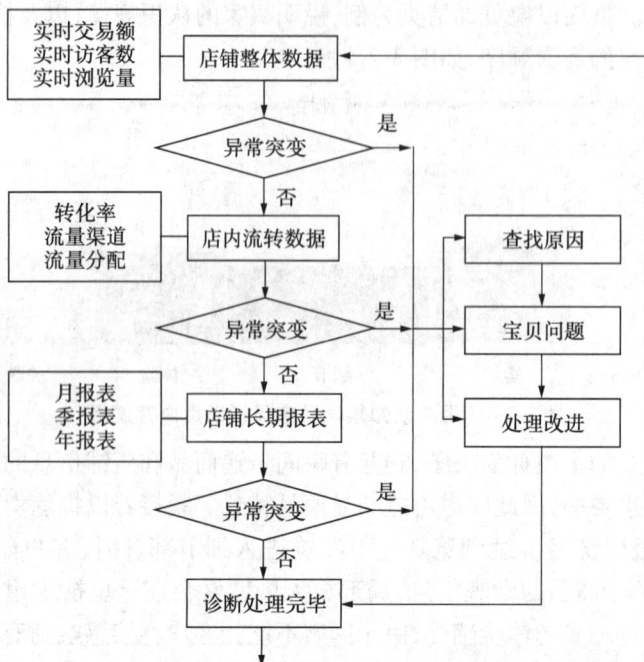

图 2-2-5　店铺诊断的一般过程

总之,运营逻辑遍布店铺运营的每一个环节,上面的分类远未盖全,随处可见的还有主图布局逻辑、视频场景逻辑、数据运营逻辑等,有待今后深入、系统地研究。

第三节　网店开启流程概览

一、新店注册流程

1. 理解法律法规和平台规则

在开店之前,新手卖家需要认真学习淘宝规则,https://rule.taobao.com/(图 2-3-1)。

为了保障电子商务各方主体的合法权益,规范电子商务行为,维护市场秩序,促进电子商务持续健康发展,2018 年 8 月 31 日,第十三届全国人民代表大会常务委员会第五次会议通过《中华人民共和国电子商务法》。各电商平台根据《中华人民共和国电子商务法》《中华人民共和国网络安全法》《中华人民共和国消费者权益保护法》《网络交易管理办法》等国家法律法规及相关规范性文件制定了详细的规则。以淘宝网为例,《淘宝平台规则总则》规定了淘宝平台生态体系各方的法定权利义务;会员满足相关条件后,可依据《淘宝网开店规范》,按照淘宝网设置的流程创建店铺;卖家在设置店铺名、店铺域名、店标、店铺介绍等店铺信息时应遵守《淘宝网店铺命名及信息规范》;卖家依据《淘宝网店铺经营主体变更规范》进

图 2-3-1　淘宝网规则页面

行店铺经营主体变更。

2. 主体身份确认

2019 年 1 月 1 日《中华人民共和国电子商务法》正式生效,要求电子商务经营者应当依法办理市场主体登记。

（1）个人店铺

①个体工商户:开店主体为个体工商户的,须基于个体工商户的营业执照信息通过支付宝实名认证。个体工商户可在当地市场监督管理局网站在线申报办理。

②自然人:开店主体为自然人的,须基于其个人身份信息通过支付宝实名认证。

《中华人民共和国电子商务法》规定以下几类情形不需要进行市场主体登记:

①个人销售自产农副产品。

②个人销售家庭手工业产品。

③个人利用自己的技能从事依法无须取得许可的便民劳务活动。

④个人进行零星小额交易活动。

⑤其他依照法律、行政法规不需要进行登记的情况。

自然人开店或自然人所登记的个体工商户开店的,该自然人即为店铺负责人。个人店铺的负责人年龄须满 16 周岁。

（2）企业店铺

淘宝网企业店铺开店主体为除个体工商户以外的企业主体,包括独资企业、合伙企业、公司企业,须基于企业营业执照信息通过支付宝实名认证。

企业店铺的店铺负责人包含但不限于该企业的法定代表人、股东、店铺运营人,负责人需要对该店铺的运营及管理全面负责。企业店铺的负责人年龄须满 18 周岁。

卖家以自然人、个体工商户或其他企业身份开店时,一个身份证或营业执照名下仅能开设一家店铺。具备一定持续经营能力、满足一定经营条件的诚信卖家,可享有开设多店的权益。

3. 注册店铺

（1）注册淘宝账号

打开浏览器,在地址栏输入 www.taobao.com,进入淘宝网主页,如图 2-3-2 所示,点击左上角免费注册。

图 2-3-2　淘宝网主页

个人账号注册输入手机号码,发送验证码,点击"同意协议并注册"。企业账号点击下方"切换企业账户注册",如图 2-3-3 所示。

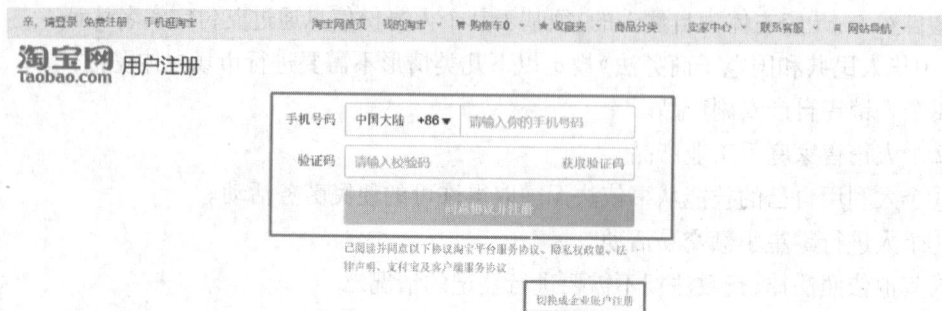

图 2-3-3　淘宝网用户注册页面

个人用户和企业用户注册流程如图 2-3-4、图 2-3-5 所示。会员名一旦设置无法更改,为了增加被买家搜索到的概率,会员名最好与店铺主营产品挂钩,不要使用生僻字,不要用英文字母加数字,用简体中文,简单明了,方便记忆和搜索。

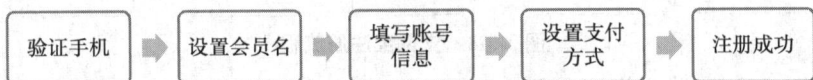

验证手机 ➡ 设置会员名 ➡ 填写账号信息 ➡ 设置支付方式 ➡ 注册成功

图 2-3-4　个人用户注册流程

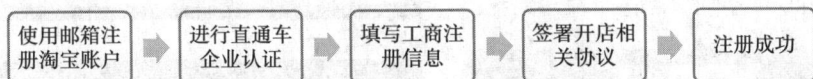

使用邮箱注册淘宝账户 ➡ 进行直通车企业认证 ➡ 填写工商注册信息 ➡ 签署开店相关协议 ➡ 注册成功

图 2-3-5　企业用户注册流程

（2）支付宝绑定和实名认证

蚂蚁金服旗下的支付宝,已发展成为融合了支付、生活服务、政务服务、社交、理财、保险、公益等多个场景与行业的开放性平台。卖家通过支付宝绑定和实名认证可核实卖家真实信息,保障账户安全,获取买家信赖,拓展更多功能。淘宝账号注册后,进入支付宝首页www. alipay. com,进行支付宝绑定和实名认证(图 2-3-6)。

图 2-3-6　支付宝主页

个人认证需准备身份证、银行卡、手机号码;企业认证需准备营业执照彩色扫码或数码照片、统一社会信用代码证彩色扫码或数码照片、银行对公账户、法定代表人身份证扫码或数码照片、代理人身份证扫码或数码照片、委托书扫码或数码照片(图 2-3-7)。

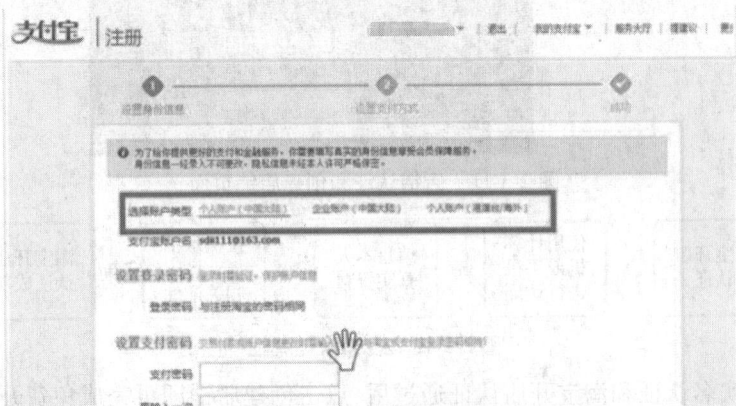

图 2-3-7　支付宝注册页面

支付宝注册流程如图 2-3-8 所示。

图 2-3-8　支付宝注册流程

支付宝账户注册后,需申请实名认证,如图 2-3-9、图 2-3-10 所示。

图 2-3-9　支付宝实名认证页面

图 2-3-10　支付宝实名认证流程

(3)店铺认证和创建店铺

店铺认证和创建店铺页面如图 2-3-11 所示。店铺认证流程如图 2-3-12 所示。

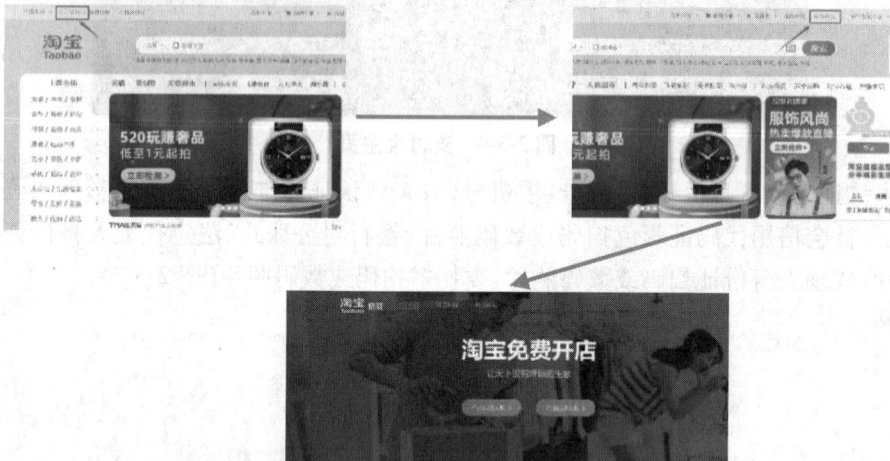

图 2-3-11　店铺认证和创建店铺页面

图 2-3-12　店铺认证流程

当支付宝实名认证和淘宝开店认证通过后,点击创建店铺即可完成免费开店流程(图 2-3-13)。

4. 缴纳保证金

当卖家完成开店并签订了加入消保的协议后,卖家即可点击"卖家中心/宝贝管理/发布宝贝"按钮进行发布商品。但是并非所有商品类目都支持发布全新宝贝,会根据卖家发布商品的类目而定,部分类目需要卖家缴纳保证金后才能发布全新商品。淘宝保证金是平台对卖家的一种约束,既是对平台信誉的保障,也是对卖家所经营产品的一种管控。如卖家要发布该类目商品,未缴纳保证金的情况下,就只能发布二手商品。当店主缴纳完保证金后,就可以在后台正常进行产品的上传了。

图 2-3-13　店铺创建

不同类目的保证金可在"卖家中心/淘宝服务/消费者保障服务/查看类目缴纳计算规则"中进行查询(图 2-3-14)。

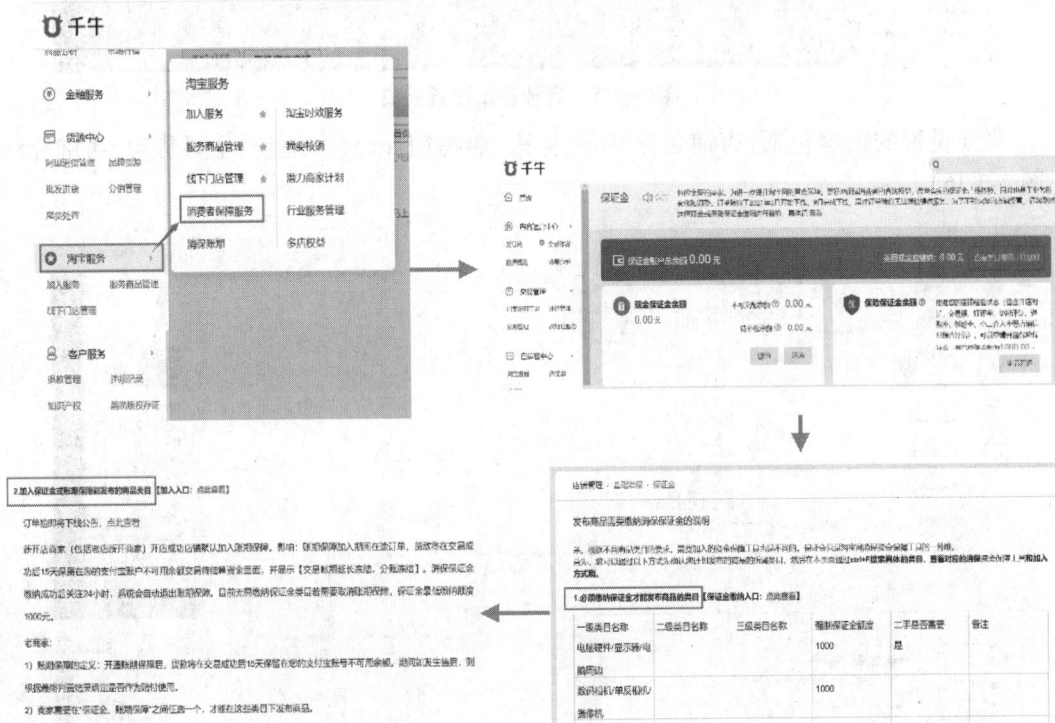

图 2-3-14　保证金缴纳页面

保证金必须足额缴纳,否则系统会提示"未缴纳类目要求的足额保证金",对于缴纳页面的"自定义金额",可缴纳大于1 000 元基础保证金的任何金额,上不封顶。以主营类目所需缴纳的金额为准,但如店铺之前卖的类目只需缴纳1 000 元保证金,但后续店铺中发布了其他类目商品,则请自觉按其他类目要求的金额进行补缴,补缴入口与第一次缴纳入口一致。保证金缴纳后是冻结在您的支付宝账户中的,后续卖家不开店了可以自行解冻。如缴纳的保证金后续因纠纷、售后等一系列问题不足1 000 元,需要进行补缴。

二、新店基础设置

淘宝开店之后,做好店铺的基本设置是最基本的,店铺基本设置就好比店铺的一张名片,能够让消费者更加了解和熟悉店铺的基本一个概况。可在"千牛卖家中心/店铺管理/店铺基本设置"中进行店铺基本设置(图2-3-15)。

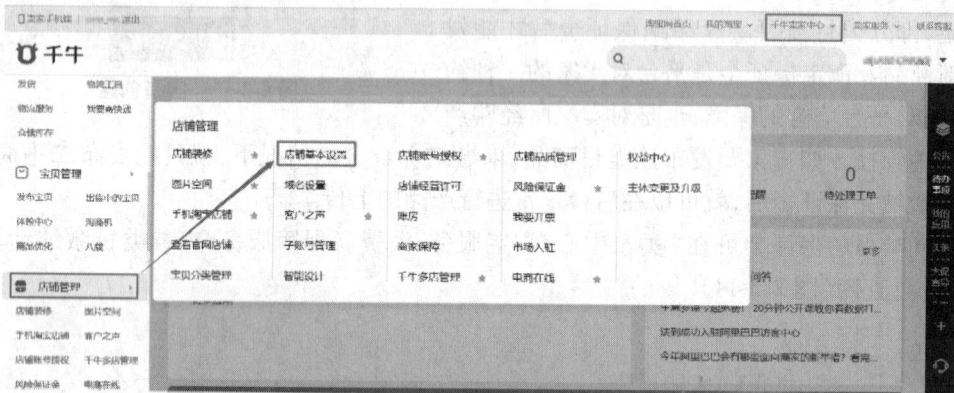

图2-3-15 店铺基本设置入口

需要设置的内容包括:店铺名称、店铺标志、店铺简介、经营地址、主要货源、店铺介绍(图2-3-16)。

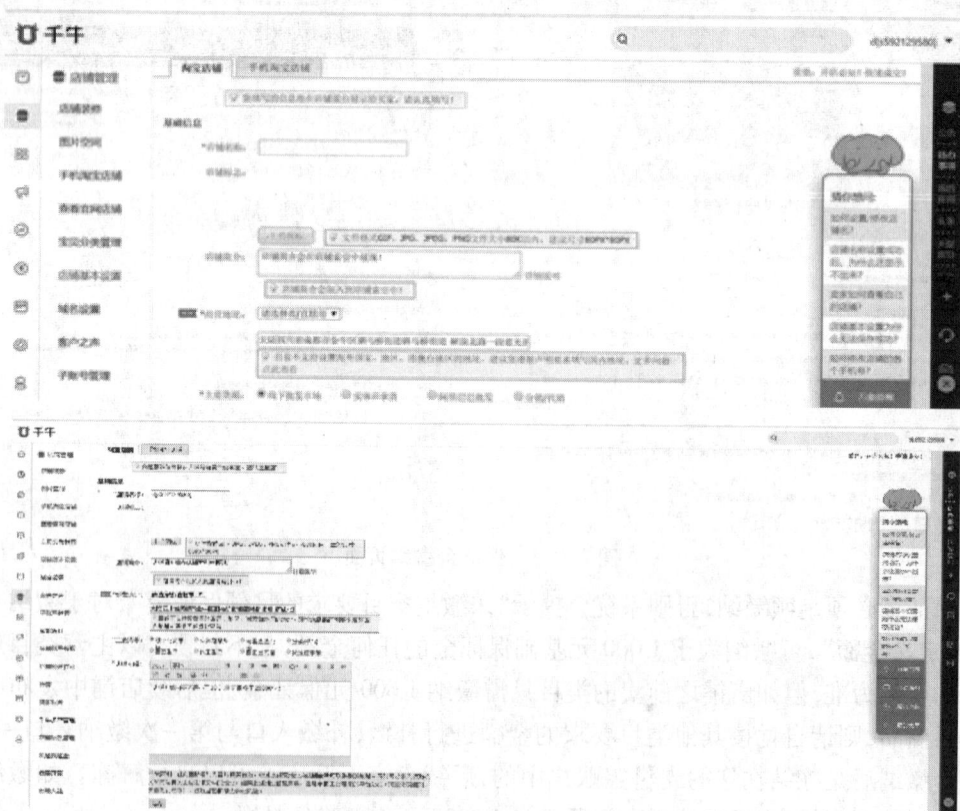

图2-3-16 店铺基本设置页面

1.店铺名称

店铺名称关系到店铺的辨识度、传播力度、流量吸引度,一般需结合所在类目的特点来确定。3~6个汉字,便于消费者记忆及搜索;不能使用未经授权的品牌词;不能使用已注册的名称;个人认证的店铺不能使用有关公司/企业/集团/经销商等字样。

2.店铺标志

文件格式 GIF、JPG、JPEG、PNG;文件大小 80 KB 以内;建议尺寸 80 px×80 px。

3.店铺简介

店铺简介指的是店铺经营分类,店铺简介会加入到店铺索引中,所以店铺简介内容选择会直接影响到消费者对店铺搜索的精准度。填写内容为主营宝贝类目、品牌特色、分类。

4.经营地址

一般为经营地址或发货地址。该地址可以作为行政机关和司法机关送达法律文件的地址即可,如果上述地址信息有误,需要卖家承担由此带来的平台处罚、行政监管和司法诉讼风险。

5.主要货源

货源包括线下批发市场、实体店拿货、阿里巴巴批发、分销/代销、自己生产、代工生产、自由公司渠道、货源还未确定。卖家根据实际情况进行选择。

6.店铺介绍

这是对第二项店铺简介的补充,可以更加详细地描述自己店铺的经营内容、目标用户、人群范围以及产品特色等。个人店铺不会展示在搜索页;企业店铺会展示,可详细填写公司、品牌实力,店铺基本设置后在索引中的展示效果如图 2-3-17 所示。

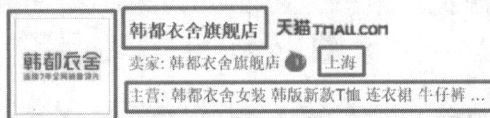

图 2-3-17　店铺基本设置后在索引中的展示效果

三、手淘店铺设置

手淘店铺设置手淘店标和客服电话(图 2-3-18)。

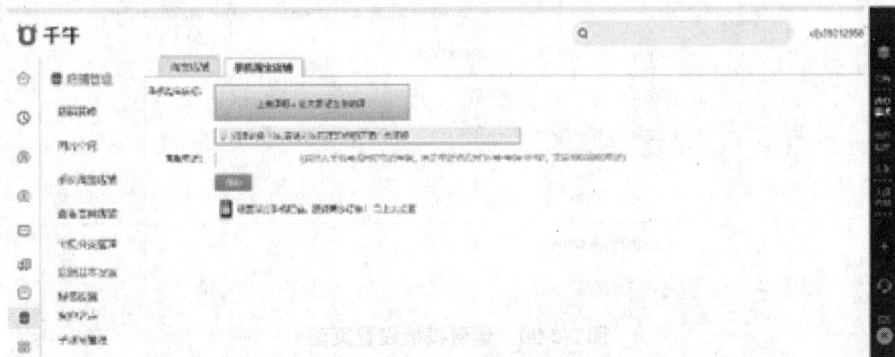

图 2-3-18　手淘店铺设置页面

①手淘店标：文件格式 GIF、JPG、JPEG、PNG；文件大小 10 KB 以内；建议尺寸 280 px×50 px。

②客服电话：手机号码或固定电话号码，固定电话格式为"区号－号码－分机号"，支持 400 或 800 电话。

四、卖家物流设置

在买家的购物体验中，卖家的物流是占一定比重的，它虽然没有常见的产品质量问题，但是买家评价里快递物流这一方面的问题从来不少，也是 DSR 评分重要的因素。所以，新店开业之前正确设置物流模板十分重要。可在"千牛卖家中心/物流管理/物流工具"中进行物流设置（图 2-3-19）。

进入物流工具设置后，新店主要对运费模板进行设置，点击"运费模板设置/新增运费模板"（图 2-3-20）。

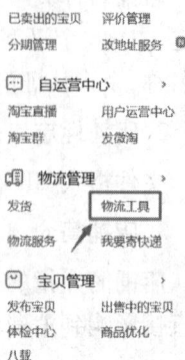

图 2-3-19　运费设置入口

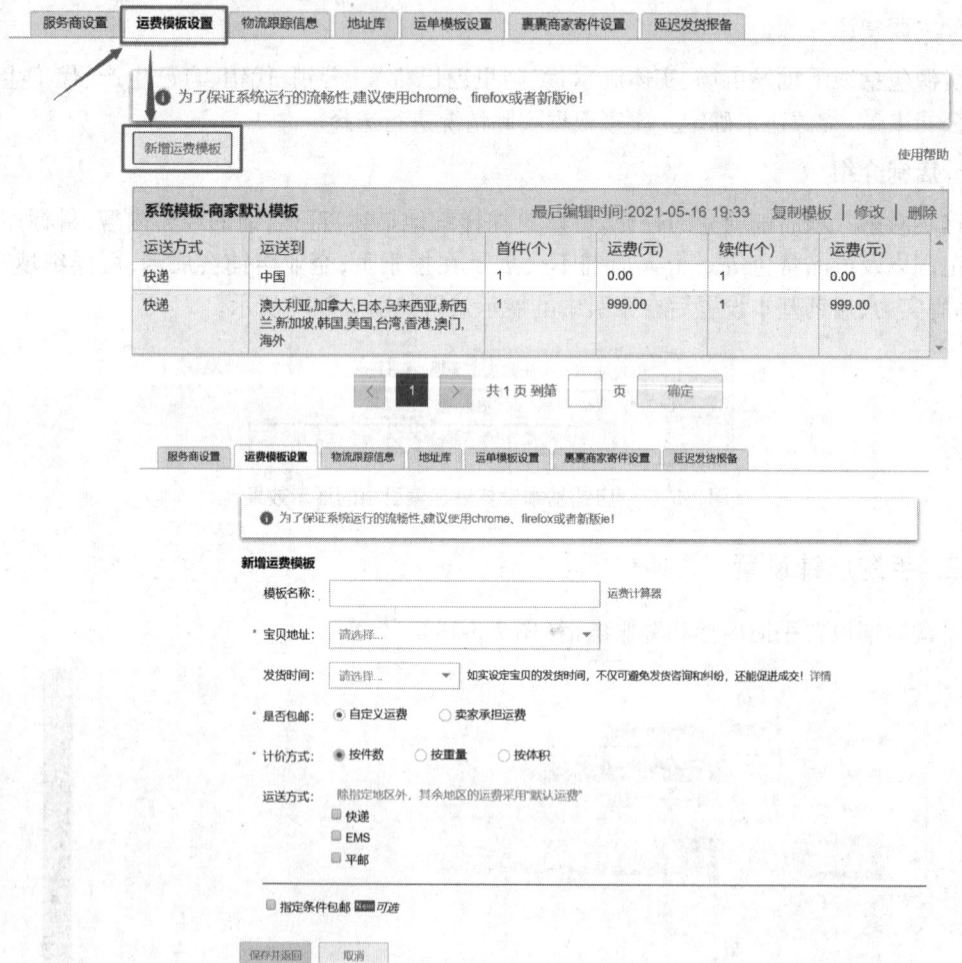

图 2-3-20　运费模板设置页面

1. 模板名称

模板名称用来区分不同的运费模板,可按照商品的类别、体积和重量来划分运费模板。比如销售衣服和化妆品的店铺,可以设置两个运费模板,运费模板一:"衣服的运费";运费模板二:"化妆品的运费"。也可按平时和大促进行模板分类。

2. 宝贝地址

通过下拉菜单填写宝贝发货地址。

3. 发货时间

如实设定宝贝的发货时间,不仅可避免发货咨询和纠纷,还能促进成交。发货时间在商品详情页展示。

①买卖双方自行约定发货时间的,卖家须在买家付款后按照约定在承诺的时间内发货。

②买卖双方无约定的,买家付款后卖家须在 48 小时内发货。

③卖家若加入官方活动的,约定的发货时间以活动要求的时间为准。

④卖家的发货时间,以快递公司系统内揽件记录的时间为准。快递公司将快递单上的信息录入到快递公司系统内后,淘宝合作物流会将这些信息同步到淘宝网,买家可以在"已买到的宝贝"中查看。

4. 是否包邮

是否包邮分为"自定义运费"和"卖家承担运费"。如选择"卖家承担运费"后,所有区域的运费将设置为 0 元且原运费设置无法恢复。

5. 计价方式

计价方式分为"按件数""按重量"和"按体积",卖家根据店铺商品性质进行选择。

6. 运送方式

运送方式分为"快递""EMS""平邮"和"家装物流"。以计价方式"按重量"为例,点击"快递"后,弹出运费设置窗口,根据与店铺合作的快递公司报价如实填写运费规则,运费规则设置如图 2-3-21 所示。

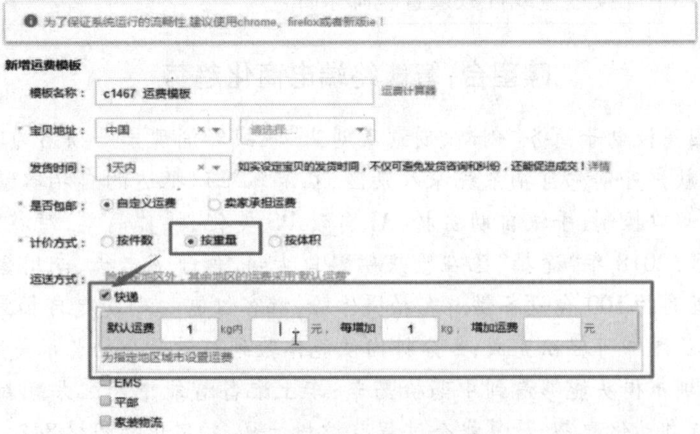

图 2-3-21　运费规则设置

也可通过点击"为指定地区城市设置运费/编辑",为特殊地区单独设置运费(图2-3-22)。

图2-3-22 按区域进行运费规则设置

如店铺对港澳台、海外地区不发货,可把港澳台及海外地区的收件运费和续件运费都设置高一些,以防止这些地区误拍和不好处理售后。对西藏自治区、新疆维吾尔自治区、内蒙古自治区等偏远地区,根据物流公司报价,进行单独设置。

7.指定条件包邮

根据店铺实际情况按重量或件数设置包邮条件。

瞭望台:智能终端电商化趋势

第九届全国高校电子商务"创新、创意及创业"挑战赛涌现出一项名为"途拍"的特等奖项目,作为一款户外创意自拍系统深入景区,在游客难以抵达的自拍取景点,架设专业设备,通过微信端口控制,手机自助自拍,AI自动PS美化,操作简单,对游客来说相当容易上手。据报道,2018年"途拍"已在重庆磁器口古镇、弹子石老街、南川金佛山、酉阳桃花源等景点布置共约100台设备供游客拍摄体验,游客仅需扫码发起自拍完成支付,三次预览拍摄,下载原图即可轻松完成,2分钟内便能体验到与景融合的艺术美照。

据调查,深圳市街头能够看到中药捡药车,车上配备智能中药配方颗粒系统,可以根据医生配方进行自动化配药,计算机全过程监控与计算,扫描识别药材品名,按照单次服用

量输送药材颗粒,最后完成密封包装,既保证配剂质量,又做到零差错,同时缩短病人候药时间。通过二维码扫码登录注册用户以及支付药费,这种捡药车成为移动商务"吸粉"的智能终端。

以上两例应用启示我们,除了目前广泛使用的智能手机之外,今后其他智能终端都可能成为移动商务引流和推广的重要工具,对于发掘新用户群具有广阔的应用前景。目前移动终端吸引客户的一般商业模式如图 2-3-23 所示。

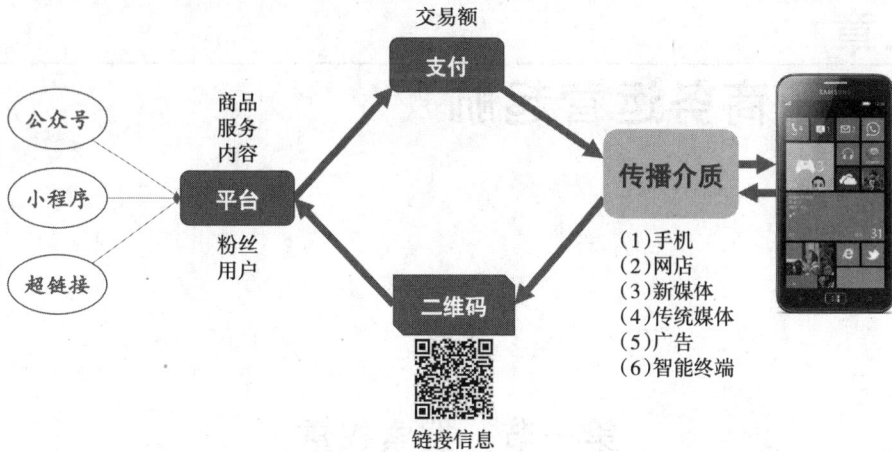

图 2-3-23　智能终端移动商务应用模式

思考题

1. 平台电子商务定义是什么?国内十大电商平台及其特点分别是什么?
2. 电子商务运营逻辑是什么?观察一个淘宝店铺,分析其网店装饰布局逻辑。

第三章
平台电子商务运营起航

第一节　搜索权重

一、权重基本概念

1. 权重概念

通俗地讲,权重就是指宝贝/店铺的综合评分、排名的高低,宝贝排名越高,店铺排名亦越高。它是淘宝平台根据单品或店铺各项运行业绩进行计算的数据指标,从多个维度进行综合评价后所给予的合理地位。宝贝或店铺的权重在淘宝网上是看不见的。

2. 权重的构成(或影响权重的要素)

主要从抓取买家的购物行为中形成权重,例如抓取到点击量、转化率、销量、成交额、收藏加购率、停留时间、访问深度、跳出率等(淘宝后台有上千种指标),最后计算出综合得分。各指标的占比是平台掌握的核心数据,卖家无法精确度量。

3. 权重策略

因权重得分和排名反映的是买家对店铺/宝贝的喜爱程度,店铺要做到迎合买家的需要,在各个环节做到极致。

二、权重的重要性

1. 搜索流量的重要性

店铺发布的宝贝最先获取的流量是最稳定的,搜索入口是淘宝流量系统中最稳定的流量来源,不仅数量大,而且是免费流量来源。

2.权重与搜索排名

权重与搜索流量正相关,权重越高搜索排名越靠前,搜索排名越靠前,展现量越大,点击率就会越高。所以理解权重对店铺稳定获取搜索流量具有积极意义。

三、如何产生权重

标题优化、店铺装修、发布宝贝、消费者保障服务等,这些都是卖家行为,对产生权重意义不大。"单纯的店铺操作不会直接产生权重"。权重的产生与买家消费体验各项指标息息相关。

1.店铺权重要素

店铺权重要素包括:店铺层级(30天的成交金额)、动态评分(DSR)、动销率、店铺处罚、店铺服务情况等。其中最核心的是动态评分(DSR)。

（1）动态评分(DSR)

概念:店铺动态评分不是一个简单的分值,而是由宝贝与描述是否相符、卖家的服务态度、物流服务的质量组合而来的。

①描述是否相符体现的是店面的产品品质是不是过关,淘宝主图和详细信息叙述是否和商品相符合。

②服务质量体现的是经营团队的综合性服务质量以及店铺提供的服务是否使客户满意。

③物流配送服务体现的是货运物流的总体水准,包含送货速率、交货时间、客服服务心态、货运物流工作人员的服务能力和服务质量等。

每项店铺评分取连续6个月内所有买家给予评分的算术平均值(每天计算近6个月之内数据)。

计算举例:一共有20个买家参与评分,每个买家只参与一次(19人给5分,1人给1分),动态平均分为:(19人×5分)+(1人×1分)＝96分÷总给分次数20次＝平均分4.8分

一个店面的起止得分是5.0,DSR得分好的店铺才算是处在一个良好发展趋势的环节,才有好的顾客感受。通常使用动态评分计算器可以测算预期评分目标下的努力方向,如图3-1-1所示。

（2）动态评分(DSR)对权重的影响

①店铺半年内动态评分(DSR):如果三项指标中有飘绿的,说明这个指标偏低,会影响这个店铺及其品类的权重。

②30天内服务情况:30天售后率(退款笔数/成交笔数)、30天纠纷率、30天处罚数,低于同行水平会降低权重。

③卖家信用评价展示:最近一周、最近一月、最近半年、半年以前,好评、中评、差评,如果中、差评较多,会降低权重。

图 3-1-1 DSR 评分计算器

④卖家历史信用构成:主营占比,更换主营类目会影响权重。

⑤其他:如果店铺内其他宝贝的销量较好,会提升店铺和单品的权重。

2. 店铺层级

(1)概念

店铺层级在淘宝后台生意参谋中进行查询,可以看到第几层级的字样。店铺层级的标准是按照类目划分的。每个类目的每个层级的标准都是不一样的。决定性因素是最近30天的支付宝成交金额,而且不是一成不变的,每天会上升或者下降,不过只要层级没掉或者突破,是不会有明显的变化的,店铺层级划分如图 3-1-2 所示。

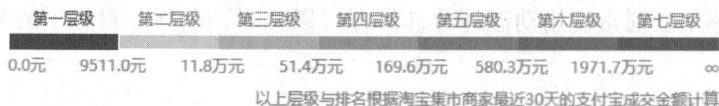

以上层级与排名根据淘宝集市商家最近30天的支付宝成交金额计算

图 3-1-2 店铺层级

第一层级是指刚开的新店或者是重新激活的老店。进来的买家大部分关心的是评价、晒图。第一层级最重要的就是拉近消费者之间的距离,给消费者信赖感。

第二层级的店铺在微乎其微的流量中去抓取比同行更高的转化率。它需要精准的访客和流量去提高转化率,获取淘宝的官方流量。第二层级最重要的就是转化率。

第三层级是店铺的爆款布局,通过爆款给整个店铺带来流量,让每个产品都有流量并且能转化。

对第四层级的店铺,淘宝更多支持的是免费流量,要提升店铺和宝贝的自然搜索流量。

第五层级的店铺关注的是直通车、钻展、聚划算、淘抢购等官方活动,为销量做累积。

第六层级的店铺更多去做会员营销,对前期积攒起来的会员和粉丝进行内容化营销。

达到第七层级说明你的店铺发展到了一定的规模,着眼点应放在店铺的发展战略。

(2)店铺层级对权重的影响

店铺层级越高权重就越高,店铺的销量、流量都会增加。在多数时候,店铺都会在同一个层级里来回波动。每天都会上升或者下降,不会影响排名,但是持续地上升或者下降会让淘宝重新评估店铺,这就会影响商品的搜索排名。大促的时候,流量会暴增,所以店铺的层级越高,对应分配到的流量也就越大。淘宝对新品是有一定的流量扶持的,因此较高的店铺层级,获得的机会就越多。

3. 动销率

(1)概念

动销率是店铺中有销量的商品品种数与全店所有商品品种数的比值。

$$商品动销率 = \frac{动销品种数}{库存品种总数} \times 100\%$$

以一个月为单位,假如你店铺有 100 个宝贝,销售出去的有 80 个,动销率就是 80%。

与动销率相对应的是滞销率,滞销率是滞销商品品种数与全店商品品种数的比值。

$$商品滞销率 = \frac{滞销品种数}{库存品种总数} \times 100\%$$

(2)动销率对权重的影响

店铺的动销率高,店铺的动态评分就会高,流量会大,转化率会高,店铺的权重就会得到提升。根据淘宝的定义,如果一个产品在 90 天内没有点击、没有销量也没有编辑的话,那么这商品就会成为滞销商品。滞销商品是无法在淘宝上搜到的,即便是你把商品的标题全部复制下来也不会搜索到这件商品。

对店铺而言:动销率最好在 80% 以上,如果一旦降到了 50% 以下,那么店铺就会被淘宝判定为不活跃店铺,接着就会降权、限流。如果说店主想要提高动销率,就应该保证一个月内全店每种商品都有出售,这样动销率就是百分之百的。要注意,店铺的商品并非越多越好,而是越精越好,只有商品做精,动销率才会高,而较高的动销率会让店铺成为品质店铺,让店铺的等级更高,曝光率更高。

4. 单品权重要素

单品权重要素包括:销量、人气、收藏、转化率、客单价、相关性、宝贝属性是否完整等(图3-1-3)。通过点击"生意参谋/商品效果",点选想看的要素选项,便可看到所有影响权重的单品要素数值。

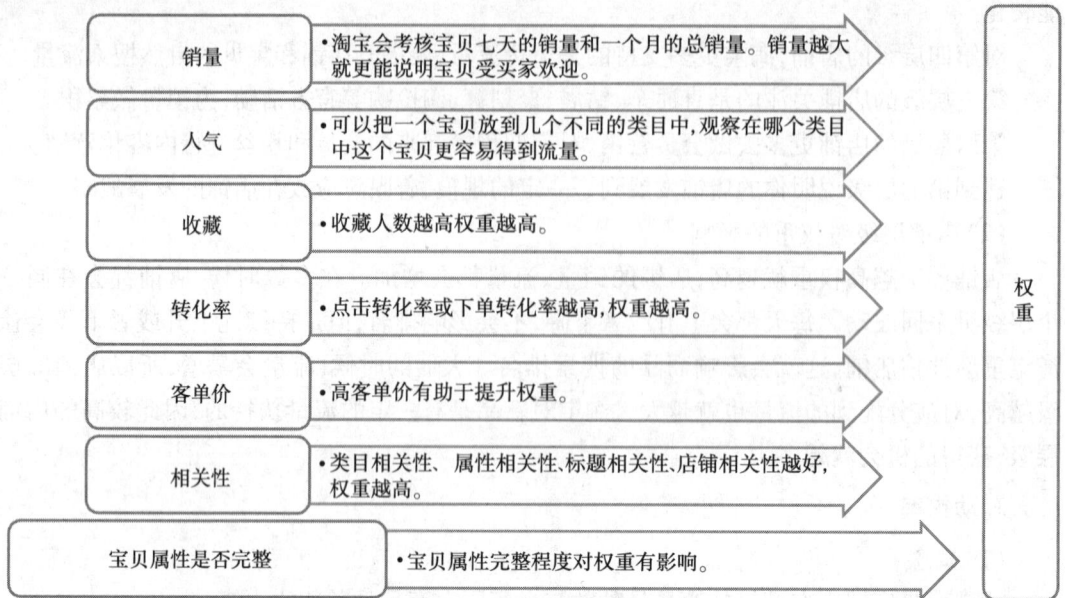

图 3-1-3　单品权重要素

5.关键词权重

（1）概念

关键词权重指的是某个关键词的综合排名指数,表明关键词排名是以什么机理决定的。

$$关键词权重=点击转化率反馈+近30天销量$$

（2）举例

"连衣裙　中长款　韩版　修身"（由 4 个词根组成关键词）,假设产生销量获得 100 分,平均分配到关键词的 4 个词根为 25 分;与另一种情况相比:"连衣裙　中长款",同样产生销量获得 100 分;平均分配到关键词的 2 个词根为 50 分。

关键词越短或关键词的词根越少,一次成交额获得的分数越高,最后平均分配到每一个词根上的权重越大,或者说对单个词根的加权效果越好。反之亦然。

一个关键词的权重取决于其每一个词根点击、转化、反馈的叠加,再加上近 30 天销量为每一个词根所分配的加权值。

四、权重优化方法

权重向来是淘宝 SEO 中的一个重点,优化宝贝权重,提升宝贝排名,获取尽可能多的自然流量,才是店铺赖以生存和发展的基础,权重优化方法见表 3-1-1。

表 3-1-1　权重优化方法

优化要素	优化方法
DSR 评分	实事求是,做到实物与图片描述相符;提供贴心的售前、售中、售后服务,有效提升买家的满意度;积极提高发货速度

优化要素	优化方法
店铺层级	提升成交额;打造爆款;店铺推广;做好店铺基本功
动销率	提高动销率,将滞销宝贝根据情况删除或优化
点击率	类目必须选择准确;要求选择搜索量大、与类目相关、与宝贝属性相关的关键词;提高主图和文案质量
转化率	通过数据分析,精准设置目标地域、人群、推广时间、关键词。优化产品、详情页、关联宝贝
收藏、人气、好评率、产品评价	提高产品的受欢迎程度,通过数据分析发现各项指标
访问深度、停留时间和跳失率	通过更新店铺内容增加用户的黏度;合理排版和布局;针对目标消费群体进行设计
客单价	优化详情页关联销售,运营 SKU 套餐组合,提供附加值,会员活动,客服推荐
标题优化	从行业热词榜、生意参谋挖掘行业主推关键词,把宝贝核心关键词与属性进行结合,找到搜索指数高、转化率高的词作为标题的关键词,再按照成交量从高到低最好的属性词排列组合
宝贝属性的完整度	宝贝属性不能填错和漏填,属性正确、完整,消费者容易搜索到

需要注意的是,淘宝客、站外活动、淘口令、二维码、链接付款等,其产生的销量都不贡献权重。直通车、手淘首页、达人推广等官方活动所产生的销量能够贡献一定的权重,但相对于关键词和搜索等的权重是比较低的。

第二节　引流渠道

一、主要引流渠道

淘宝流量分为站内流量和站外流量。无论是站内流量还是站外流量,对淘宝店铺来说都很重要。站内流量是从整个阿里巴巴平台带来的流量,包括通过各种免费、付费方式获得的流量。站外流量是阿里巴巴以外平台引进的流量。流量在一定程度上可以代表某个产品或店铺的受欢迎程度。按照淘宝规则,流量越大,在搜索同类产品的时候排名越靠前,越有利于产品销售。要想运营好店铺,必须要有流量,因此网店运营必须多渠道找到精准用户,提高引流生产力,主要引流渠道见表3-2-1。

表 3-2-1　主要引流渠道

淘宝 站内/站外	渠道类型	流量来源
站内	免费流量	自主搜索
		购物车
		其他店铺
		首页
		收藏推荐
		免费其他
	付费流量	直通车
		淘宝客
		钻石展位
		活动:天天特价、淘抢购、聚划算等
		达人
站外	渠道+内容	微博
		论坛、贴吧
		社交群
		微信
		短视频平台
		网页
		App

1. 自主搜索

访客通过搜索宝贝进入你的店铺。例如:在首页搜索框里面搜词,然后从搜索出来的页面点击宝贝进入店铺。以下指标可衡量自主搜索流量的优劣。

(1)点击率

点击率是指网站页面上某一内容被点击的次数与显示次数之比,即 clicks/views,它是一个百分比,反映了网页上某一内容的受关注程度,经常用来衡量广告的吸引程度。如果该网页被打开了 1 000 次,而该网页上某一广告被点击了 10 次,那么该广告的点击率为 1%。

(2)转化率

网站流量转化率(Conversion Rate, CR),是指用户进行了相应目标行动的访问次数与总访问次数的比率。

①关键词转化率是指由关键词引入的流量与该关键词最终达成的实际转化的比率。

$$关键词转化率 = \frac{该关键词完成的目标转化数}{该关键词带来的网站流量} \times 100\%$$

②淘宝转化率是指所有到达淘宝店铺并产生购买行为的人数与所有到达你的店铺的人

数的比率。

$$转化率 = \frac{产生购买行为的客户人数}{所有到达店铺的访客人数} \times 100\%$$

③支付转化率是指统计时间内的支付买家数/访客数,即来访客户转化为支付买家的比例。

④引导支付转化率是指统计时间内,访问分类页的人数中,后续点击访问商品详情并最终拍下付款的买家数占比。

⑤下单支付转化率是指统计时间内,下单且支付的买家数/下单买家数,即统计时间内下单买家中完成支付的比例。

⑥搜索支付转化率是指统计时间内,由搜索带来的支付转化率,即搜索带来支付买家数/搜索带来的访客数;用于评估搜索带来的效果。

⑦词均支付转化率是指统计日期内,根据用户的搜索词,分词后根据词性匹配出的相关目标词、搜索词的引导支付转化率累加,包含目标词的相关搜索词数。

2. 直通车

淘宝直通车是为淘宝和天猫卖家量身定制的,按点击量付费的效果营销工具,为卖家实现宝贝的精准推广。它是一种全新的搜索竞价模式。

(1)直通车的展示位置

①搜索宝贝结果页面的右侧(12 个单品广告位、3 个页面推广广告位)和宝贝结果页的最下端(5 个广告位)。搜索页面可一页一页往后翻,展示位以此类推。展现形式:图片+文字(标题+简介),如图 3-2-1 所示。

②"已买到宝贝"页面中的掌柜热卖,"我的收藏"页面中的掌柜热卖,"每日焦点"中的热卖排行,"已买到宝贝"中的物流详情页面。

③直通车活动展示位:淘宝首页下方的热卖单品;各个子频道下方的热卖单品等。

④天猫页面下方的直通车展示位:通过输入搜索关键词或点击搜索类目时,在搜索结果页面的最下方"商家热卖"的五个位置,展示位以此类推。

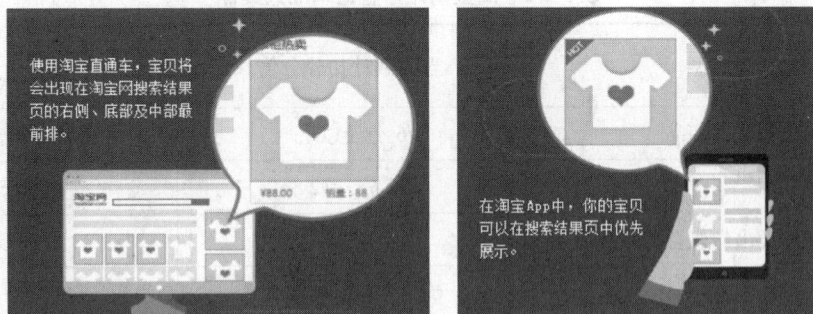

图 3-2-1　直通车展示位

(2)展现原理

卖家参加直通车推广活动,选择宝贝,选择宝贝直通车图片、标题,通过搜索关键词出价;买家在搜索栏输入关键词进行搜索,通过直通车展示位点击直通车图片、标题,进入商品详情页(图 3-2-2)。

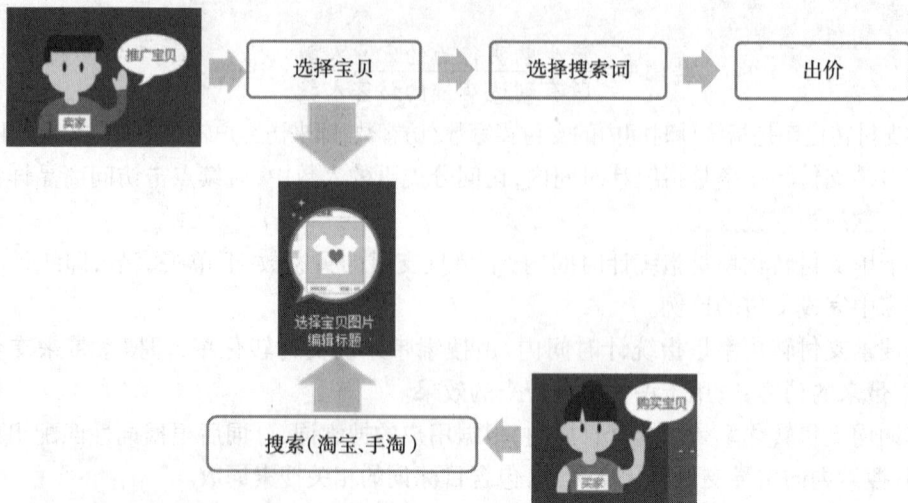

图 3-2-2　直通车展示原理

（3）淘宝网账户直通车准入条件

①店铺状态正常。

②用户状态正常。

③淘宝店铺的开通时间不低于 24 小时。

④店铺综合排名（指阿里妈妈通过多个维度对商家进行排名，排名的维度包括但不限于商家的类型、店铺主营类目、店铺服务等级、店铺的历史违规情况等，以及阿里妈妈认为不适宜加入直通车的因素。店铺综合排名仅适用于淘宝/天猫直通车准入，阿里妈妈不对外公示具体的排名结果）；

⑤店铺如因违反《淘宝平台规则总则》中相关规定而被处罚扣分的，还需符合以下条件（表 3-2-2）。

表 3-2-2　淘宝网账户直通车准入条件

违规类型	当前累计扣分分值	距离最近一次处罚扣分的时间
出售假冒商品	6 分及以上	满 365 天
严重违规行为（出售假冒商品除外）	≥6 分，<12 分	满 30 天
	12 分	满 90 天
	大于 12 分，<48 分	满 365 天
虚假交易（严重违规虚假交易除外）	≥48 分	满 365 天

⑥未在使用阿里妈妈或其关联公司其他营销产品（包括但不限于钻石展位、淘宝客、网销宝全网版\1688 版等）服务时因严重违规被中止或终止服务。

⑦经阿里妈妈排查认定，该账户实际控制的其他阿里平台账户未被阿里平台处以特定

严重违规行为处罚或发生过严重危及交易安全的情形,且结合大数据判断该店铺经营情况不易产生风险。

（4）直通车作用

①低价引流：一个宝贝推 200 个词,10 个宝贝推 2 000 个词,即要把与宝贝相关的词尽可能全部选完;搜索词出价可设置低价 0.2 元或 0.3 元,大量的搜索词中可能发掘同行漏掉的词,一旦有捡漏,则非常有价值,可以获得大量的点击,引来大量的流量。

②精准引流：使用精准关键词,比行业出价略高,获取精准流量,提高转化率。一般一个宝贝使用 10 多个关键词和精准的长尾词（冷词）,配合搜索打造效果最佳的爆款。

3. 淘宝客

淘宝客是一种按成交计费的推广模式,也指通过推广赚取收益的一类人。淘宝客只要从淘宝客推广专区获取商品代码,任何买家经过淘宝客发布的推广（链接、个人网站、博客或者社区发的帖子）进入淘宝卖家店铺完成购买后,就可得到由卖家支付的佣金;简单说,淘宝客就是指帮助卖家推广商品并获取佣金的人。淘宝客入口为"卖家中心/营销中心/我要推广/淘宝客/淘客活动广场"。

（1）淘宝客准入条件

①店铺状态正常（店铺可正常访问）。

②用户状态正常（店铺账户可正常登录使用）。

③近 30 天内成交金额大于 0。

④淘宝店铺掌柜信用≥300 分;天猫店铺、淘特店铺无此要求。

⑤淘宝店铺近 365 天内未存在修改商品如类目、品牌、型号、价格等重要属性,使其成为另外一种宝贝继续出售而被淘宝处罚的记录;天猫店铺无此要求。

⑥店铺账户实际控制人的其他阿里平台账户（以淘宝排查认定为准）,未被阿里平台处以特定严重违规行为的处罚,未发生过严重危及交易安全的情形。

⑦店铺综合排名良好。店铺综合排名指阿里妈妈通过多个维度对用户进行的排名,排名维度包括但不限于用户类型、店铺主营类目、店铺服务等级、店铺历史违规情况等。

（2）推广流程

在活动列表中选择某一个活动（有联系人）,可由活动人帮助推广,注意每一个活动的截止时间;通过活动人的阿里旺旺或 QQ 等联系方式进行对接,活动人要对你进行审核;选择活动人时还要先看他在下面关于参加要求的说明,活动人将按照他的要求为你打造爆款,请求人（卖家）亦须按照其要求进行设置,至此请求人和活动人达成合作,此后活动人开始为请求人打造爆款。

有些商品类目很适合找淘宝客进行推广,一般可以支付高佣金给活动人,卖家甚至略亏一点也值得,以换取在短期内快速提高销量的结果;淘宝客虽然能很快提高销量,但是它没有搜索权重,这一点与直通车是不一样的。

4. 活动

"我要推广""常用入口"可以看见许多有名称的活动按钮,包括无线手淘活动、聚划算、天天特价、试用中心、淘金币等,它们都属于官方的大型活动,一般需要达到三钻、天猫等级别的才能参加;如果没有达到这些级别,可以进入无线手淘活动,选择其中适合的官方手淘活动;总之,参加各种活动总能够为我们带来一定的流量、销量和权重(图3-2-3)。

图 3-2-3　活动入口

5. 达人

访问网址 v. taobao.com(阿里 V 任务),根据自己的商品类目找到合适的达人,例如图文机构、直播机构、数码、美妆、美食、女装等,既可以在这些栏目按钮中去找达人,也可以在阿里 V 任务的首页推荐中寻求合适的达人,如直播大咖、短视频制作人、优秀创作者推荐等,在他们的直观信息中可以看到粉丝量多少;点击某一位达人,进入他的页面即可与其联系,开始常用旺旺联系,还可以看到这位达人的历史作品、累计评价和粉丝分析等;粉丝分析包含的信息有粉丝性别、在什么地方等,从中发现其是否符合自己的宝贝;进一步与达人商谈合作方式,一般采用佣金方式,还可以给一定的前期费用进行推广,建议采用佣金方式合作,阿里 V 任务主页如图3-2-4所示。

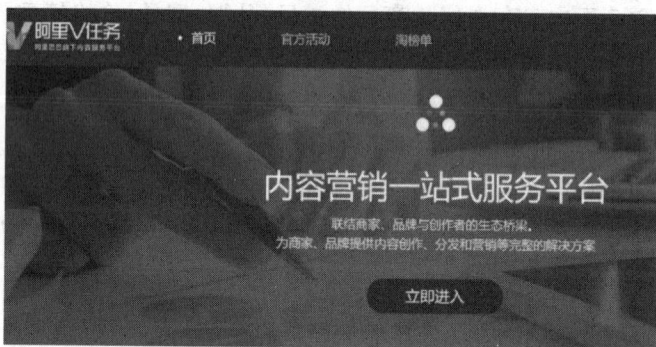

图 3-2-4　阿里 V 任务主页

达人与淘宝客在形式上比较类似,区别在于淘宝客运用的是(卖家)自己的流量,达人则是在手淘首页中的站点引流的,如爱逛街、淘宝头条、淘宝直播等,两者的流量入口不一样。达人会产生一定的权重。

6. 站外流量

在淘宝平台上,很多流量都被一些大品牌商家截走,站内的流量获取难度越来越大。如果能够从站外引流,产生的裂变效果也是不容小觑的,可以提高人气、产生销量,但站外流量不增加权重;只有通过淘宝网进入的流量才能够增加权重。站外引流有两个要点:渠道和内容。

（1）渠道

目前最适合的淘宝站外引流的渠道主要有：①微博推广；②微信；③论坛贴吧推广；④社交群推广微博；⑤短视频平台；⑥网页；⑦App。

（2）内容

知道哪些渠道，还要知道怎么在渠道上把自己的店铺和产品附加上去，这样才能吸引到人，才能够把人沉淀下来，这就需要相关的内容了，不同的渠道要发布的内容也不一样。①在站外平台发布内容时可以采用图文+短视频的方式；②围绕"差异化"的核心点；③坚持更新内容。

二、引流渠道的综合运用

上述几种主要引流方式在实际应用中常常配合使用，如"搜索+淘宝客""搜索+达人"等，推广的打法是很多的；自己具体采用哪种打法，需要参考大量的优秀同行是怎么做的，做的力度如何，产生多大的效果。每天跟踪、统计，就能知道自己的商品类目在现有的资源情况下，怎样配置、使用什么打法最合适。切不可四面出击，什么都做。

第三节　商品选择

如今各大电商平台竞争越来越激烈，原来只有淘宝一家独大，现在电商平台有天猫、京东、唯品会、苏宁易购、拼多多等，这些电商平台已经发展壮大。对于卖家来说，各大平台的兴起意味着竞争对手越来越多、流量越来越分散。新手卖家要想在激烈的市场竞争中站稳脚跟，商品选择是最重要的一步，选品做好了，销量就会相应提高，这样店铺收益自然会提高。新手卖家必须做好市场分析，抓住客户的消费心理，从而迈出开店第一步。

一、行业数据分析工具

新手卖家需要学会如何利用平台数据对市场行情进行分析，挑选合适的蓝海产品，了解平台、行业、类目发展的趋势。

1. 直通车

打开淘宝直通车"千牛卖家中心/营销中心/直通车"，上面横框栏展现了 5 个模块，即首页、推广、报表、账户、工具。点击"工具/流量解析/关键词分析"，可以看到市场数据趋势（市场趋势、相关词推荐、行业趋势词排行）、人群画像分析（人群基础属性、优质人群组合、关联购买类目分析）、竞争流量透视（地域分布、设备分布、搜索时段分布、竞争透视）。

如在关键词分析栏中输入"连衣裙"，选择"过去一年"趋势，选择"点击指数"，4—8 月是连衣裙的升值周期（图 3-3-1）。

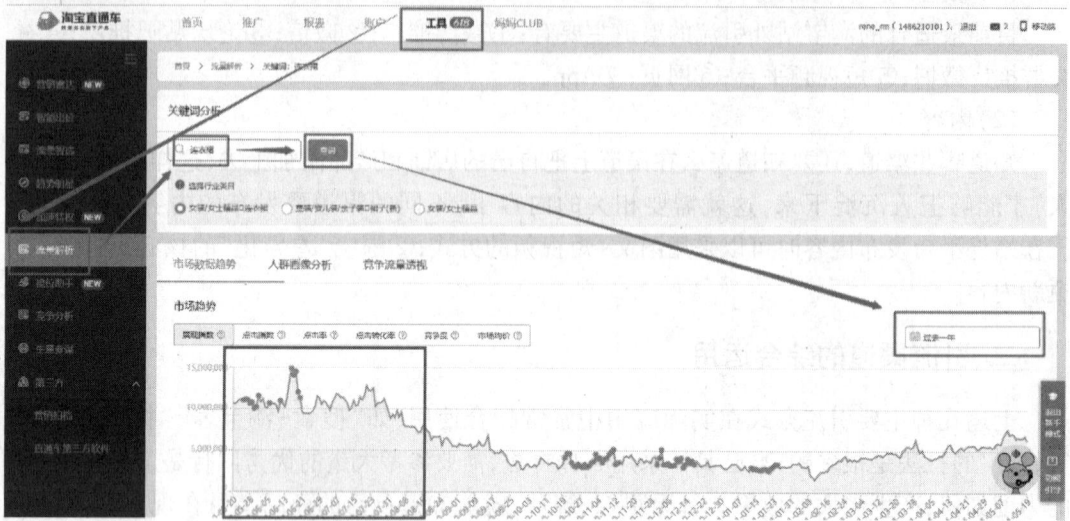

图 3-3-1　直通车指数（连衣裙）

　　如果分析时的所处时间已经超过这款商品的升值周期,则需要另外选择其他当季商品,例如选择"毛衣",可以从 9 月开始做,直到过年,此后"一马平川"(图 3-3-2)。

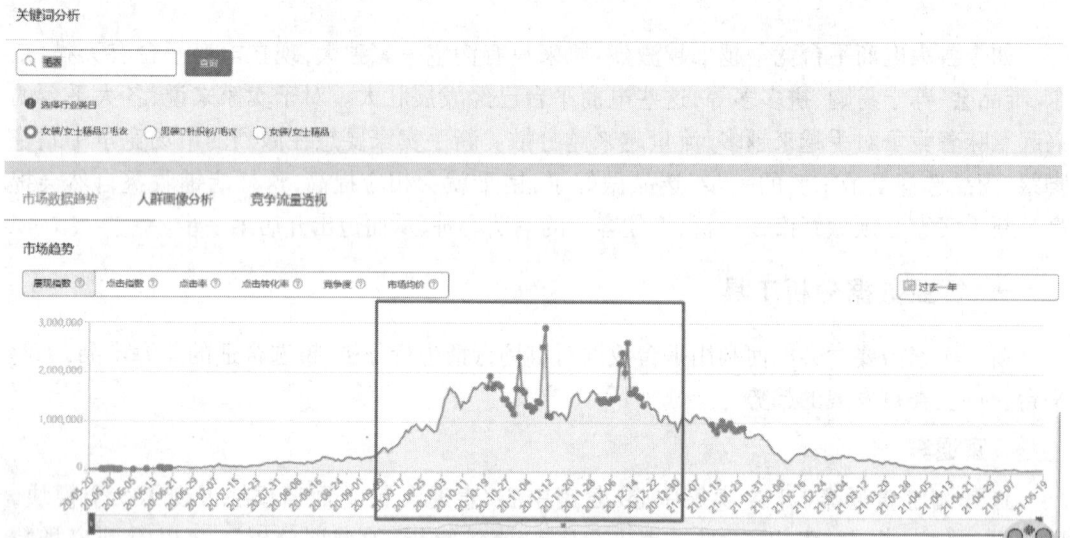

图 3-3-2　直通车指数（毛衣）

2. 指数工具

（1）指数的概念

①经济学概念:广义地讲,任何两个数值对比形成的相对数都可以称为指数;狭义地讲,指数是用于测定多个项目在不同场合下综合变动的一种特殊相对数。

②统计学概念:或称统计指数,是分析社会经济现象数量变化的一种重要统计方法,表

明社会经济现象动态的相对数。

（2）阿里指数

我们经常分析的阿里指数是了解电子商务平台市场动向的数据分析平台,根据阿里巴巴网站每日运营的基本数据包括每天网站浏览量、每天浏览的人次、每天新增供求产品数、新增公司数和产品数这5项指标统计计算得出。原阿里指数已于2020年8月底下线,现在可进入生意参谋访问相关数据(该板块需订购),如图3-3-3所示。

图3-3-3　生意参谋—市场版块

利用阿里指数工具,可了解市场趋势,分析商品生命周期,选择商品上架时机;了解采购、供应指数,选择进货时机;了解属性细分,选择最佳款式;了解行业指数、搜索词排行,选择合适关键词;了解热门地区,选择进货地区和重点推广地区;进行人群定位,商品选择、描述贴近定位人群;了解流量入口,判断 PC 端、移动端的主攻方向。

（3）百度指数

百度指数(index.baidu.com)是以网民在百度的搜索量为数据基础,以关键词为统计对象,科学分析并计算出各个关键词在百度网页搜索中搜索频次的加权和。根据搜索来源的不同,搜索指数分为 PC 搜索指数和移动搜索指数。百度指数的主要功能模块有基于单个词的趋势研究(包含整体趋势、PC 趋势还有移动趋势)、需求图谱、人群画像;基于行业的整体趋势、地域分布、人群属性、搜索时间特征。

①趋势研究:对搜索词的搜索指数在一定时间段的变化趋势做出可视化展示。新手选品时可根据选品搜索关键词,了解搜索指数变动趋势是否适合该商品的销售。如搜索"女士T 恤",可以看到最近 30 天搜索指数的变化(图3-3-4)。

②需求图谱:需求图谱是百度针对特定关键词的相关检索词进行聚类分析而得出的词云分布,是体现网民需求的分布图。相关词与圆心的距离表示相关词的相关性强度;相关词

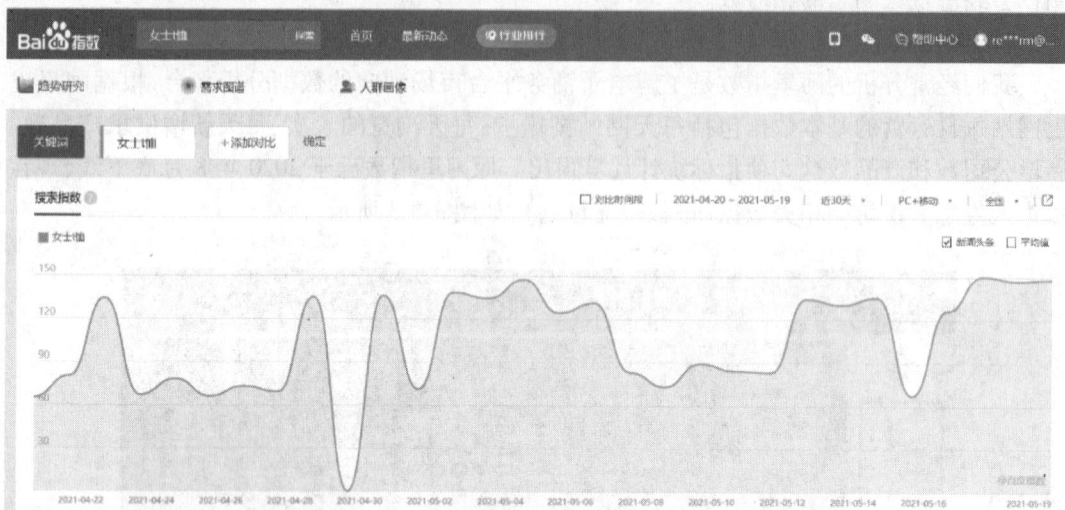

图 3-3-4　百度指数(趋势研究)

自身大小表示相关词自身搜索指数大小,红色代表搜索指数上升,绿色代表搜索指数下降。选品时应关注距圆心近且红色圆点表示的关键词(图 3-3-5)。

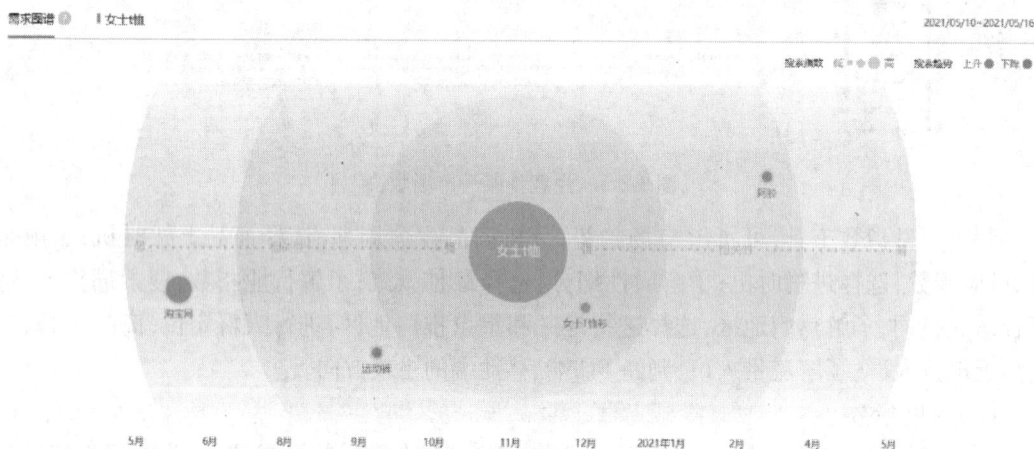

图 3-3-5　百度指数(需求图谱)

③人群画像:关键词的人群属性,是我们根据百度用户搜索数据,采用数据挖掘方法,对关键词的人群属性进行聚类分析,给出的年龄分布、性别比例等社会属性信息。新手选品时能通过人群画像更清晰地了解人群需求,特别是个性化需求,有助于新手切入细分市场。

④地域分布:提供关键词访问人群在各省市的分布。帮助卖家了解关键词的地域分布和特定地域用户偏好,可进行针对性的运营和推广(图 3-3-6)。

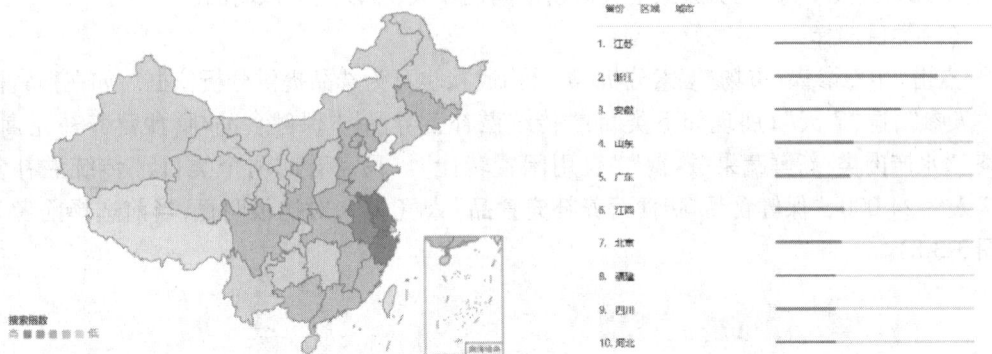

图 3-3-6　百度指数（地域分布）

⑤人群属性：提供关键词访问人群的年龄、性别分布、兴趣分布情况（图3-3-7）。

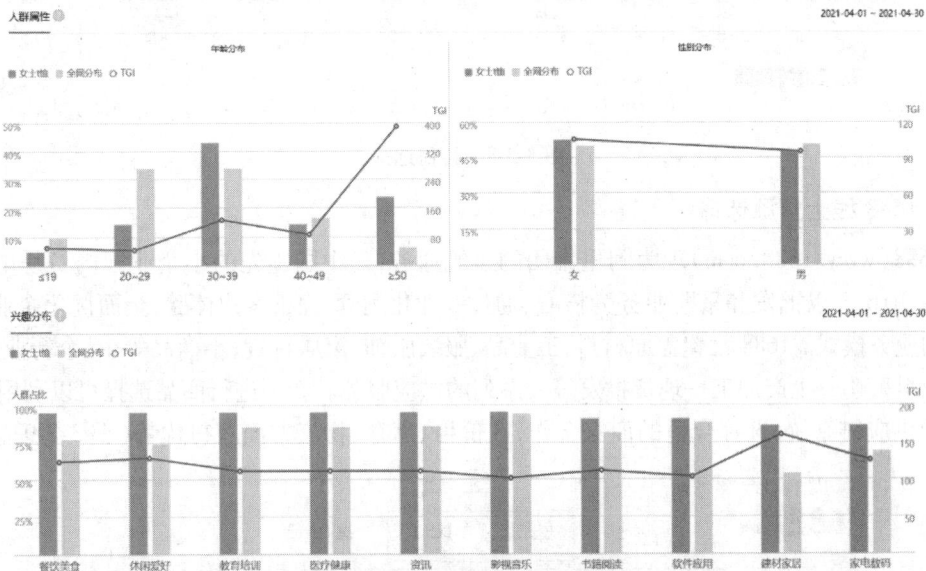

图 3-3-7　百度指数（人群属性）

3. 市场洞察

（1）相关分析

点击"生意参谋/市场/搜索分析/相关分析"，可以进行"搜索人气""交易指数""支付转化率""在线商品数"和"商城点击占比"数据分析，从而为选品提供分析依据。如在搜索词分析输入框输入"连衣裙"，查看"相关搜索词"，选择"7 天"（展现一个周期），多选框点选"搜索人气""交易指数""支付转化率""在线商品数"和"商城点击占比"。

①"搜索人气"应当大于"在线商品数"。

②对众多宝贝比较各项指标后，发现"IU 同款连衣裙"状态较理想，"搜索人气"12 229、"交易指数"17 636、"支付转化率"0.90%、"在线商品数"5 542 和"商城点击占比"3.66%。

③在淘宝网搜索"IU 同款连衣裙",从首页到第二页面内,定价 100 多元到 2 500 元,付款的从几人到几十人,说明这款宝贝市场空间比较大,可以选择该商品。

(2)类目选择

点击"生意参谋/市场/搜索分析/类目构成",也可为选品提供分析依据。如在搜索框输入"人参",选"7 天";展现如下类目:"传统滋补营养品""保健食品/膳食营养补充食品""茶""水产肉类/新鲜蔬果/熟食""自用闲置转让"。只需看前两个类目,"传统滋补营养品"人气 24 000、"保健食品/膳食营养补充食品"人气 919,对比很明显,当前选择前者为好(图 3-3-8)。

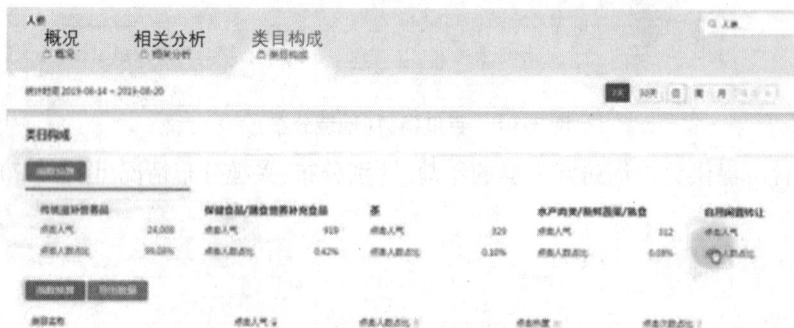

图 3-3-8　类目选择

4. 1688 线上货源选择

1688(www.1688.com)现为阿里集团的旗舰业务,是中国领先的小企业国内贸易电子商务平台。1688 以批发和采购业务为核心,通过专业化运营,完善客户体验,全面优化企业电子商务的业务模式。1688 已覆盖原材料、工业品、服装服饰、家居百货、小商品等 16 个行业大类,提供原料采购—生产加工—现货批发等一系列的供应服务。新手进行商品选择可以利用 1688 成熟的供应链系统,选择合适的商家合作,在价格、库存、物流方面获得优势(图 3-3-9)。

图 3-3-9　1688 首页

1688 商家众多,在选择时可以关注是否有牛头标志,这是 1688 商家的实力标志,缴纳保证金表示较有实力。还可参考该商家的综合服务得分,即"采购咨询""物流时效""退换体验""纠纷解决""品质体验"5 个维度的指标(图 3-3-10)。

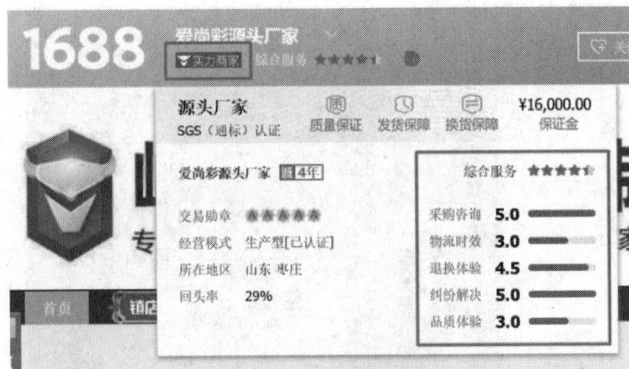

图 3-3-10　1688 商家信息

在商品详情页选择某"一件代发""15 天包换"的商家店铺。最好选择源头厂家,做好沟通、洽谈工作(图 3-3-11)。

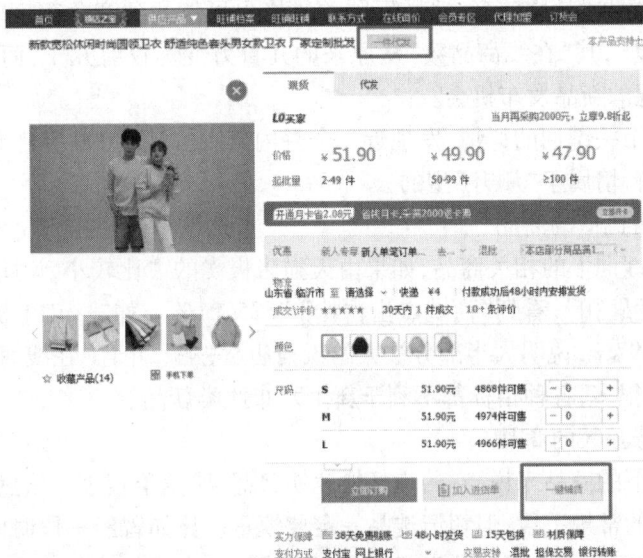

图 3-3-11　1688 商品详情页

二、商品选择原则

1.选择竞争较小的商品

(1)搜索量大,商品数少

进入"生意参谋/市场/搜索排行"进行查询(图 3-3-12)。

如输入"连衣裙",点选"相关搜索词"条目,可见"搜索人气"列表、"在线商品数"列表等;如果"搜索人气"和"在线商品数"展现非常大的数量,例如几百万、几千万,表明"连衣裙"关键词之下的同类商品竞争十分激烈,不利于新手上路;需要另辟蹊径,找到一种同行竞争很小的市场环境,例如同样是"连衣裙",设置一个 20 ~ 30 元的连衣裙选项,结果发现没有多少人在做,"在线商品数"只有几个、几十个,新品一发布几乎很容易在搜索的首页展现,说

图 3-3-12　市场版块

明这类商品竞争程度较小。

实际中,这种情况还是比较多,选择不同的风格也可能找到竞争程度较小的环境状态,例如"港味连衣裙夏",其"在线商品数"从原来的几百万变为仅有几千,而"搜索人气"却并不小,这就是很理想的新品发布机会。

进一步查看这个关键词的详情,发现近一个月内其人气从 2 000 多涨到 20 000 多,说明这个关键词的市场行情属于"飙升"型的。

(2)商城点击占比低的商品

这是指这个关键词下的相关商品,如果由天猫店售卖的占比较小,说明参与竞争的大卖家不多。如输入"钥匙扣",看到"商城点击占比"为 25.21%。如输入"手机壳",看到"商城点击占比"高达 57.97%,说明大半部分被大的天猫店拿去了,并且"在线商品数"也不少,而"搜索人气"却少了很多,各种指标都不利于新手发布此类新品。

(3)近期搜索涨幅大的商品

对这个关键词下的商品来说,它的市场增速快,现阶段竞争较小。虽然追逐流行商品是许多卖家前期运营的常规手段,但切记选品一定要慎重。比如曾经一段时间,痰盂在海外市场非常畅销,一度被国外消费者误捧为餐桌上不可或缺的中式传统装饰品,而将其作为香槟篮。数据显示,"痰盂"在 1688 平台一周内的搜索涨幅高达 3 648%,甚至有厂家一夜接到咨询十万个痰盂的需求订单。正当中国传统痰盂在亚马逊平台出售一事引发热议时,爆火才一周左右的痰盂就被亚马逊勒令下架了,原因是"向商品详情页面添加了不准确的信息",也就是说痰盂与香槟篮、水果篮的信息不符,现在在亚马逊几乎已经搜不到"中国痰盂"。这种带有猎奇色彩的产品,遭遇下架处理是小事,若是受到封禁管理就得不偿失了。

(4)转化率高的商品

所谓转化率高,通俗讲就是商品好卖,一般的产品,转化率都在 10% 以下,如某种商品转化率在 15% 以上,则可算作好卖品。同样是关键词"连衣裙",会发现"孕妇""妈妈""女童"类连衣裙都好卖。选对适合自己的细分市场,不要只把注意力集中在最新的风口或者当前的热门市场,而忽视了大量的竞争对手以及自身所具备的能力和资源。一个大类目里的小众细分市场常常被人们所忽视,但这部分市场的需求很明确,通过搜索进入的消费者往往都会产生比较高的转化率,这部分市场往往蕴含着巨大的机会,技术接受生命周期如图 3-3-13 所示。

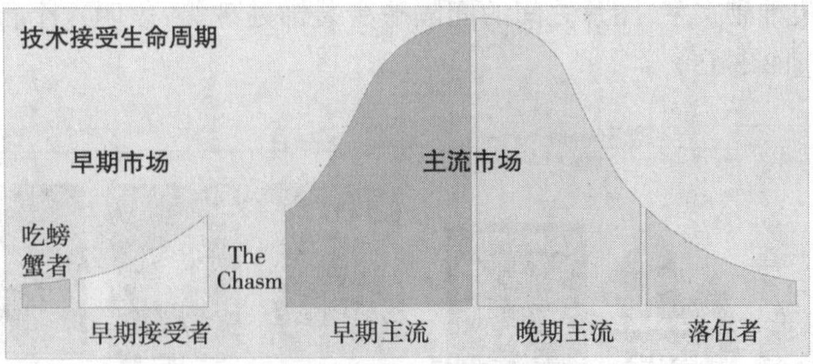

图 3-3-13　技术接受生命周期

(5)直通车出价低的商品

这是指利用直通车可以实现低价引流,例如 0.2 ~ 0.3 元/次。如关键词"连衣裙"下,查看"直通车参考价",高价位可以是 0.7 元/次,低价位可以找到 0.21 元/次,如"情侣装""冷淡风"类型的连衣裙。

这个例子说明,我们经营的方式往往受常规思维(定性思维)制约,不能打开思路,而依靠数据分析(定量思维)可以跳出常规思维框架,找到最佳的切入点。一切问题都要具体问题具体分析,每一个爆款的背后,一定都有一个精彩的商业故事。

2. 选择同行水平低的商品

选择商品时,竞争对手的拍摄、美工、图片、文案到买家差异化需求满足都是可供比较和参考的依据。

如进入淘宝首页,搜寻"打火机",打火机行业的卖家已经做得非常成熟,无论卖点还是拍摄、动态图、详情页都达到精致程度,内功表现近乎完美,新手很难再有突破(图 3-3-14)。

图 3-3-14　"打火机"搜索页面

这时需要考虑改变商品类目。改换"三轮摩托车",发现这个行业的卖家都不会做电商,网店运营普遍不够深入。再看看"红菇",查到的店铺并不多,而且主图等基本要素都做得很"low",详情页密集堆砌文字,图片之间的间隔缺少装饰处理等,表明这个行业比"三轮摩托车"的水平更低(图3-3-15)。

图3-3-15 "三轮摩托车""红菇"搜索页面

针对上述两类行业做新品,只需要用手机拍摄这些简单便捷的手段就足以超过同行,况且利润水平比较高,还有利可图。

3.选择销量门槛低的商品

(1)查看同类商品首页店铺的销量

通过搜索同类商品关键词,进入搜索页面首页后,通过综合排序,排名在第一、二页的商品,如果普遍销量较低,对于新手来说,通过狠练内功,在同类商品中脱颖而出的概率较高;但如果首页店铺销量较高,说明竞争激烈,头部商家已占据先机。如"红菇"首页店铺几乎无销量(只有十几个销量),新店很容易进入首页;再看"红枣"首页店铺,一般都在几万的销量,再查看"面膜"的销量更高,这些商品类目对新手而言则很难挤进前列(图3-3-16)。

(2)关键词流量入口集中度

关键词流量入口集中度反映了行业竞争的集中度,集中度越高,越接近垄断市场,新手卖家很难占据一席之地;集中度越低,市场越接近完全竞争,对新手卖家相对友好。如用搜索词查询"暖气片",销量列表中有这样的现象,卖家只有6~7个,排在第一的宝贝搜索人气10 139,排在第二的却突然下降一半多,搜索人气为4 619,排在后面的搜索人气就更少,说明这种商品的总流量很少,且集中在第一个"暖气片"之下,总流量基本上被前两名抢完了。这对新手、新品而言,拓展的空间不大。

图 3-3-16 对比搜索页面销量

4. 选择利润比较高的商品

（1）有溢价空间，高低价均有量

标品一般是指功能相似或者相同，外观相似的，产品与产品之间没有存在太大差别的产品。如纸尿裤、纸巾、文件夹等实用型工具都是标品。非标品是指存在很多款式或是差异化的功能。如衣服、包包等产品。选品时需确定主营的产品是标品还是非标品。标品的消费者购买需求明确，这类产品需要品牌效应和价格优势，在推广的时候，关键字相对比较少，单次付费更高，对排名要求比较高。而非标品的可选关键词和属性更多，需要的运营策略也会更多样，在关键字的选择、主图的设计上都需要抓住买家的冲动消费心理，引导买家在进入产品的时候燃起购买欲望。

低价标品，如鸡蛋、红枣、粮油等常规商品，越是常规商品价格战越严重，价格差别小（一般仅相差几毛钱），利润也很薄。这类商品的溢价空间很小，对新手商家来说，如果没有实力做到行业前几名，尽量不要选择标品类目。

羽绒服、箱包类的商品则不同，它们在样式、规格、花色等方面差异很大，价格也随之有很大的变化，100 元至几千元的价位都有适用人群，即这类商品的溢价空间大，新手新品可以从这些类别的商品起步。这类商品还包括茶叶（竞争较激烈）、化妆品、保健品等，溢价的空间比较大。

（2）价格战不严重

某类商品的价格战是否严重，查询这类商品关键词的首页即可作出判断。如"面膜"，低价和高价都有销量高的商品。首页中有低价 39 元的面膜，也有 228 元的，这个行业的溢价空间为 30 ~ 700 元,同时利润空间也相应较大。这种情况有利于新手、新品操作(图 3-3-17)。

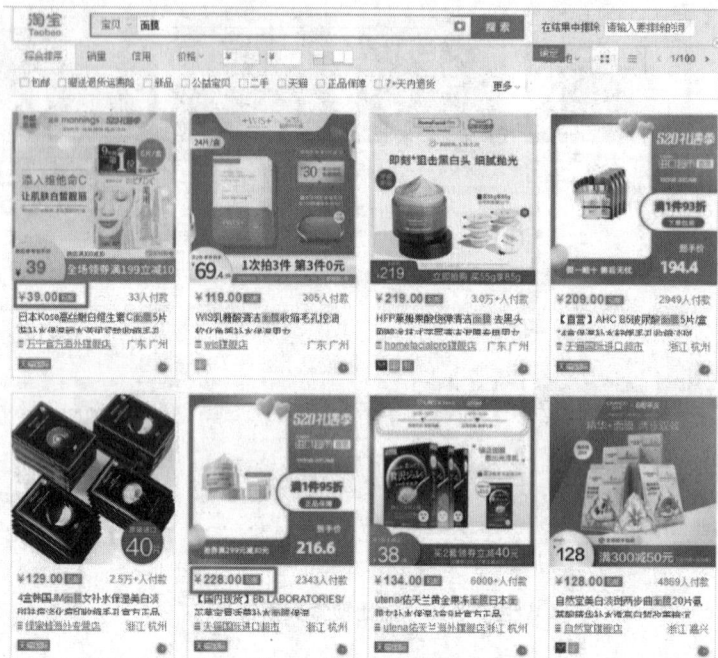

图 3-3-17　搜索页面价格分析

5. 选择复购率高的商品

复购率是指在某时间窗口内重复消费用户(消费两次及以上的用户)在总消费用户中的占比。重复消费用户的定义,又分为两种:

①按天非去重,即一个用户一天产生多笔付款交易,则算重复消费用户。

②按天去重,即一个用户一天产生多笔交易付款,只算一次消费,除非在统计周期内另外一天也有消费,才算重复消费用户。

按天非去重,计算出来的重复购买率要高于按天去重。如近 90 天内共有 100 个用户购买了商品,40 个用户购买 2 次及以上,则用户重复购买率为 40%。

影响复购率有三大因素:商品质量、服务质量、物流满意度。复购率越高,反映消费者对品牌的忠诚度就越高,反之则越低。复购率是利润的重要来源,复购率较高的商品为商家带来源源不断的收入和利润。

复购率高的产品多为易耗品,除了化妆用品和女装之外,还有奶粉,日用品,配饰,流行首饰,玩具娃娃等,复购率都比较高,相比家电等耐用品,更适合新手去尝试。

6. 自己能找到供应链的商品

(1)供应链

供应链是指生产及流通过程中,涉及将产品或服务提供给最终用户活动的上游与下游企业所形成的网链结构。优质供应链是做好淘宝的第一步,先要了解自己有哪些供应链优势或者能找到什么样的供应链。有供应链优势,如有一手货源,就可以大胆起步,这是超越对手的竞争优势。还需验证你的优质货源是否有足够的市场需求;判断优势货源的竞争力大小。除了线上货源渠道,可供选择的线下货源渠道有:

①自有渠道货源:自身工厂、源头供应链、亲朋好友货源渠道。

②批发市场货源:1688市场一件代发等商品渠道。

③地方特色货源:代购、定制、地方农业特色优质产品、手工、文创等。

(2)品质可把控

新手选品一定要注重商品的质量,才能积累足够的老客户,不断提升店铺信誉,所以选择有优势、质量、品质的商品,目的就是店铺以后有更好的销量。如拥有一手货源,竞争优势明显,可供选择的品类多样化,品质也容易把控。

(3)图片拍摄便捷

好的宝贝图片能给买家带来良好的视觉体验,能更好地体现宝贝的卖点,从而吸引买家点击。而这图片直接影响转化,一手货源的拍摄,相对易于把控。针对目标消费群体,在千人千面的情况下通过便捷、可控的图片拍摄去吸引消费者的目光,获得流量和转化。

选品小结:首先,淘宝首页主题品类,如男装、女装、服饰、鞋包、童装等,只要有一手货源,都可以选择;否则,推荐做零食、特产、生鲜,虽然有季节性但门槛很低,溢价、利润可支撑店铺运营;其次,化妆品、保健品、洗护品等,利润可观、销量高、溢价空间大,适合新手商品选择;不推荐新手做手机、数码、运动、户外、乐器、家具、汽车用品等,这类商品门槛很高,需要铺垫较多的资金。

第四节　网店定位

一、定位概述

1. 定位含义

定位是指确定方位,确定或指出地方,确定场所或界限(如通过勘察给这个地产的界限定位)。营销学上的定位,最早由艾尔·里斯和杰克·特劳特在1972年提出。他们从传播学的角度出发,认为定位即在潜在顾客的心中为产品确定一个适当的位置。后来的营销学者们主张,定位不仅是产品生产出来之后的传播行为,更重要的是必须对产品进行改变,即根据产品的特征及该特征带来的利益、特定的使用场合、特殊的使用群体、比竞争对手的产品有更多用途等方面的内容进行设定。

2. 市场定位

市场定位是指为使产品在目标消费者心中相对于竞争产品而言占据更清晰、特别和理想的位置而进行的安排。因此,营销人员设计的位置必须使他们的产品有别于竞争品牌,并取得在目标市场中的最大战略优势。

3.产品定位

产品定位是指在产品设计之初或在产品市场推广的过程中,通过广告宣传或其他营销手段使得本产品在消费者心中确立一个具体的形象的过程,简而言之就是为消费者选择产品时制造一个决策捷径。

区别与联系:对产品定位的计划和实施以市场定位为基础,受市场定位指导,但比市场定位更深入人心。具体地说,就是要在目标客户的心中为产品创造一定的特色,赋予一定的形象,以适应顾客一定的需要和偏好。

4.品牌定位

品牌定位是指企业的产品及其品牌,基于顾客的生理和心理需求,寻找其独特的个性和良好的形象,从而在消费者心中根深蒂固,占据一个有价值的位置。品牌定位针对产品品牌,其核心是要打造品牌价值。

区别与联系:品牌定位的载体是产品,其承诺最终通过产品兑现,因此必然已经包含产品定位。

5.网站定位

网站定位就是网站在 Internet 上扮演什么角色,即网站在网络上的特殊位置,要向目标群(浏览者)传达什么样的核心概念,透过网站发挥什么样的作用。因此,网站定位相当关键,换句话说,网站定位是网站建设的策略,而网站架构、内容、表现等都围绕网站定位展开。

6.网店定位

网店定位就是指一个网店重点针对某一些客户群体销售产品。

①产品定位:开店之初,自己打算卖什么产品? 这些产品自己了解吗? 有没有好的货源? 在淘宝,成功的关键一环就是货源。

②网店消费群定位:你打算把你的产品卖给谁? 这些人群一般会聚集在什么地方? 他们有什么爱好? 如何投其所好? 如何提供他们所关心的东西? 要做消费者的咨询顾问,而不是简单地卖东西。

③网店的定价定位:当我们的消费群已经固定,需要思考的是网店商品的价格定在怎样的范围。

二、为什么要做好店铺定位

①淘宝的个性化推荐机制,精准定位符合这一机制,更容易获得手淘首页推荐流量,让宝贝出现在对应的目标人群面前。

②店铺定位决定进店人群是否精准,直接影响转化率高低和圈粉多少。

③店铺定位精准,让客户喜欢店铺风格和特点,有利于稳定老客户,提升用户价值。

三、新手如何做好店铺定位

前期宜面对一定的目标人群,选择同一种类目、属性类似、同一风格价位相差不大的商品。先在淘宝网上按照上述设想,搜索、对比价位分布进行以下分析,根据分析结论确定店铺定位。

①你要做什么产品以及你的产品有没有竞争力。

②你想做的产品是什么类目。

③你的产品对应什么消费者群体,买家的职业、年龄段、性别。

④你的店铺是什么风格。

⑤你想做的产品价格区间是多少。

第五节　网店命名

一、店铺命名的重要性

店铺名称可以概括店铺经营的产品性质、产品种类以及服务性质,也是品牌营销的基础。店铺名称恰当,可以大大增加网店的访问量,其重要性主要表现在以下方面。

①方便买家记忆,容易形成回访回购。

②亲切好听的店铺名字可以拉近跟买家之间的距离,促成转化。

③一个好的店铺名字可以给买家营造正规、专业的品牌氛围,提升信任度。

二、如何设置店铺名称

点击"卖家中心/店铺管理/店铺基础设置"设置店铺名称,在店铺名称的输入框填写或修改店铺名字;下面的店铺标识则可以上传店铺Logo。

三、店铺名及 Logo 的影响

1. 店铺名字与 Logo 在淘宝网及手淘多个位置展现

①买家搜索店名—店铺,店铺搜索列表展现(图3-5-1)。

图 3-5-1　店铺名字与 Logo 展现 1

②买家搜索品名;商品搜索列表中的信息栏下面出现店铺名称(图3-5-2)。

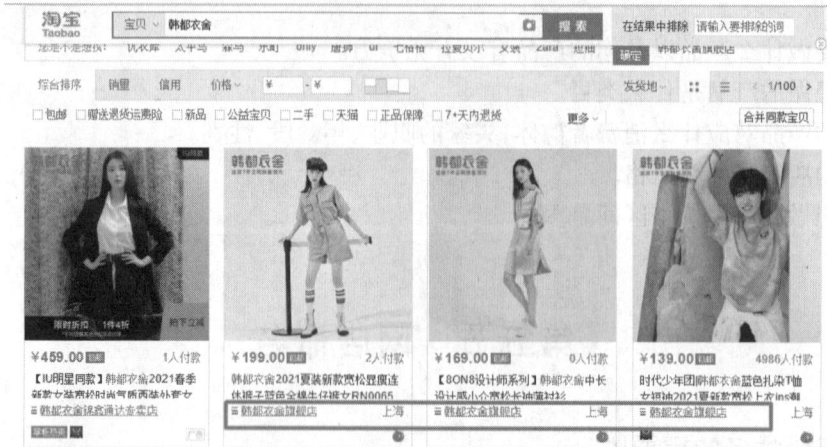

图 3-5-2　店铺名字与 Logo 展现 2

③买家进入店铺首页；左上角展现店铺名和 Logo（图 3-5-3）。

图 3-5-3　店铺名字与 Logo 展现 3

④买家进入宝贝详情页；醒目位置展现店铺名和 Logo（图 3-5-4）。

图 3-5-4　店铺名字与 Logo 展现 4

上述位置都是流量较大的入口。

2.优质店铺名及 Logo 的作用

①给买家留下美好印象,拉近与买家的距离。

②优质 Logo 给买家展现良好视觉形象。

③方便买家记忆,利于为店铺带来更多回访和回购。

四、店铺命名要点和方法

1.店铺命名要点

（1）找准一种风格

起名的风格有大气型,有柔婉型;有古典型,有洋气型;有奇异型,有中规型;有文静型,有动感型;有赞美型,有贬低型;有深邃型,有简洁型;有文雅型,有土气型;有诗意型,有哲理型等。根据淘宝网店铺性质的不同,找准一种适合自己店铺的起名风格。比如有一家经营女性服装的淘宝网店铺,服装比较正统,不花里胡哨,能给人一种肃然起敬的感觉,起名就想起一个大气文静、富有深邃哲理的名字,结果就给店铺起名"素木",该名字很贴切地反映了该店铺的风格,是一个非常成功的淘宝网店铺取名。

（2）找准一名对手

现代信息社会,信息四通八达,独门产品独家经营已经非常少见,就是祖传秘方产品和最新发明产品,也至少会存在类似产品或类似店铺,淘宝网店铺也一样。给淘宝网店铺取名时,最好能找准一名自己店铺最大的竞争对手,围绕这个竞争对手店铺的名字来策划自己的名字,争取自己店铺的名字在各方面都超过竞争对手店铺的名字,这样自己才能在竞争中处于有利地位。

（3）找准一个特色

找准自己店铺或店铺产品的一个特色,围绕这个特色来给自己的店铺起名字,这也是淘宝网店铺取名的制胜法宝。比如,有一家淘宝网店铺是经营幼儿鞋子的店铺,这种鞋子每走一步都会说一个英文单词,再走一步就说这个单词的汉语翻译,连续不断,能说一百多个英汉单词,有利于幼儿较早地对标准英汉语言进行感知,店家就给店铺取名"步步 English"。

（4）找准一样东西

我们给店铺取名,可以找准一样东西来进行取名,这种东西可以是各种动物,可以是各种植物,可以是各种自然现象,也可以是各种日常用品中的一个,这种东西最好能与淘宝网店铺的性质相适应。比如有一家经营女性服装的淘宝网店铺,起名想要表达服装的美丽、香艳、诱人,犹如有女初成长,果子刚成熟的感觉,就找准一样东西"梅子",围绕梅子来给店铺取名,结果就选中了"梅子熟了",该名字很贴切地反映了该店铺的性质,是一个非常成功的店铺取名。

（5）找准一条思想

每一个在淘宝网开店铺的老板,可能在开店之前就已经有了自己的某些经营思想,从这些思想中找准一条自己最想坚守的思想,围绕这种思想进行取名,也是淘宝网店铺取名成功之道。比如有一个老板,想在淘宝网开店,经营女性服装,自己心中坚守着一条思想,"我经营的服装一定要最美,要让穿着这种服装的女性有一种美得飘飘欲仙的感觉",围绕这种思想就给店铺取名"小鹿要飞"。

2. 店铺命名方法

(1)特别有型个性化

不走别人走过的路,不吃别人嚼过的馍,另辟蹊径,独树一帜,非常奇特,也特别吸引眼球。比如开个饭店"食客郎",买个煎饼"黄太吉"等。

(2)简洁实用物品化

我们身边有很多常用的生活用品,用这些常用的物品做网店名字既感到亲切,又非常容易记忆,有的也不需要加工。比如小米手机、土豆视频、苹果电脑、茄子摄影、红豆服装、荔枝电台、橙子教育、豌豆荚搜索、洋葱新闻等。

(3)日常流行口语化

日常流行语言,短小流畅,亲切自然,非常方便记忆,同时也富有一定的情调,日常流行口语被越来越多地用来作为网店的名字。比如你"饿了么",我们"去哪儿",去"口水街"转转;"好想你",那就"见见"吧;"手把手""跟我学"。

(4)各种动物拟人化

动物千千万,不论美丑,不论贵贱,都能经过拟人化,被赋予感情的加工,成为我们网店的名字。这些动物拟人化的名字往往形象生动,活泼动感,便于记忆。比如"鸿运兔""报喜鸟""七匹狼""小猪班纳""红蜻蜓""金蚂蚁""红牛""俊鼠""搜狗""功夫熊""天猫""猿题库""羊公馆""艾狐""大象""骆驼王""大灰狼""青蛙皇子"等。

(5)花草植物有情化

我们身边的树木森林,花花草草,其名字丰富多彩,经过有情的加工后,都是很不错的网店名字。比如"碧桂园""棵棵树""蒲公英""相宜本草""阿依莲""金百合""芙蓉王""大榕树""集草记"等。

(6)宝物风景诗意化

宝物日月星辰玉,风景山河湖海泉,也是千姿百态,类如繁星,这些也是我们给网店起名字的素材。比如"星尚星""月亮船""东方旭""瑾泉""桃花溪""小螺号""海天""群星汇""农夫山泉"等。

(7)历史名人拿来化

很多历史名人为人熟知,稍做变化可成为我们网店的名字,会很快提高网店的知名度。比如有家餐馆叫"客临顿",还有家餐馆叫"今喜膳",有家牛肉火锅叫"奥巴牛",有家卤肉店叫"大樊哙",还有家烧烤叫"薛蟠烤串"。广州有家美国烤肉叫"乔治考吧"。

(8)一二三四数字化

给网店起名时,有时也可从数字入手,根据起名对象的不同,进行不同的加工,也会成为很不错的网店名字。比如"六个核桃""三只松鼠""七匹狼""九头牛""一淘网""五菱""58同城""1688网""51yes""999胃泰"等。

(9)滴滴答答声音化

我们生活在声音的世界,有鸟叫声,有歌声,有车行声,有手机嘀嘀声,这些不同的声音也可以拿来进行加工,使其成为网店的名字。这样的名字往往非常鲜明生动,活泼有趣,是非常受欢迎的名字。比如"嗒嘀嗒""哆来咪""滴滴出行""嗒嗒巴士""咯咯哒""咩咩羊""叮咚""啪啪薯"等。

(10)文气非常国学化

如果想起一个文绉绉,听起来文气非常,内涵也丰富的名字,可以从易经、诗经、道德经、论语、楚辞、唐诗、宋词、元曲等国学经典入手。比如"知乎""金箍棒""淘之夭夭""天行健""幼吾幼""柏舟"等。

3.网店命名原则

紧盯同类网店的名字,一定要起一个无论在含义上,还是在音韵上,还是在新颖程度上都超过同类网店的名字,争取做到店铺名字是最好听的,是最容易被记忆的,是最能抓住消费对象的心理的。

网店可以抛开实体店、正规公司名字的传统和中规中矩的框框,要再大胆一些,可以更加活泼、动感一些,在用词上更加新颖一些,当然不同类型的行业也有不同类型的特点、方法。

五、店铺命名注意事项

①避免使用生僻字或堆砌同行店铺名称,店名应易读、易记、朗朗上口,不要使用偏字、怪字。店名是推广自己的最佳途径,如果顾客想向朋友推荐一家店铺,却因为不认识字而叫不出店名,对卖家来说也是一个损失。

②淘宝C店要与企业区别开,新政规定个体户名称组织形式可以选用"厂""店""馆""部""行""中心"等字样,但不得使用"企业""公司"和"农民专业合作社"等字样。另外,C店也不能使用"旗舰店"和"专营店",否则是违规的,会引来扣分。

③避免使用广告法违禁词,如"最好""第一""唯一设计""独家原创"等。为了避免日后的麻烦,有些文字和数字最好不要出现在店名中,比如"八一""110""12315"这些可能对公众造成欺骗或者误解的数字组合,如"全国""国家""国际"这些字词以及汉语拼音、字母、外国文字、标点符号也不允许用在店名中。

④避免经常更换店铺名称,频繁更换店名会给人造成店面不稳定、经营有问题的不良印象。所以最好一开始就选定一个店名,不要随便更改。

思考题

1.权重的概念是什么?店铺权重要素和单品权重要素分别有哪些?

2.运用指数工具,按照其商业逻辑,分析某一商品的运营周期、进货时机、属性挑选、关键词选择、进货地区及重点销售地区、人群定位及商品描述要点、流量入口策略等情况。

第四章
网店商品发布规则及方法

第一节　淘宝基本规则概览

如果是初次发布商品者,最好在发布商品前阅读一下关于淘宝网商品发布条件和要求方面的规则,从开始起便做到规范运营和操作。淘宝网的规则种类繁多,不能要求新店新手全部学习一遍,但是围绕商品发布的需要入手,掌握一些相关法规和规则是很有必要的。

淘宝网的所有规则都集中在"淘宝网规则"子网站上,网址是 https://rule.taobao.com/,或者通过淘宝网首页→右边栏目内"登录、注册、开店"标记按钮下面→"公告、规则、论坛、安全、公益"文字链接,点击"规则"进入,如图 4-1-1。

图 4-1-1　淘宝网首页规则的入口处

进入后可见"淘宝网规则"子网站的首页如图 4-1-2 所示，呈现"淘宝平台规则总则"，将淘宝规则分为 8 类，即市场管理及违规处理、行业管理规范、营销活动规范、消保及争议处理、信用及经营保障、特色市场规范、内容市场规则和生态角色规则。对于新店新手而言，上述 8 类规则中应当主要关注市场管理及违规处理、行业管理规范、消保及争议处理、信用及经营保障中的基本规则。

图 4-1-2　淘宝规则子网站首页

一、市场管理及违规处理

截至 2021 年 2 月，该类规则主要包括 7 个规范，即《淘宝平台交互风险信息管理规则》《淘宝平台违禁信息管理规则》《淘宝价格发布规范》《淘宝网商品品质抽检规范》《淘宝网市场管理与违规处理规范》《淘宝网商品品牌管理规范》《淘宝网评价规范》。下面分别简要介绍：

1.《淘宝平台交互风险信息管理规则》

这是互联网平台普遍要遵守的法规限制，电子商务平台也不例外，新店新手务必认真阅读一遍，以免触犯有关法律而承担刑事等重大责任，丧失开店的基本资格。在本规则的"交互风险信息明细说明"中，把交互风险信息分为 4 类，即"危害国家安全、破坏政治与社会稳定的信息""展示淫秽色情等的低俗信息及渲染低级趣味等的庸俗、媚俗信息""违背社会道德、宣扬消极观念、给社会带来不良影响的不良信息"和"淘宝平台禁止发布的商品信息名录"。规则的第四条市场管理措施规定，淘宝视情节严重程度，采取处理交互信息、限制使用交互平台功能、查封账户等措施；第五条措施解除规定，淘宝根据风险消除情形，可解除部分或全部市场管理措施。

2.《淘宝平台违禁信息管理规则》

本规则主要适用于处理淘宝平台禁止发布的商品或信息,一旦发现卖家发布《禁发商品及信息名录 & 对应违规处理》(本规则的附件)中列举的信息时,淘宝平台有权视情节严重程度采取监管商品、搜索屏蔽商品、下架商品、删除商品、删除店铺、删除店铺相关信息、关闭订单、延长交易账期、支付违约金等措施。在本规则附件《禁发商品及信息名录 & 对应违规处理》中,一共列举了 28 类禁发商品及信息名录,并对每一类信息的处罚及扣分细则作出明确规定。

3.《淘宝价格发布规范》

本规则对商品发布价格作出详细规定,总体原则是明码标价、杜绝价格欺诈,还对"一口价""淘宝价/促销价""活动价""价格承诺"和"价格欺诈"进行明确定义,避免经营中引起歧义。为避免价格欺诈,规则在第五条发布建议中明示,卖家如对价格法等相关法规不了解,淘宝平台建议每个商品仅发布一个价格,避免因与其他卖家或其他销售业态进行价格比较却又无法准确表明被比较价格的含义或真实出处,而导致价格欺诈。为避免价格宣传用语不当,规则在第六条日常价格要求中明确,不得在未销售过的商品上使用"原售价、成交价、折、新品折"等类似概念,误导消费者认为该商品有成交记录;鉴于卖家可能无法准确理解"原价"的法定含义,误用可能构成价格欺诈或侵害消费者权益,故卖家不得在商品标题、图片、描述及其他商品宣传中出现"原价"描述。

4.《淘宝网商品品质抽检规范》

本规则适用于淘宝网卖家在淘宝网所售商品的质量、品牌及版权的抽检。规定了商品质量检测和品牌及版权抽检的工作流程,其中,质量抽检由淘宝网指定人员以普通消费者身份在卖家店铺中购买后交由检测方;品牌及版权抽检则是被消费者、权利人多次投诉疑似假冒商品的,或者应消费者权益保护协会等国家认可的第三方机构或权利人请求的,方实施检测流程。规则同时明确淘宝网要对检测合格的商品承担商品购买费用、物流费用、质检费用等。新店新手应当积极配合淘宝网对自己商品的抽检,一旦抽检合格则相当于淘宝网为卖家做了一次背书,有利于提高商品的质量和品牌的信誉度。

5.《淘宝网市场管理与违规处理规范》

本规则首先对市场管理和违规处理做了明确界定,市场管理是指淘宝网针对会员的风险行为采取的非扣分的管理措施;违规处理则指淘宝网针对会员的违规行为采取的具有惩戒性质的处理措施。规则对市场管理的情形分为 11 种类型,说明各种类型的不扣分处理办法。接着,规则还对违规情形分为 18 种类型,详细说明各种类型的扣分标准和处理办法。规则的附件对市场管理和违规处理过程中所涉及的相关术语进行了明确界定,避免参与交易的各方主体在交流和沟通时产生歧义。

6.《淘宝网商品品牌管理规范》

本规范中的品牌指以商标形式在店铺装修、店铺名称、域名、商品信息中,或在商品包装、广告宣传、展览及其他活动中展示的名称、标志,且该商标已获得受理通知书或注册证书。卖家可按照流程申请品牌入驻,品牌须同时满足:已获得商标受理通知书或注册证书;

不得缺乏显著特征且不得与已入驻品牌相同或近似;特定行业要求。品牌入驻申请经审核通过后即成功入驻。品牌所有人的其他品牌如有清退历史的,淘宝网可拒绝其入驻。本规则还对品牌变更和品牌清退事宜作了明确规定。

7.《淘宝网评价规范》

本规则对买卖双方如何规范使用淘宝网评价工具作了说明,主要分为评价说明和违规处理两部分内容。评价说明中,对评价的有效时间规定分为两种情形,一是对于一级类目如"景点门票/演艺演出/周边游""度假线路/签证送关/旅游服务""特价酒店/特色客栈/公寓旅馆"下的交易,评价时间为交易成功后90天内;二是除上述一级类目交易外,评价时间为交易成功后的15天内。在评价组成条款中说明,淘宝网的评价包括"店铺评分"和"信用评价";店铺评分(即店铺DSR)由买家对卖家评出,如对商品或服务的质量、服务态度、物流等方面的评分指标。信用评价由买卖双方互评,包括"信用积分"和"评论内容"。接着在店铺评分逻辑中说明,每项店铺评分均为动态指标,系此前连续6个月内所有评分的平均值;每个自然月,相同买、卖家之间交易,卖家店铺评分仅计取前3次。店铺评分一旦作出,无法修改。

本规则进一步对买卖双方互评如何积分作了具体说明:

在卖家信用积分逻辑条款中说明,在信用评价中,买家若给予卖家好评,则卖家信用积分加1分;若给予差评,则减1分;若给予中评或15天内双方均未评价,则信用积分不变。若卖家给予好评而买家未在15天内给其评价,则卖家信用积分加1分。相同买、卖家任意14天内就同一商品多笔交易产生的多个好评卖家只加1分、多个差评卖家只减1分。每个自然月,相同买、卖家之间交易,卖家增加的信用积分不超过6分。

在买家信用积分逻辑条款中说明,买家购买商品,每完成一笔"交易成功"的交易,买家信用积分加1分;若卖家给予买家差评,则减1分。相同买、卖家任意14天内就同一商品的多笔交易只加1分,多个差评只减1分;每个自然月内相同买、卖家之间交易,买家增加或扣减的信用积分不超过6分。同时,淘宝网可视买家的违规情形及违规次数,对买家的信用积分进行一定扣减。买家信用积分每月1日更新。

此外,本规则还对"追加评论""评价解释""评价修改""特殊逻辑"等事项作出规定。

二、行业管理规范

截至2021年2月,淘宝网对各种具有特殊要求的商品类目或行业服务发布了相应的管理规范,共有39个,新店新手应根据自己的商品定位查看相关管理规范。这些管理规范目录如下:

《淘宝网降解制品行业管理规范》《淘宝网商业加盟行业管理规范》《淘宝网汽车行业管理规范》《淘宝网笔记本电脑行业管理规范》《淘宝网品牌兑换卡行业管理规范》《淘宝网手机行业管理规范》《淘宝网汽配行业管理规范》《淘宝网通信行业管理规范》《淘宝网保健食品行业管理规范》《淘宝网网店网络服务行业管理规范》《淘宝网生活服务行业管理规范》《淘宝网数字娱乐行业管理规范》《淘宝网食品行业管理规范》《淘宝网医疗器械行业管理规范》《淘宝网大家电行业管理规范》《淘宝网行业管理规范》《淘宝网教育培训行业管理规范》

《淘宝网商务/设计服务行业管理规范》《淘宝网影音电器行业管理规范》《淘宝网宠物行业管理规范》《淘宝网居家布艺行业管理规范》《淘宝网装修行业管理规范》《淘宝网种子种苗行业管理规范》《淘宝网摄像及定位追踪设备行业管理规范》《淘宝网票务行业管理规范》《淘宝网公益行业管理规范》《淘宝网出版物行业管理规范》《淘宝网二手数码行业管理规范》《淘宝网兽药行业管理规范》《淘宝网居家日用行业管理规范》《淘宝网农药行业管理规范》《淘宝网电动车/配件/交通工具行业管理规范》《淘宝网化妆品行业管理规范》《淘宝网珠宝饰品行业管理规范》《淘宝网箱包行业管理规范》《淘宝网手表行业管理规范》《淘宝网个性定制/设计服务/DIY行业管理规范》《淘宝网成人用品/情趣用品行业管理规范》《飞猪规则》。

三、消保及争议处理

截至 2021 年 2 月,此类规则中有 3 个规范涉及消保及争议处理,即《淘宝平台特殊商品/交易争议处理规则》《淘宝平台争议处理规则》《淘宝网七天无理由退货规范》。

1.《淘宝平台特殊商品/交易争议处理规则》

本规则共有 17 章,对 16 种特殊商品或服务的交易争议及其处理办法作了明确规定。16 种特殊商品或服务包括当面交易、代购服务、定金交易、定制交易、直邮海外交易、官方物流境外交易、生鲜类商品、虚拟商品、二手数码商品、大件类商品、服务类交易、禁售商品、赠品、飞猪交易、闲鱼社区交易、直播交易。

2.《淘宝平台争议处理规则》

本规则分 6 章共 78 条,适用于买卖双方在淘宝平台交易发生争议时参照执行。主要包括争议受理,受理范围,争议处理,发货规范,签收规范,退货换货规范,运费规范,质量问题、假冒商品情形举证责任分配及争议处理,描述不当、表面不一致情形举证责任分配及争议处置,撤销和中止,执行等内容。

3.《淘宝网七天无理由退货规范》

本规则明确七天无理由退货的时间是,自收到商品之日起七天内向淘宝网卖家发出退货申请(自物流显示签收商品的次日零时起计算,满 168 小时为七天)。对于退货资费的处理原则是,买家进行七天无理由退货时,若商品卖家包邮,买家仅承担退回邮费;若商品未包邮或系卖家附条件包邮的,买家部分退货致使无法满足包邮条件的,由买家承担所有邮费;双方另有约定的遵从约定;买家存在滥用会员权利行为的,所有运费均由买家承担。

同时,本规则对卖家是否采用"七天无理由退货"承诺作了明确规定,分为三种情形,即不支持"七天无理由退货"、可选支持"七天无理由退货"和必须支持"七天无理由退货"。其中,必须支持"七天无理由退货"的商品类目包括服装服饰(除贴身用品)、数码产品及配件、家纺居家日用、母婴用品(除食品、贴身用品)、宠物用品(除食品、药品)、图书、珠宝钻石类、家具、家电等。

四、信用及经营保障

截至 2021 年 2 月,该类规则中只有 1 个规范涉及信用及经营保障,即《淘信用与经营保障服务规范》。

本规范的目的是更好地保障、服务健康合规经营的淘宝网卖家,帮助、鼓励卖家提供更好的消费者服务,优化淘宝营商环境和市场环境。对淘信用作出定义,它是反映卖家在淘宝网合规经营意愿与能力的综合分值,包含经营历史、违规记录、买家关系、资质承诺等维度。淘宝网将根据卖家的淘信用分数,提供相应的经营保障服务。原则上,淘信用分数越高的卖家,保障服务的种类越多,服务水平越高。基于淘信用体系,淘宝网为具有较高合规意愿和合规能力的卖家,从以下方面提供经营保障服务:

1. 合规工具与保障

在特定场景下,淘宝网可根据卖家淘信用水平,为卖家提供自检自查、体检报告、缴存保证金、以考代罚、以公代罚等工具或提供替代性处理的机会,帮助卖家提高合规能力,降低合规成本。

2. 人工及在线服务

淘宝网可根据卖家淘信用水平,在平台规则服务、违规申诉与处理等场景下,为信用良好的卖家设置优先或简化的服务流程。

3. 投、申诉保障服务

淘宝网可根据卖家淘信用水平,在部分投诉、申诉和纠纷处理场景,为信用良好的卖家设置更简化的举证条件,并采取必要的措施保障其正常经营。

4. 特色市场经营保障

卖家入驻部分特色市场后,将参与周期性考核。淘宝网可根据卖家淘信用水平,为信用良好的卖家延长考核间隔。

5. 营销活动保障

在卖家成功报名参加淘宝网大型营销活动至活动结束期间,淘宝网可根据卖家信用水平设置清退条件,为信用良好的卖家参加活动提供保障。

6. 营商环境共建

淘宝网会邀请经营信用良好的卖家参与一系列营商环境共建项目。

第二节 电子商务法解读

一、电子商务法颁布出台

在淘宝网规则解读说明中,有一个专题解读导引条,点击进入后可以查到关于电子商务法的全文及其重点咨询问题,这说明电子商务法已经成为淘宝规则中不可或缺的基本环节之一。

电子商务法颁布之前,电子商务交易行为主要受到淘宝规则类规范或政策的约束,而这些规范和政策除根据电子商务交易过程特殊性制定的(如《淘宝网评价规范》等)以外,更多的则是参照国家已经颁布的其他法律、行政法规(如《中华人民共和国合同法》《消费者权益保护法》《互联网信息服务管理办法》《网络交易管理办法》等)实施监管。当电子商务交易过程成为稳定的商业模式时,针对其独特的互联网商业交易方式的保障需要,一部专门的适用性法律呼之欲出。

2018年8月31日下午,十三届全国人大常委会第五次会议举行,经过四次审议的《电子商务法》获得表决通过。自2016年12月《电子商务法(草案)》提请十二届全国人大常委会初次审议至正式颁布之日,历时一年半,该法最后第八十九条明确,"本法自2019年1月1日起施行"。

这意味着自2009年1月1日起,由电子商务过程的特殊性所产生的交易行为同时受到法律的约束,如有违规表现将可能上升到法律层面受到刑事处罚。例如,过去一些商家通过刷单造成虚假流量增加,一旦被淘宝网发现会按照淘宝规则加以降权甚至封店等处罚,而现在这种违规操作则可能违反电子商务法第十七条规定,"电子商务经营者不得以虚构交易、编造用户评价等方式进行虚假或者引人误解的商业宣传,欺骗、误导消费者"。

二、电子商务法主要特点

根据全国人大财政经济委员会副主任委员尹中卿对《电子商务法》的总结,该法具有8个显著特点:

1. 严格范围

因为电子商务具有跨时空、跨领域的特点,所以《电子商务法》把调整范围严格限定在中华人民共和国境内,限定在通过互联网等信息网络销售的商品或者提供的服务,因此金融类产品和服务,对利用信息网络提供的新闻、信息、音视频节目、出版以及文化产品等方面的内容服务都不在这个法律的调整范围内。

2. 促进发展

因为电子商务属于新兴产业,所以《电子商务法》就把支持和促进电子商务持续健康发展摆在首位,拓展电子商务的空间,推进电子商务与实体经济深度融合,在发展中规范,在规范中发展。所以法律对于促进发展、鼓励创新做了一系列的制度性的规定。

3. 包容审慎

目前我们国家电子商务正处于蓬勃发展的时期,渗透广、变化快,新情况、新问题层出不穷,在立法中既要解决电子商务领域的突出问题,也要为未来发展留出足够的空间。《电子商务法》不仅重视开放性,还更加重视前瞻性,以鼓励创新和竞争为主,同时兼顾规范和管理的需要,这就为我们电子商务未来的发展奠定了体制框架。

4. 平等对待

电子商务技术中立、业态中立、模式中立。在立法过程中,各个方面逐渐对线上线下在无差别、无歧视原则下规范电子商务的市场秩序,达到了一定的共识。所以法律明确规定,国家平等地对待线上线下的商务活动,促进线上线下融合发展。

5. 均衡保障

实践证明,在电子商务有关三方主体中,最弱势的是消费者,其次是电商经营者,最强势的是平台经营者,所以《电子商务法》在均衡保障电子商务这三方主体的合法权益之外,适当加重了电子商务经营者,特别是第三方平台的责任义务,适当地加强对电子商务消费者的保护力度。现在这种制度设计基于我们国家的实践,反映了中国特色,体现了中国智慧。

6. 协同监管

根据电子商务发展的特点,《电子商务法》完善和创新了符合电子商务发展特点的协同监管体制和具体制度。法律规定国家建立符合电子商务特点的协同管理体系,各级政府要按照职责分工,我们没有确定哪个部门是电子商务的主管部门,根据已有分工,各自负责电子商务发展促进、监督、管理的工作。在这样的情况下,监管的要义就在于依法、合理、有效、适度,既非任意地强化监管,又非无原则地放松监管,而是宽严适度、合理有效。

7. 社会共治

电子商务立法运用互联网的思维,充分发挥市场在配置资源方面的决定性作用,鼓励支持电子商务各方共同参与电子商务市场治理,充分发挥电子商务交易平台经营者、电子商务经营者所形成的一些内生机制,来推动形成企业自治、行业自律、社会监督、政府监管这样的社会共治模式。

8. 法律衔接

《电子商务法》是电子商务领域的一部基础性的法律,但因为制定得比较晚,所以其中的一些制度在其他法律中间都有规定,所以《电子商务法》不能包罗万象。电子商务立法针对电子领域特有的矛盾解决其特殊性问题,在整体上处理好《电子商务法》与已有的一些法律之间的关系,重点规定其他法律没有涉及的问题,弥补现有法律制度的不足。比如在市场准入上与现行的商事法律制度相衔接,在数据文本上与合同法和电子签名法相衔接。在纠纷解决上,与现有的消费者权益保障法相衔接。在电商税收上与现行税收征管法和税法相衔接。在跨境电子商务上,与联合国国际贸易法委员会制定的电子商务示范法、电子合同公约等国际规范相衔接。

三、电子商务法重点解读

下面主要对电子商务法与运营相关的条款进行解读,条款编号与电子商务法中的一致:

第一条 为了保障电子商务各方主体的合法权益,规范电子商务行为,维护市场秩序,促进电子商务持续健康发展,制定本法。

解读:该条首先明确立法目的,突出特点是强调保障各方权益,因为电子商务与传统零售服务存在较大差异,一宗交易同时涉及多方利益者,其中平台商、网商、厂商、服务商和消费者之间是一种共生共赢的生态关系,对电子商务各方主体都应体现平等对待的原则,不是特别保护哪一方,这与《消费者权益保护法》宣称"保护消费者的合法权益"有着明显不同。其次是使电子商务行为合乎规范、得到调整,回归法律和道德的框架内。再次是让电子商务市场有序运行、依法运行、合乎道德地运行。最后是要让电子商务跟实体商务一样,长期、健康地运营,逐步地解决目前发生的各种各样的问题。

第二条 中华人民共和国境内的电子商务活动,适用本法。本法所称电子商务,是指通过互联网等信息网络销售商品或者提供服务的经营活动。法律、行政法规对销售商品或者提供服务有规定的，适用其规定。金融类产品和服务，利用信息网络提供新闻信息、音视频节目、出版以及文化产品等内容方面的服务，不适用本法。

解读：本条明示法律适用的空间范围是我国国境内，事务范围是电子商务经营活动，即网络商品销售、服务的提供。其中，对电子商务术语作出法律意义上的定义，即"指通过互联网等信息网络销售商品或者提供服务的经营活动"，这对准确理解电子商务内涵有所帮助。本条还明示了两大类除外情形，即网络金融产品与服务，网络新闻、文化、出版的产品与服务。

第九条　本法所称电子商务经营者，是指通过互联网等信息网络从事销售商品或者提供服务的经营活动的自然人、法人和非法人组织，包括电子商务平台经营者、平台内经营者以及通过自建网站、其他网络服务销售商品或者提供服务的电子商务经营者。

本法所称电子商务平台经营者，是指在电子商务中为交易双方或者多方提供网络经营场所、交易撮合、信息发布等服务，供交易双方或者多方独立开展交易活动的法人或者非法人组织。

本法所称平台内经营者，是指通过电子商务平台销售商品或者提供服务的电子商务经营者。

解读：本条规定电子商务经营者有三种主体：自然人、法人和非法人组织。本条规定电子商务经营形式也有三种：经营平台、平台内经营、自建网站或其他形式。本条给出了"电子商务经营者""平台经营者"和"平台内经营者"的法律概念，这对认清电子商务业态、明确电子商务内涵以及建立电子商务管理体系、治理体系有重要意义。

第十条　电子商务经营者应当依法办理市场主体登记。但是，个人销售自产农副产品、家庭手工业产品，个人利用自己的技能从事依法无须取得许可的便民劳务活动和零星小额交易活动，以及依照法律、行政法规不需要进行登记的除外。

解读：本条明确电子商务经营者原则上都应当办理工商营业执照登记手续，取得市场经营的合法资格，这与其他各个行业一致，避免任何歧视或偏袒。同时本条还指出例外情况不需要进行登记，也与其他行业的规定保持一致，这对新店新手而言仍然有其积极意义。特别是新店新手在开始阶段都从事"零星小额交易活动"，不进行工商登记是符合该条法律规定的。在实际运营中，当店铺规模增大到一定程度时，为了塑造品牌的需要，运营者一般都会自觉履行工商登记手续，因为只有完成工商登记后才能注册品牌。

第十一条　电子商务经营者应当依法履行纳税义务，并依法享受税收优惠。

依照前条规定不需要办理市场主体登记的电子商务经营者在首次纳税义务发生后，应当依照税收征收管理法律、行政法规的规定申请办理税务登记，并如实申报纳税。

解读：本条明确了电子商务经营者的纳税义务及完税条件。经营者根据从事经营活动性质及主体性质申报纳税，根据税法规定从事商品经营和服务需要征收增值税，不同产品和服务类别使用不同税率，商品类多为16%，服务类多为6%；其他如消费税、关税、资源税等则根据商品性质确定是否征收；对于经营所得，根据登记主体不同开征企业所得税和个人所得税。因此对于电子商务经营者是否登记为工商主体还需要从税收上考量，如果经营规模比较大，登记为企业主体也有利于进行税收筹划，客观反映企业的经营情况和缴纳税收。

第十五条　电子商务经营者应当在其首页显著位置，持续公示营业执照信息、与其经营业务有关的行政许可信息、属于依照本法第十条规定的不需要办理市场主体登记情形等信息,或者上述信息的链接标识。

前款规定的信息发生变更的,电子商务经营者应当及时更新公示信息。

解读:与传统线下企业一样,电子商务企业也应该公示其营业执照和经营必需的资质资格证书,且必须在首页显著位置公示,并采取图片直接显示方式,而不是以链接导入其他页面的间接方式进行。

第十七条 电子商务经营者应当全面、真实、准确、及时地披露商品或者服务信息,保障消费者的知情权和选择权。电子商务经营者不得以虚构交易、编造用户评价等方式进行虚假或者引人误解的商业宣传,欺骗、误导消费者。

解读:对于商品和服务的信息披露应当全面、真实、准确、及时;网络刷单等行为构成虚假宣传时,可能受到行政处罚,追究法律责任。

第十八条 电子商务经营者根据消费者的兴趣爱好、消费习惯等特征向其提供商品或者服务的搜索结果的,应当同时向该消费者提供不针对其个人特征的选项,尊重和平等保护消费者合法权益。

电子商务经营者向消费者发送广告的,应当遵守《中华人民共和国广告法》的有关规定。

解读:电子商务经营者不得因满足客户特征而屏蔽其他可能引起消费者改变消费项目的选项,如果同样的消费项目既有针对富裕人群的高价项目也有针对普通收入群体的平价项目,经营者不得针对富裕群体仅显示高价项目。

第十九条 电子商务经营者搭售商品或者服务,应当以显著方式提请消费者注意,不得将搭售商品或者服务作为默认同意的选项。

解读:在没有消费者明确知情并同意的情况下不得搭售,例如航空票务机构搭售保险、车辆接送服务、酒店等项目必须以特别形式提请消费者确认,否则消费者可以拒绝支付该等费用。

第二十条 电子商务经营者应当按照承诺或者与消费者约定的方式、时限向消费者交付商品或者服务,并承担商品运输中的风险和责任。但是,消费者另行选择快递物流服务提供者的除外。

解读:明确以产品和服务交付为风险转移时点,除非消费者自行选择快递企业,否则送货途中发生货损由销售方承担责任,由此销售方有必要为产品购买商业保险以避免在途灭失风险。

第二十三条 电子商务经营者收集、使用其用户的个人信息,应当遵守法律、行政法规有关个人信息保护的规定。

解读:电子商务经营者必须遵守有关个人信息保护的法律法规。在网络时代,个人信息的获取、归集、加工变得更加便捷,通过大数据技术可以很方便地对个人信息进行加工处理,从而对个人进行画像或信息验算等。这些对个人信息的各种应用,可能构成对消费者人身和财产安全的极大威胁,经营者对如何系统地保护好消费者个人信息,应当予以高度重视。

第二十五条 有关主管部门依照法律、行政法规的规定要求电子商务经营者提供有关电子商务数据信息的,电子商务经营者应当提供。有关主管部门应当采取必要措施保护电子商务经营者提供的数据信息的安全,并对其中的个人信息、隐私和商业秘密严格保密,不得泄露、出售或者非法向他人提供。

解读:拥有用户数据的经营者既负有对客户信息保密的义务,也负有配合有关国家机关工作的义务,在社会公共利益需要时及时提供,配合公共利益需要。

第二十六条 电子商务经营者从事跨境电子商务,应当遵守进出口监督管理的法律、行政法规和国家有关规定。

解读:第二条明确本法仅适用于境内电子商务活动,这里则将在国内开展跨境电商运营视作境内活动。跨境电商是进出口业务的互联网化,其实体经营应当遵守有关货物进出口、知识产权保护、检验检疫、外汇管理等法律法规之规定。

第五十一条 合同标的为交付商品并采用快递物流方式交付的,收货人签收时间为交付时间。合同标的为提供服务的,生成的电子凭证或者实物凭证中载明的时间为交付时间;前述凭证没有载明时间或者载明时间与实际提供服务时间不一致的,实际提供服务的时间为交付时间。

合同标的为采用在线传输方式交付的,合同标的进入对方当事人指定的特定系统并且能够检索识别的时间为交付时间。

合同当事人对交付方式、交付时间另有约定的,从其约定。

解读:货物以消费者收到实物为准;服务以凭证时间为准;电子文件以收到并可识别的时间为准。

第五十二条 电子商务当事人可以约定采用快递物流方式交付商品。

快递物流服务提供者为电子商务提供快递物流服务,应当遵守法律、行政法规,并应当符合承诺的服务规范和时限。快递物流服务提供者在交付商品时,应当提示收货人当面查验;交由他人代收的,应当经收货人同意。

快递物流服务提供者应当按照规定使用环保包装材料,实现包装材料的减量化和再利用。

快递物流服务提供者在提供快递物流服务的同时,可以接受电子商务经营者的委托提供代收货款服务。

解读:本条规定了电子商务最多见的快递物流服务的基本规范,同时规定快递业可提供代收货款服务,这是对电子商务领域实际经营模式的认可。一句话,经营者对物流负责。

第五十三条 电子商务当事人可以约定采用电子支付方式支付价款。

电子支付服务提供者为电子商务提供电子支付服务,应当遵守国家规定,告知用户电子支付服务的功能、使用方法、注意事项、相关风险和收费标准等事项,不得附加不合理交易条件。电子支付服务提供者应当确保电子支付指令的完整性、一致性、可跟踪稽核和不可篡改。

电子支付服务提供者应当向用户免费提供对账服务以及最近三年的交易记录。

解读:本条规定了电子支付服务提供者在电子商务中的权利和义务,并特别规定应当向用户提供免费对账、最近三年交易纪录。重点是,电子支付由服务提供者负责支付安全并保留信息。

第六十二条 在电子商务争议处理中,电子商务经营者应当提供原始合同和交易记录。因电子商务经营者丢失、伪造、篡改、销毁、隐匿或者拒绝提供前述资料,致使人民法院、仲裁机构或者有关机关无法查明事实的,电子商务经营者应当承担相应的法律责任。

解读:本条明确电子商务经营者提供证据的义务。因为电子商务不同于实体交易,几乎所有的或者主要的证据由电子商务经营者所掌握,所以经营者在争议中负有提供有关证据的责任,否则可能承担事实不能查明部分的责任。

第七十一条 国家促进跨境电子商务发展,建立健全适应跨境电子商务特点的海关、税收、进出境检验检疫、支付结算等管理制度,提高跨境电子商务各环节便利化水平,支持跨境电子商务平台经营者等为跨境电子商务提供仓储物流、报关、报检等服务。

国家支持小型微型企业从事跨境电子商务。

解读:本条表明国家对跨境电子商务鼓励和支持的态度,这有利于广大电商从业者,尤其是小微型网商们大胆在国内经营跨境电商业务。

第三节　网店商品发布规则

一、法规或规则对网店运营的影响

根据实战讲师的介绍,淘宝网店发布商品(俗称"宝贝")只需做到真实、规范、清楚(不产生混淆或歧义)即可符合淘宝网的基本规则,使宝贝进入常态化推广阶段。如果连这个基本规则都做不到,一旦被淘宝网平台监控发现,那么不仅这个宝贝得不到任何流量,还会连带整个网店被降权、扣分甚至封店。这说明,遵守各项法规和规则是网店运营的基本保障,虽然它对网店不会主动产生业绩,但当运营者违反法规或规则时,它们将给你带来致命的一击。

如果将法规或规则作为网店运营的一个保障要素,平台功能运用作为网店运营业绩的提升要素,可以画出一个关于平台规则与平台功能对网店运营影响的关系示意图,如图4-3-1所示。其中,一般情况下,平台功能运用对网店运营起到正向提升作用,平台功能运用得越充分,对店铺权重的提升越大;而法规或规则的影响则对网店运营起着反向的制约作用,即法规或规则越严厉,网店运营越受到阻碍。遵守法规或规则,充其量只能保证网店的运营业绩不至于受到负面影响,保持权重不下降;而如果不遵守法规或规则,甚至超出规则的底线,则随着不守法程度的加重,网店运行权重将急剧下滑。可见,在网店运营中不注意守法,甚至投机取巧钻法规的漏洞,是极不可取、得不偿失的败招。

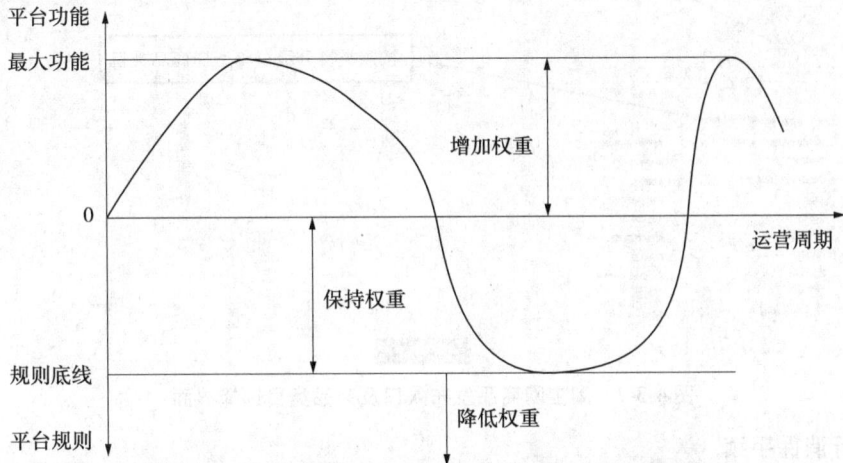

图4-3-1　平台规则与平台功能对网店运营影响示意图

上图中,平台规则方向上从0到规则底线有一段保持权重的空间,是指在实际执行过程中,一般只有在明显违规(即超出底线)的情况下才给予相应的处罚,在没有消费者投诉或被淘宝网监测发现时,还保留一定的时间允许运营者修正因自己不慎或失误所造成的轻微不规范操作,此时暂不会直接受到降权等处罚。不过,运营者绝不可视此为"打擦边球"的自由空间,而应该更加审慎、积极地改进自己的不足。

二、商品发布基本流程

目前淘宝网的商品发布方式有两类,一类是旧版的填写宝贝信息发布方式,另一类是新版智能发布方式。其中,智能发布方式是指淘宝平台对部分类目开放智能发布功能(在淘宝网阿里万象服务大厅/商品管理/宝贝列表管理页问题/什么是"智能发布"篇目内容中可以找到智能发布的开放目录清单),通过一张商品图片或条形码,就能帮助您智能填充商品信息,属性回填率高达80%,可轻松快捷地完成商品发布,还会根据不同商品的各自特点,自动获得系统智能推荐的标题、热搜词,或者称此为"傻瓜化"商品发布方式。对于没有开放智能发布方式的商品类目,则仍然采用旧版方式填写商品信息并发布。

不管是新版智能发布还是旧版发布方式,它们的基本流程和基本信息都大同小异,现简要介绍如下:

1. 商品发布入口

千牛卖家中心/宝贝管理/发布宝贝。

2. 选择商品类目

常用两种类目选择方式,一种是按照类目分级菜单,一级一级逐层找到符合自己商品的类目,点击确认即可,这种方式适合对商品分类比较熟悉的运营者采用;另一种方式是在发布宝贝页面上方的搜索栏内,输入商品名称并检索出相关的类目列表,再从中选择最符合自己宝贝的商品类目,这种方式适合新店新手或者不熟悉商品分类的运营者使用,如图4-3-2所示。

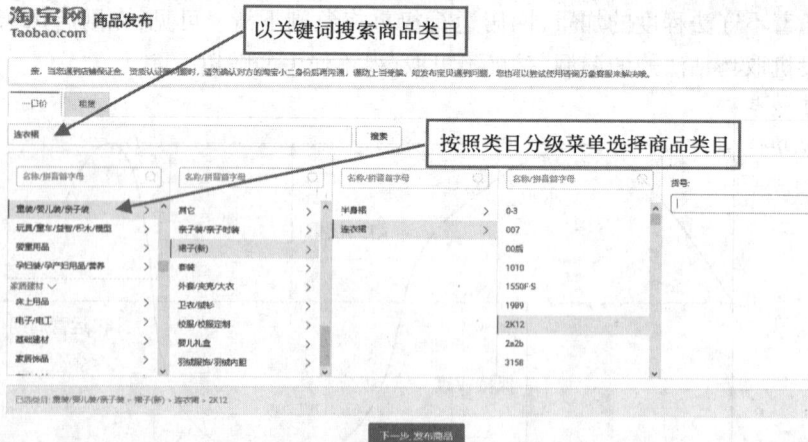

图4-3-2 淘宝网商品发布入口及商品类目选择界面

3. 履行消保手续

类目选择完成后,进入下一步发布宝贝基本信息,首先面临宝贝类型"全新"或"二手"

的单选框,如图 4-3-3 所示。一般默认为"二手",意味着在没有履行消保手续之前,淘宝网只能将要发布的宝贝视为"二手"商品对待,说明"二手"商品不需要缴纳消费者保证金。但是,"二手"商品不利于消费者放心购买和维权,淘宝网亦不会给予优先展现机会,因此大多数情况下都应当采用"全新"宝贝进行发布,以达到最佳推广效果。

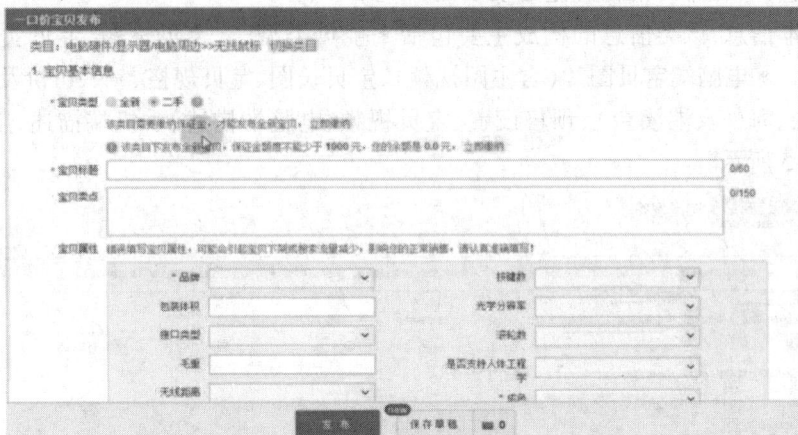

图 4-3-3　淘宝网商品发布/宝贝基本信息/宝贝类型选择界面

点选"全新"后,立即在其下面呈现所选类目"需缴纳保证金"的提示语,并指出该类目的保证金标准,一般商品是 1 000 元,随着商品实际价值越高,相应地需缴保证金额越大,例如有 5 000 元、10 000 元的商品类目。

上图中,点击"立即缴纳"文字链接,即进入缴纳保证金页面,或者从卖家中心进入,到客户服务/消费者保障服务/保证金页面,如图 4-3-4 所示。保证金有两种选项,一是"信用账户",二是"现金账户"。如果使用信用账户,相当于购买消保服务保险,保险额度是 1 000 元(只有 1 000 元的保险项目),分为 1 年和 6 个月两档,其中 1 年的消保服务保险金为 30 元,6 个月的消保服务保险金为 18 元,这个保险金是不会退还给卖家的。如果使用现金账户,意味着卖家要缴纳一笔固定保证金,冻结在淘宝账户里,如 1 000 元、5 000 元和 10 000 元不等,这笔保证金如果卖家今后关闭店铺时将会全数退还(退还的前提是店铺在经营过程中未受到任何处罚)。总体上讲,信用账户适合资金不足的情况使用,而现金账户则适合资金充裕或经营实际价值较大的商品类目时使用,两者对运营效果的影响是一样的。如果不履行

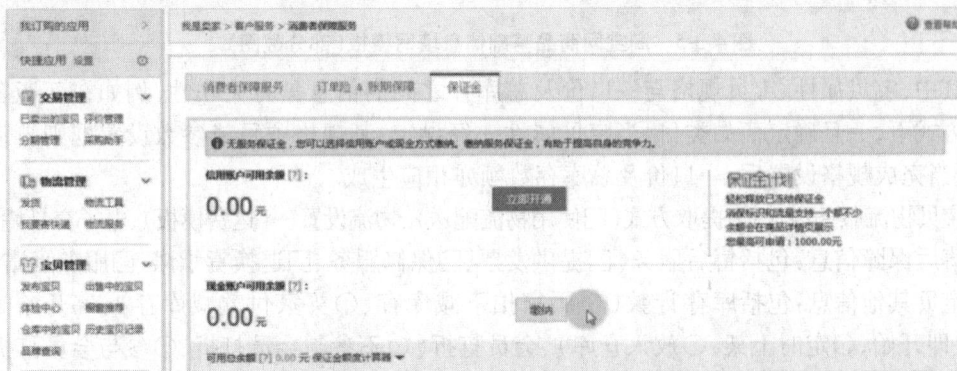

图 4-3-4　淘宝网卖家中心/客户服务/消费者保障服务/保证金页面

消保手续,很多淘宝的官方活动是没有资格参加的,这对店铺的长期运营极为不利。

4. 填写商品信息

各种类目商品的信息主要分为 4 类,即宝贝基本信息、宝贝物流服务、售后保障信息和宝贝其他信息(下面带 * 的信息是必填项):

宝贝基本信息:该类信息的构成主要包括 * 宝贝类型、* 宝贝标题、宝贝卖点、宝贝属性、宝贝定制、* 电脑端宝贝图片(含主图视频)、宝贝长图、宝贝规格、* 一口价及总库存、* 采购地(国内、海外及港澳台)、预售设置、宝贝视频、电脑端描述、手机端描述、宝贝详情样式,如图 4-3-5 所示。

图 4-3-5　淘宝网商品基础信息填写模板(部分截图)

其中,宝贝属性、宝贝规格与一口价及总库存之间的信息具有关联性,例如在新版智能发布方式下,一旦确定商品类目,当宝贝属性一经设定,其规格项目或参数设置框则自动呈现,再当完成规格设置后,一口价及总库存数额亦相应生成。

宝贝物流服务:包括 * 提取方式(□使用物流配送)、物流设置(* 运费模板)、电子交易凭证。

售后保障信息:包括售后服务(□提供发票、□保修服务、□退换货承诺、□服务承诺)。

宝贝其他信息:包括库存计数(⊙买家拍下减库存、○买家付款减库存)、* 开始时间(⊙立即开始、○定时上架、○放入仓库)、会员打折(⊙不参与会员打折、○参与会员打折)、视窗推荐(□是)。

三、商品发布经验规则

将实战讲师所讲的关于商品发布的注意事项,梳理成几条简单的"商品发布经验规则",供新店新手快速借鉴、参考。

①发布商品时,按照商品正常的规格、SKU、邮费等匹配信息进行发布和销售。

②禁止拆分商品规格、数量、单位或者以滥用SKU、邮费价格等不当的方式进行发布。

③基础信息(类目)、销售信息、图文描述、支付信息、物流信息和售后服务都要填写正确、规范。其中,带红色星号的信息栏内容必须填写齐全,不带星号的信息(如商家编码、商品条形码等)也应尽可能填齐,一方面避免宝贝发布时可能受阻,另一方面还可以为宝贝推广增加意外的流量入口。

④电脑端宝贝图片,宝贝主图大小不能超过3 MB;700 px×700 px以上图片上传后,宝贝详情页自动提供放大镜功能;白底图有利于增加手机淘宝首页曝光机会。

四、商品发布白底图规则

1. 商品白底图的作用

在为宝贝制作主图时,一共可以制作5张,其中最后一张建议采用白底图。白底图的主要作用是,能够被手机淘宝自动识别并推送到各个流量窗口,如"有好货""淘宝头条""必买清单"等,展现到手淘用户眼前。

2. 商品白底图的要求

淘宝官方在阿里万象服务大厅网的知识库里有一条题目为"发布宝贝白底图有什么要求?"的说明文,文中清晰地说明了对商品白底图的要求:

——商品轮廓外的背景必须为白色底面,以消除背景对商品轮廓的干扰。

——图片尺寸:正方形,图片大小必须800 px×800 px。

——图片格式建议为JPG,图片大小须大于38 KB且小于300 KB。

——无Logo、无水印、无文字、无拼接、无"牛皮癣"、无阴影。最好将素材抠图、边缘处理干净。

——图片中不可以有模特,必须是平铺或者挂拍,不可出现衣架、商品吊牌等。

——商品需要正面展现,不可侧面或背面展现。

——图片美观度高,品质感强,商品展现尽量平整。

——构图明快简洁,商品主体突出,要居中放置。

——每张图片中只能出现一个主体,不可出现多个相同主体。

——图片中商品主体完整,展现比例不要过小,商品主体要大于300 px×300 px。

3. 商品白底图规范示例

在淘宝千牛卖家中心发布宝贝的"上传商品主图"功能里会出现"查看规则"链接,点击进入后即可见"商品发布官方社区"页面,选择"发布指南"标签页即可见"淘宝商品发布白底图规则",如图4-3-6所示。

图 4-3-6　淘宝商品发布官方社区白底图规则页面

该规则采用图片示范加简要文字的方式,对白底图使用的规范性作了直观说明,现截图如下:

正确的白底图示范如图 4-3-7 所示,符合上述白底图的各项要求。

图 4-3-7　淘宝商品发布正确的白底图示范

错误的白底图示例如下:

如图 4-3-8 所示,商品主题不明确,背景阴影过大或非纯白色。

如图 4-3-9 所示,商品展示非正面,展示角度不合适。

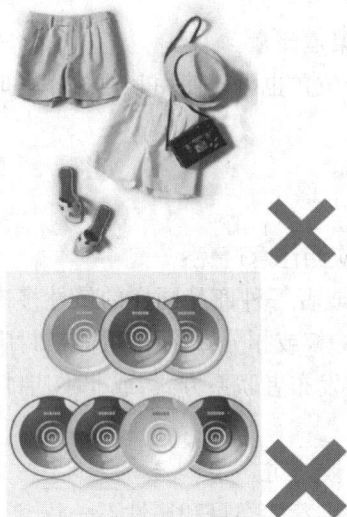

图 4-3-8　淘宝商品发布错误白底图示例 1　　　　图 4-3-9　淘宝商品发布错误白底图示例 2

如图 4-3-10 所示，图片中有 Logo、文字、"牛皮癣"。

如图 4-3-11 所示，(服装类目)图片中有模特的身体部位或者衣架。

如图 4-3-12 所示，商品主体不完整。

图 4-3-10　淘宝商品发布错误白底图示例 3　　　　图 4-3-11　淘宝商品发布错误白底图示例 4

图 4-3-12　淘宝商品发布错误白底图示例 5

经验分享：

①正确的白底图被行业采用后将获得高质量的渠道流量。

②建议在第五张主图位置上传白底图，当然这个位置也可以使用其他图片（如直通车图等），但其他图片在手淘上的推广效果不如白底图好。

五、发布宝贝常见问题

发布宝贝时，容易出现下面一些问题，新店新手应当注意避免：

①重复铺货：同一个店铺重复发布同一种商品，或者一种商品同样的属性多次发布，都会导致宝贝不可发布，即便发布出去也会受到处罚、降权或扣分，严重的可能被封店。

②广告商品：商品描述不详，无实际商品，仅提供发布者联系方式，或非本店铺商品信息等，这是不允许的。

③图文信息：宝贝图片不能带 Logo 图案，否则会被处罚。

④错误选择类目和属性：发布的实际商品与平台推荐的类目和属性不一致，这是相当严重的错误，千万小心。

⑤标题滥用关键词：不能使用别人的品牌词；一个商品标题不能出现多个不同商品的描述。

⑥标题、图片、描述等不一致：发布商品的定价不符合市场规律，或不符合所属行业的标准。例如，一口价与描述价格严重不符；以批发价作为一口价发布，且无法通过该一口价购买到单个商品。

⑦SKU 作弊：将常规商品与批发、缺货、换购、赠品、定金、订金等特殊商品放在一个宝贝链接里出售；将不同商品放在一个宝贝链接里出售；将常规商品和瑕疵品、单机、样品、模型、二手产品等非常规商品放在一个宝贝链接里出售。

知识窗：SKU

库存保有单位（Stock keeping Unit 或者 SKU）是对每一个产品和服务的唯一标识符。在连锁零售中称单品为一个 SKU，是指包含特定的自然社会属性的商品种类，也是库存控制的最小可用单位。对于一种商品，当其品牌、型号、配置、等级、花色、包装容量、单位、生产日期、保质期、用途、价格、产地等属性之一与其他商品不同时，则称这种商品为一个 SKU 或单品。

利用 SKU 或单品概念区分不同属性的商品，为采购、销售、物流管理、财务管理以及 POS 系统、MIS 系统的开发等提供准确的商品管理类别，有效地避免各个环节对复杂的商品体系在识别上出现混乱。

实际中，SKU 的叫法有很多，比如单品、囤货单元、存货单元、库存持有单元、库存单品项、有效成品单位、最小发货单元、最小库存单元、最小库存单位、最小存货单元、最小存货单位等。

第四节　发布高质量的宝贝

一、类目选择

目的:选择能够带来流量的类目。一般直接选择第一条类目,不会发生错误。

审视:到淘宝网搜索你的宝贝名称,在 TOP 10 的店铺列表中查看他们所采用的类目,使用一种"淘宝神器"可以将列表店铺的详细信息一览无遗,包括类目信息等。他们的类目代表有流量的类目,直接参考选用即可。

二、基础信息

目的:提升搜索流量的展现机会。

主要信息是设置好宝贝标题,写满 30 个字,每一个关键词都可能带来流量,因此多一个关键词意味着多一个流量入口。

属性的信息也要填写完整,每一个属性可能成为一个次生流量入口。例如,有时候标题里没有主流关键词,却仍然可能被搜索排名所展现,原因是在属性里有主流关键词。

启示:标题词与属性词错位设置,覆盖更多的主流关键词。

三、销售信息

目的:选好 SKU。

一种宝贝由于花色、款式、价格、库存数等不同,可以设置不同的 SKU,便于买家选购、卖家管理、财务结算、物流配送等。一旦设置好,不要随意更换,否则淘宝平台会对店铺降权,这是重中之重。

一口价、商家编码、商品条形码作相应设置,参考前面讲解。

四、图文描述

目的:选择并上传宝贝主图、宝贝视频、宝贝详情页。

要点:第五张主图须为白底图,以利手淘首页引流。

选择宝贝视频,编辑视频分段标签,方便买家切换观看。

宝贝详情页操作,可以导入本地存储的现成详情页文件,也可直接在空白页框中编辑详情页。

五、其他选项

目的:完成支付、物流、售后方面信息设置。

其中,物流的运费模板设置注意如下:

①设置运费模板千万不能粗心大意,否则不仅要赔本,还会导致延迟发货而遭投诉,最后被平台降权,得不偿失。

②可以针对不同类型的商品设置不同类型的运费模板,比如重量相近的设置一个,价格

相近的设置一个,根据不同的需求设置不同的运费模板。

③不管是否包邮,切不要选择卖家承担运费。对于边远地区以及海外地区,运费都非常贵,且议价空间大,不易控制。一般情况,港澳台、新疆、内蒙古不宜设为包邮地区。

④客单价比较低的产品适合勾选不包邮模板,而客单价较高的商品、物流畅达地区,或者经过核算不会亏损的宝贝则可以选用包邮模板。

⑤常见运费模板有:仅限江浙沪包邮;全国除边远地区外包邮;指定条件包邮;不包邮(核定运费标准)。

拓展园:卖点提炼

图4-4-1是淘宝实战讲师芷若视频课程《巧用卖点提炼》中的思维导图内容,从实战视角诠释一个全新的卖点概念,能够领会到为什么要提炼卖点、实战中所谓卖点是什么内容、提炼卖点的目的是提高转化率、如何展现卖点要素,可供学习电子商务运营知识时参考。

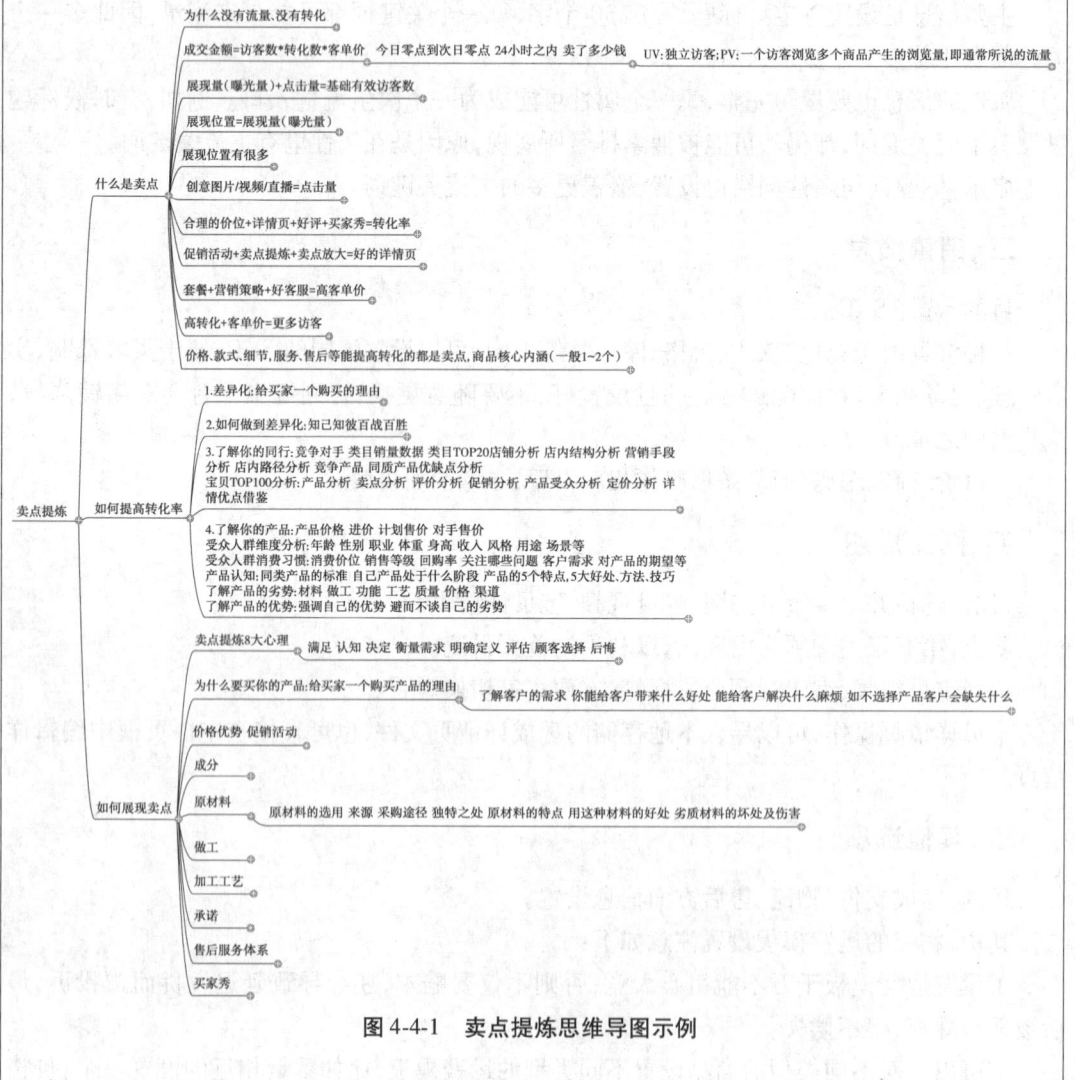

图4-4-1 卖点提炼思维导图示例

思考题

1. 为什么说宝贝标题必须写满 30 个字或 60 个字符?
2. 举例说明什么是 SKU 作弊? 应当如何避免?

第五章
网店美工与装修基础

第一节　旺铺装修色彩定位

一、店铺色调

色彩被广泛应用到店铺 Logo、二维码、文中标题、正文、海报等大量地方，从视觉感受的先后顺序来看，色彩会先于文字被用户感受到，形成对品牌的第一印象。卖家都能意识到色彩对于店铺的重要性，但很多卖家在装修店铺的时候，喜欢把一些很酷很炫的色块堆砌在店铺里，让整个页面色彩杂乱无比。不同店铺对颜色的选择是不同的，运用旺铺装修的色彩定位可以很好地契合店铺整体定位，这是做好店铺视觉营销的基础。优秀的页面视觉一定有自己的主色调，辅助一些搭配的颜色，这样整体效果才会更好。

颜色的构成是和应用息息相关的，只有了解了它的构成才能知道颜色要怎么应用到店铺装修上。

1. 主色调

主色调是容易引起买家注意的视觉符号，主色调不是随意选择的，而是系统分析自己品牌受众人群的心理特征，找到这部分群体易于接受的色彩，并且主色调要贴合产品风格、性能，如果主色调与产品无关，则没有起到主色调的应有作用。市面上大部分的成功品牌都是有主色调的，甚至，一提起品牌名，你就会想起它们的颜色，比如，可口可乐是红色的，百事可乐是蓝色的，麦当劳是金色的，蒂芙尼是蓝色的。定位之父特劳特称之为品牌的"视觉锤"，店铺的色调在某种程度上是品牌"视觉锤"的延伸。色彩确定之后要延续下去，不要频繁更换。主色调可应用在品牌色和强调色中，强调色即用于重点信息，如卖点、价格标签、抢购等。

2. 辅色调

辅色调的作用是突出主色调和产品搭配色,辅色调主要用于衬托表现理念和象征意义,绝不能喧宾夺主。主色调和辅助色配合使用,以增强表达的多彩和活力。如使用黑暗色调主体色的时候,最好运用明亮的色彩作为辅助色。

3. 色彩搭配原则

色彩搭配黄金法则是6∶3∶1,即店铺主色调占60%,次要色调占30%,而辅助色彩占10%。辅色调可应用在辅助信息或者背景过渡的一些信息上。按照两个原则进行搭配:类色搭配(图5-1-1)、补色搭配(图5-1-2)。如红色和绿色就是补色,而蓝色和青色就是类色。它们的区别是色彩的性质不同,一种是相对照的,另一种是相似的。

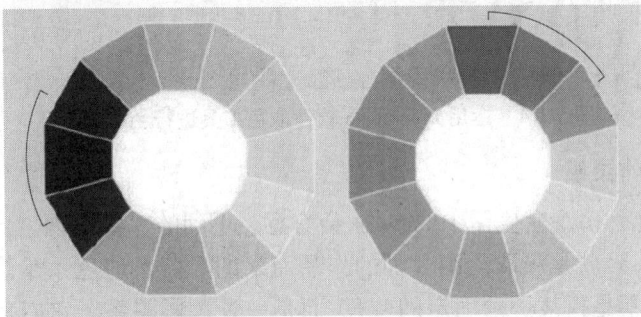

图 5-1-1　类色搭配

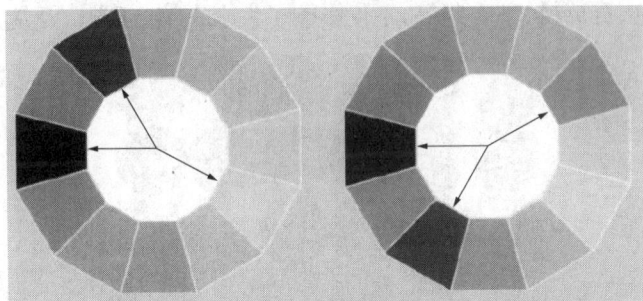

图 5-1-2　补色搭配

4. 突出显示

找出一种颜色来突出显示,起到点缀重要部分、突出显示的作用,也能为店铺呈现一个更加干净和平衡的视觉效果(图5-1-3)。

图 5-1-3　突出主色调的店铺装修

5. 提取图片色

如果一时找不到合适的色彩,可以尝试从图片中提取色彩(图5-1-4)。这样做既能让整个店铺页面更加和谐美观,也便于操作。此外还可以运用流动色彩,或突出季节性的色彩,产生不错的视觉表现。

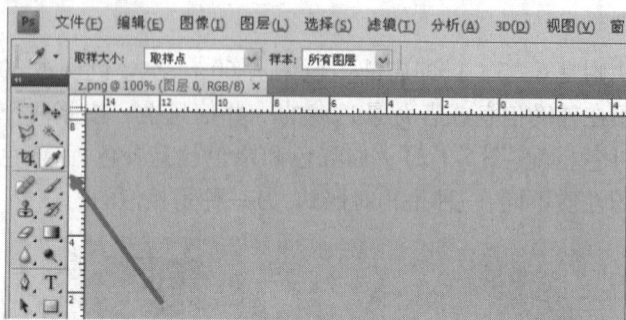

图5-1-4 运用 PhotoShop 软件取色工具进行色彩提取

6. 多多发掘创作灵感

艺术来源于生活,多观察生活中的事物,会有意想不到的惊喜出现。比如近几年流行的莫兰迪色系(图5-1-5)就是汲取绘画大师的作品而来的。莫兰迪色系是指饱和度不高的灰系颜色。莫兰迪色不是指某一种固定的颜色,而是一种色彩关系。它们来自意大利艺术家乔治·莫兰迪的一系列静物作品。组成莫兰迪色的各种高级灰,近年还被赋予了各种名字,例如雾都蓝、燕麦色、石英粉、丁香紫等,不仅影响了大众审美,还被广泛应用在店铺装修中。

图5-1-5 莫兰迪色系

知识窗:色彩搭配基础

1. 色彩

色彩是能引起我们共同的审美愉悦的、最为敏感的形式要素。色彩是最有表现力的要素之一,因为它的性质直接影响人们的感情。丰富多样的颜色可以分成两个大类,即无彩色系和有彩色系。有彩色系的颜色具有三个基本特性:色相、纯度(也称彩度、饱和度)、明度(图5-1-6)。在色彩学上也称为色彩的三大要素或色彩的三属性。饱和度为0的颜色为无彩色系。

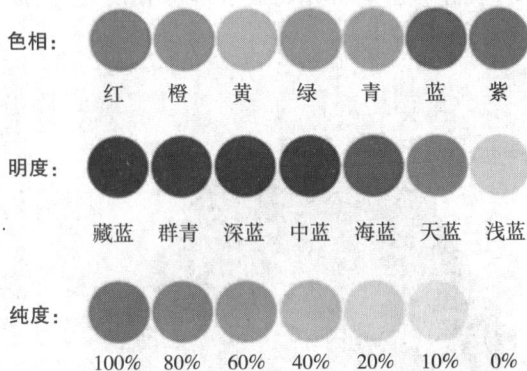

色相:
红　橙　黄　绿　青　蓝　紫

明度:
藏蓝　群青　深蓝　中蓝　海蓝　天蓝　浅蓝

纯度:
100%　80%　60%　40%　20%　10%　0%

图5-1-6　色相、明度、纯度

2. 无彩色系

无彩色系是指白色、黑色和由白色黑色调和形成的各种深浅不同的灰色(图5-1-7)。无彩色按照一定的变化规律,可以排成一个系列,由白色渐变到浅灰、中灰、深灰到黑色,色度学上称此为黑白系列。黑白系列中由白到黑的变化,可以用一条垂直轴表示,一端为白,一端为黑,中间有各种过渡的灰色。纯白是理想的完全反射的物体,纯黑是理想的完全吸收的物体。

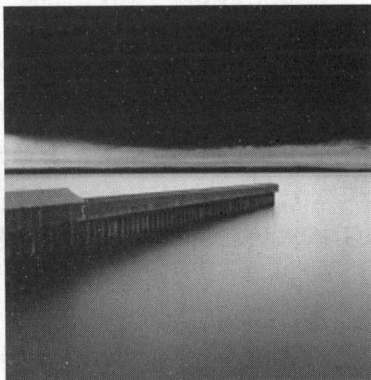

图5-1-7　无彩色系黑白灰

在现实生活中并不存在纯白与纯黑的物体,颜料中采用的锌白和铅白只能接近纯白,煤黑只能接近纯黑。无彩色系的颜色只有一种基本性质——明度。它们不具备色相和纯度的性质,也就是说它们的色相与纯度在理论上都等于零。色彩的明度可用黑白度来表示,越接近白色,明度越高;越接近黑色,明度越低。黑与白作为颜料,可以调节物体色的反射率,使物体色提高明度或降低明度。

3. 有彩色系

彩色是指红、橙、黄、绿、青、蓝、紫等颜色。不同明度和纯度的红橙黄绿青蓝紫色调都属于有彩色系（图5-1-8）。有彩色是由光的波长和振幅决定的，波长决定色相，振幅决定色调。

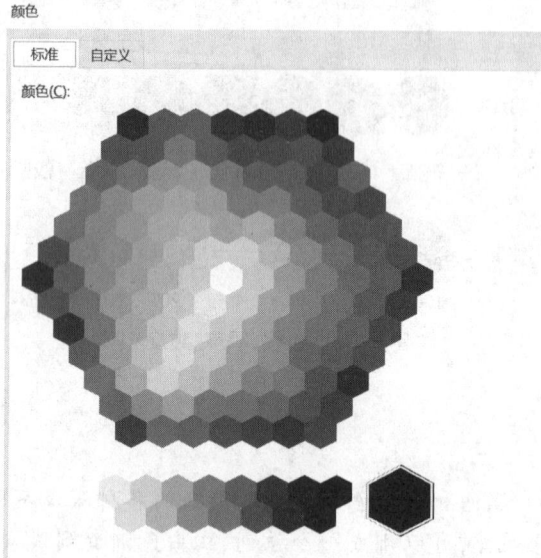

图 5-1-8　Office 软件中的颜色工具

有彩色系的颜色具有三个基本特性：色相、纯度（也称彩度、饱和度）、明度。在色彩学上也称为色彩的三大要素或色彩的三属性。

色相是指能够比较确切地表示某种颜色色别的名称。如玫瑰红、橘黄、柠檬黄、钴蓝、群青、翠绿等。从光学物理上讲，各种色相是由射入人眼的光线的光谱成分决定的。

纯度是指色彩的纯净程度，它表示颜色中所含有色成分的比例。含有色成分的比例越大，则色彩的纯度越高，含有色成分的比例越小，则色彩的纯度也越低。可见光谱的各种单色光是最纯的颜色，为极限纯度。纯色（饱和度＝255）是指不混杂黑色或白色的色调，是所有色调中最鲜艳、最吸引眼球的色调，也就是 Office 软件中文字颜色中的标准色（图5-1-9）。

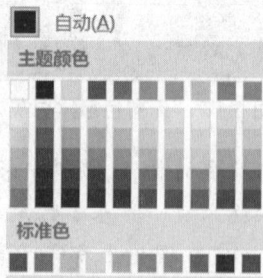

图 5-1-9　Office 软件中的标准色

明度是指色彩的明亮程度(图 5-1-10)。色彩的明度有两种情况:一是同一色相不同明度,如同一颜色加黑或加白掺和后能产生各种不同的明暗层次;二是各种颜色的不同明度,如黄色明度最高,蓝、紫色明度最低,红、绿色为中间明度。红色加入黑色后明度降低,同时纯度也降低;如果红色加白则明度提高,纯度仍然降低了。

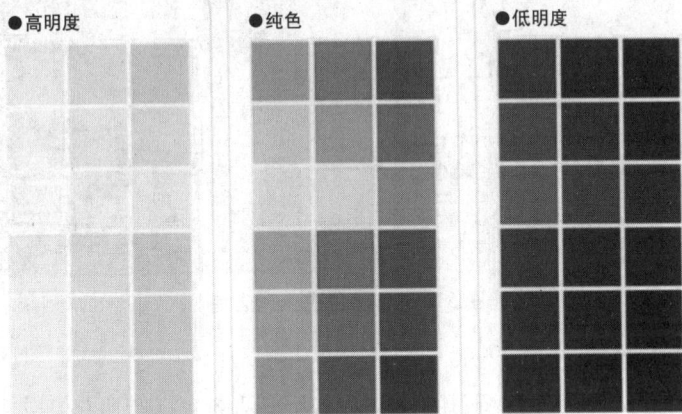

图 5-1-10　明度

二、色彩定位

1. 色彩定位作用

在淘宝中,商品的分类已经细化,覆盖了生活中服饰鞋包、电器数码、家居建材、食品等绝大部分门类。销售不同商品的卖家需要利用各种元素进行差异化营销,装修风格中的色彩也能起到店铺定位的作用。通过色彩定位能够促进消费者点击率提高,从而提高全店转化;不同颜色给消费者带来不同体验,有利于消费者记忆和感受;合适情景颜色也可以增加买家的"代入感"。如红色主色调的冬装(图 5-1-11)给消费者温暖的感觉;绿色主色调的茶叶(图 5-1-12)给消费者清新的感觉。

图 5-1-11　红色主色调店铺

图 5-1-12　绿色主色调店铺

2. 如何进行色彩定位

①根据运营目的选择最佳色调,用色彩打造店铺风格。打造风格店铺可以形成买家记忆,提高流量精准性,提高转化。黑色代表欧美、简约、轻奢(图 5-1-13);粉色代表可爱风(图 5-1-14),蓝色代表小清新、简约(图 5-1-15)。

图 5-1-13　黑色主色调店铺

图 5-1-14　粉色主色调店铺图

图 5-1-15　蓝色主色调店铺

②品牌调性是基于品牌的外在表现而形成的市场印象,通俗讲就是消费者对品牌的看法或感觉,品牌调性并不显化,常常匿形于具体的品牌表现中,通过店铺的装饰、服务、产品等多方面因素传达出来(图5-1-16、图5-1-17)。店铺的色彩可以起到提高品牌调性的作用,色彩与Logo结合,形成品牌记忆,用色彩激发买家购物欲望。

图5-1-16　华为天猫旗舰店

图5-1-17　全棉时代旗舰店

③根据宝贝功能选择合适色调,强化宝贝卖点。植物化妆品卖点为纯天然,主色调为绿色(图5-1-18);空调机卖点为清凉,主色调为蓝色(图5-1-19)。

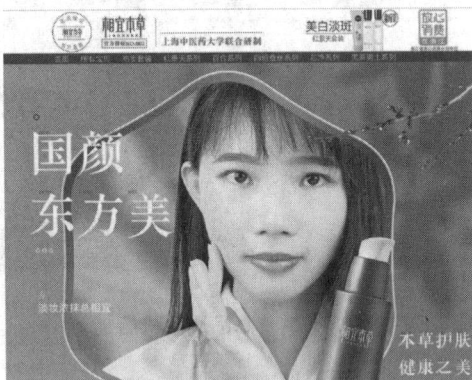

图5-1-18　植物化妆品店铺

图5-1-19　清凉风格店铺

④根据宝贝功能打造身临其境的体验感。紫色代表优雅、高贵、神秘(图5-1-20);绿色代表新鲜、平静、和平、青春(图5-1-21);红色代表热情、活泼(图5-1-22)。

图5-1-20　优雅珠宝店铺

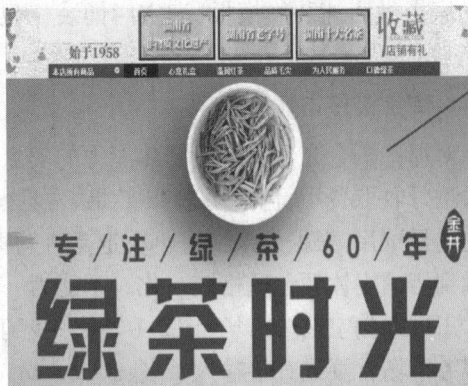

图5-1-21　清新绿茶店铺

图 5-1-22　麻辣食品店铺

⑤根据宝贝功能提升宝贝品质感。黑色代表深沉、科技感(图 5-1-23);白色可以凸显商品质感(图 5-1-24)。

图 5-1-23　科技感电动汽车店铺

图 5-1-24　高品质手机店铺

三、智能设计系统在旺铺装修中的应用

新手开店往往缺乏专业的美工知识,需要花费大量时间在店铺装修上进行摸索,淘宝平台的服务市场中提供了店铺装修服务,阿里巴巴还开发了鹿班智能设计平台,为淘宝店铺卖家提供店铺装修模板、淘宝店铺装修教程以及店铺装修素材,为淘宝商家提供了更多选择。

1. 淘宝装修市场

对那些资金充足又缺乏制作能力的卖家来说,直接购买相关模板大大节省了时间成本。模块按月收取费用,包括动态 JS 效果、常见的 CSS。一般来说购买模板前支持试用,卖家可以先选择试用,根据效果情况再决定是否购买。不管是自己设计还是直接购买装修服务,必须做到店铺主体颜色风格统一化。不能为一个颜色,而忽略了整体美的视觉体验。

①进入淘宝装修市场(图 5-1-25)。找到装修页面下方的"服务市场"蓝色字样并点击打开服务市场首页或直接输入域名:zx. taobao. com。

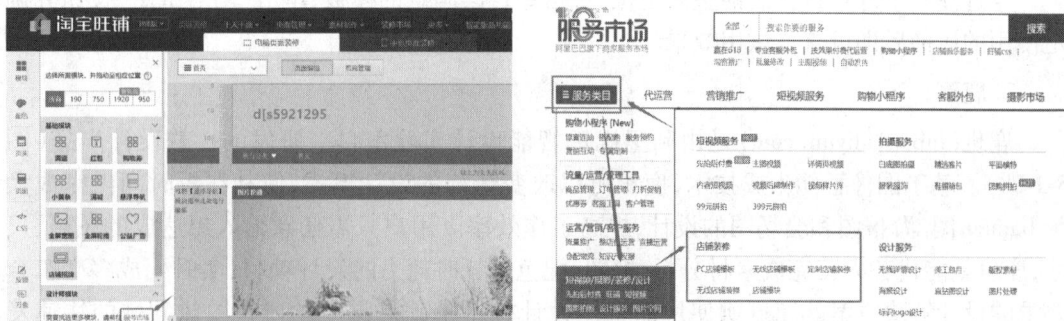

图 5-1-25 进入淘宝装修市场

②在打开的导航栏（图 5-1-26）中选择店铺要装修的店铺端，按照行业分类、版本属性、风格分类、色系分类等对店铺的色调模板进行定制（图 5-1-27）。

图 5-1-26 装修市场页面

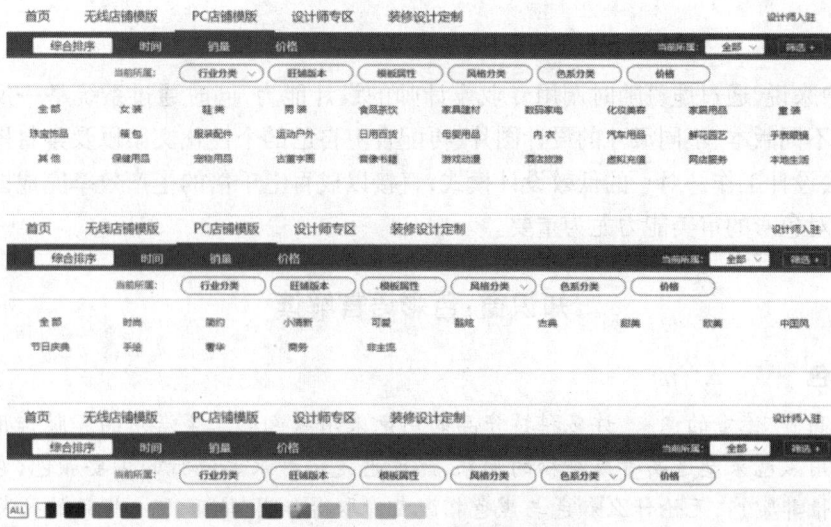

图 5-1-27 装修市场装修风格筛选

③选择一个外观符合店铺整体定位、价格令自己满意的模板,单击"马上试用"按钮并确定使用的店铺后即可查看试用效果。

2. 鹿班

鹿班(luban. aliyun. com)是由阿里巴巴智能设计实验室自主研发的一款设计产品(图5-1-28)。基于图像智能生成技术,鹿班可以改变传统的设计模式,使其在短时间内完成大量 banner 图、海报图和会场图的设计,提高工作效率。用户只需任意输入想达成的风格、尺寸,鹿班就能代替人工完成素材分析、抠图、配色等耗时耗力的设计项目,实时生成多套符合要求的设计解决方案。鹿班所使用的智能设计技术基础是深度学习在图像领域的快速发展,阿里巴巴智能设计实验室依托达摩院机器智能技术,通过对人类过往大量设计数据的学习,训练出一个设计大脑—Luban。根据用户输入的需求,机器从无到有经过规划、行动等多轮大规模计算,生成符合用户需求和专业标准的视觉图像。在 2017 年"双 11"中,Luban 每秒生成 8 000 张海报,刷新了人们对 AI 创意能力的认知。

图 5-1-28　鹿班系统页面

对用户来说,通过鹿班随时调用专业设计师的设计能力,同时通过系统举一反三,生成不同颜色、不同版本、不同尺寸的设计图片,再配合上自己的个性化文案以及素材图片,将完全打破过去设计工作一对一的低效设计模式,直接以成百上千倍的生产效率完成图片产出。因此,用户对色彩的审美能力尤为重要。

知识窗:色彩语言解读

1. 黑色

具有高贵、稳重的意象,许多科技产品的用色采用黑色调。生活用品和服饰用品的设计大多利用黑色来塑造高贵或神秘的形象,黑色也是一种永远流行的主要颜色,它的色彩搭配适应性非常广,无论什么颜色与黑色搭配都能取得鲜明、华丽、赏心悦目的效果。在网

店设计中,黑色具有高贵、稳重、科技的意象,许多科技产品的用色,如电视、摄影机、音响等大多采用黑色调。

2. 白色

白色是全部可见均匀混合而成的,称为全光色,是光明的象征色。在网店设计中,纯白色会带给人寒冷、严峻的感觉,所以在使用白色时,都会掺一些其他的色彩,如象牙白、米白、乳白、苹果白等。在同时运用几种色彩的页面中,白色和黑色可以说是最显眼的颜色。在网店设计中,当白色与暖色(红色,黄色,橘红色)搭配时可以增加华丽的感觉;与冷色(蓝色,紫色)搭配可以传达清爽、轻快的感觉。在网店设计中,白色常用于传达明亮、洁净感觉的产品品种,比如结婚用品、卫生用品、女性用品等。

3. 黄色

黄色本身具有一种明朗愉快的属性,可以给人甜蜜幸福的感觉。通过结合紫色、蓝色等颜色可以产生温暖愉快的效果;高彩度的黄色与黑色的结合可以产生清晰整洁的效果。在网店设计中,黄色多用来表现喜庆的气氛和富饶的景色,同时黄色还可以起到强调突出的作用,所以常使用于特价标志或者想要突出的图标背景中。

4. 绿色

绿色本身与健康相关,营造清新自然的感觉,同时,一些色彩专家提出绿色可以适当缓解眼部疲劳,为耐看色之一。当搭配使用绿色和白色时,可以产生自然的感觉,当搭配使用绿色和红色时,可以产生鲜明且丰富的感觉。在网店设计中,绿色经常用于与健康相关的网店、教育站点或用于公司的公关站点。

5. 红色

红色是强有力、喜庆的色彩,具有刺激效果,容易使人产生冲动,是一种雄壮的精神体现,自带愤怒、热情、活力的感觉。高亮度的红色通过与灰色、黑色等非色彩搭配使用,可以产生现代且激进的感觉。低亮度的红色通过冷静沉着的感觉营造出古典的氛围。在网店设计中,红色都作为突出颜色,因为鲜明的红色极容易吸引人们的目光。

6. 紫色

神秘的紫色通常用于以女性为对象或以艺术作品为主的网店,较暗色调的紫色可以表现出成熟的感觉,紫色通常代表神秘、尊贵和高尚。在网店设计中,通常用不同色调的紫色营造非常浓郁的女性化气息。而且在白色的背景色和灰色的突出颜色的衬托下,紫色可以显示出更大的魅力。如女性用品网店中使用的通常都是清澈的紫色。

7. 蓝色

高彩度的蓝色会带给人一种整洁轻快的印象;低彩度的蓝色会给人一种都市化的现代派印象。蓝色和绿色、白色的搭配在我们的现实生活中也是随处可见。在网店设计中,主颜色选择明亮的蓝色,配以白色的背景和灰色的辅助色,可以使网店干净而简洁,给人庄重、充实的印象。蓝色、绿色、白色的搭配可以使页面看起来非常干净清澈。

8. 橙色系

橙色通常会给人一种朝气活泼的感觉,它通常可以使原本抑郁的心情豁然开朗。橙色象征着爱情和幸福。充满活力的橙色会给人健康的感觉,据称橙色可以提高厌食症患者的食欲。在网店设计中,橙色常用于食品类、卡通玩偶类产品。

9. 暗色调

暗色调体现品牌感、力量感、品质感、厚重感,适合高客单价类目,如奢侈品等。

10. 明色调

明色调体现年轻、舒适、阳光、清澈、欢快、活泼的感觉,适合儿童、少女等类目商品。

11. 纯色调

纯色调体现活力、热情的感觉,带来直观的视觉刺激,适合促销活动的应用,如"双十一"活动等。

12. 白色调

白色调体现干净、素雅、文静的感觉,适合女性服装、北欧风格、简约等类目商品,以及日系商品。

13. 灰色调

灰色调体现高雅、沉稳、成熟的视觉印象,适合男士类目商品,以及家纺、化妆品、文艺风格服饰。

14. 淡色调

淡色调体现温和、柔软、天真的视觉印象,没有强烈的视觉冲击,适合母婴类商品,避免过度刺激婴儿眼睛。

第二节　店铺装修风格定位

一、数据分析的意义

对于高曝光、低点击的店铺,大部分运营商家都会作出一个最普遍的动作——装修店铺。更换店铺店招(banner)详情页、主图当然都是没错的,但是没有数据支撑,盲目去装修,即使装修得很漂亮,也可能出现转化率还是没有提高的问题。这些往往都是因为没有通过后台数据去分析。利用好淘宝平台的数据工具,有效引导客户点击并留住访客,提升客户的访问深度,让客户愿意花时间停留在你的店铺,从而增加店铺转化率权重。店铺装修风格的优劣来源于数据,最终也会通过数据得以验证。

二、数据分析得出店铺风格定位

1. 对自身的淘宝网店数据进行分析得出风格定位

要看一个淘宝网店装修好不好,主要是看店铺的点击率和消费者在店铺的停留时间,具体主要看最近七天的数据,看哪些模块被点击的次数比较多,哪些页面最受欢迎,店里的哪些产品更吸引受众。然后再看环比数据,经过数据分析网店装修前后的数据变化,才可以有条件地去做调整。同时也可以对一个月内某天的数据做具体的分析,只有经过数据细化分析,才能知道店铺装修存在什么问题,如何才能更吸引顾客。

2. 对竞品分析得出风格定位

编制一个竞品分析表格(图5-2-1)作为风格定位分析的工具。每一个竞品类目的分析方向是不同的。对于做定制类目的商品,产品服务则是竞品分析的重中之重。竞品分析的目的是找到并突出商品在风格方面的竞争优势;同时,发现同行之间的差距,从而确定自己的风格定位。

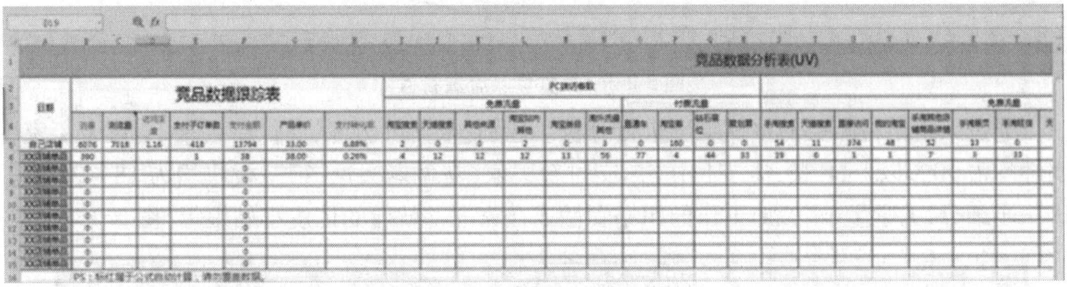

图 5-2-1 竞品分析表

三、风格定位数据分析举例

1. 某女装店铺风格定位

某女装店铺如图5-2-2所示。

图 5-2-2 某女装店铺

通过生意参谋进行流量分析(图5-2-3)。

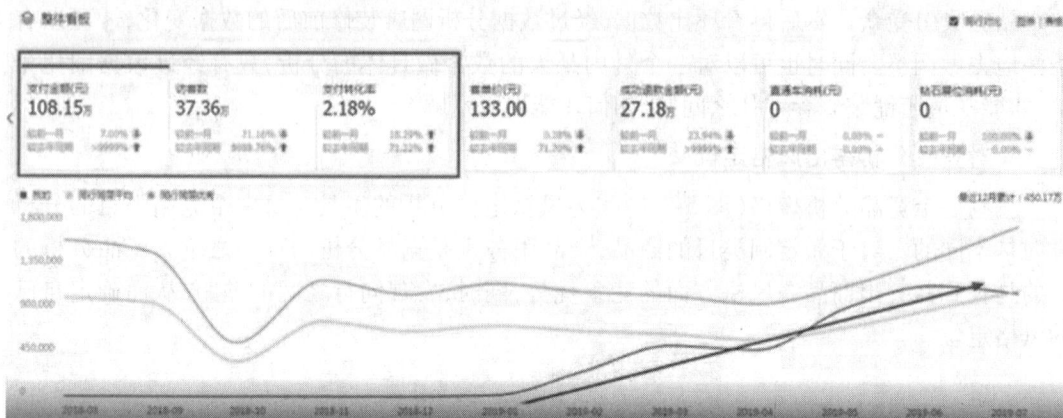

图 5-2-3　生意参谋流量看板

通过风格定位相关的重要维度进行分析。性别:未支付访客、支付新买家、支付老买家,女性均占 90% 以上;年龄:未支付访客、支付新买家、支付老买家,第一板块均为 18~25 岁。进一步细分,大学生、刚参加工作的职场女性或在家准备就业的俏皮小姑娘等(图5-2-4)。

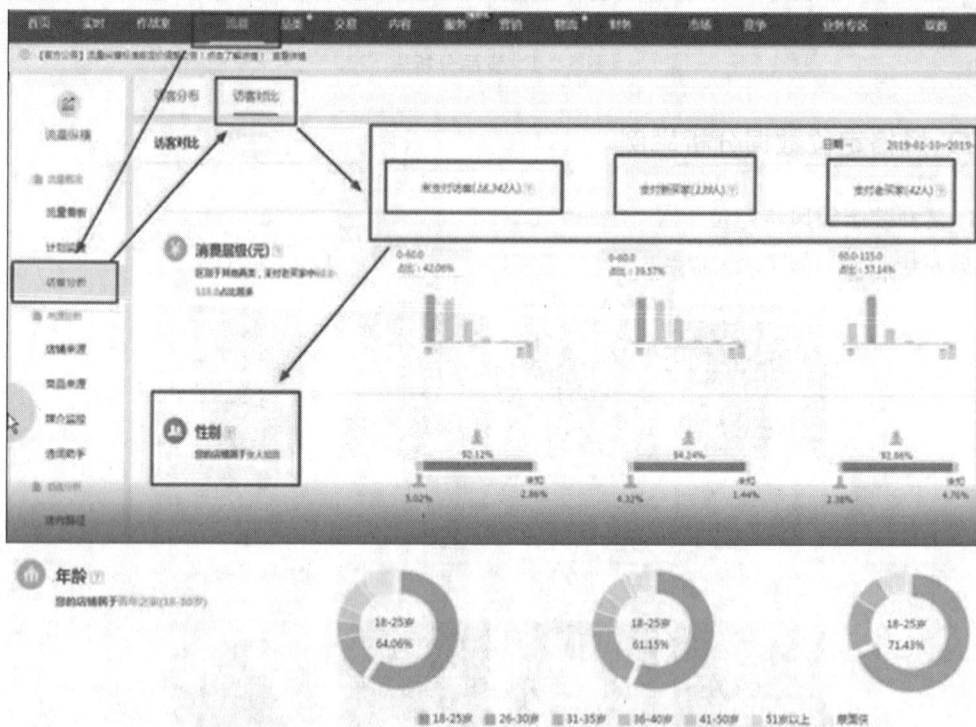

图 5-2-4　生意参谋访客数据

确定清新、俏皮、可爱、仙气十足成为店铺的整体风格。

2.某女装店铺风格定位优化

该店铺一月份支付买家数持续下降,2019 年 1 月支付买家数降至最低点41 人。经过风

格定位优化后，3 月份销售额提升，到 2019 年第 16 周销售额累计提升到 199 万元
（图 5-2-5）。

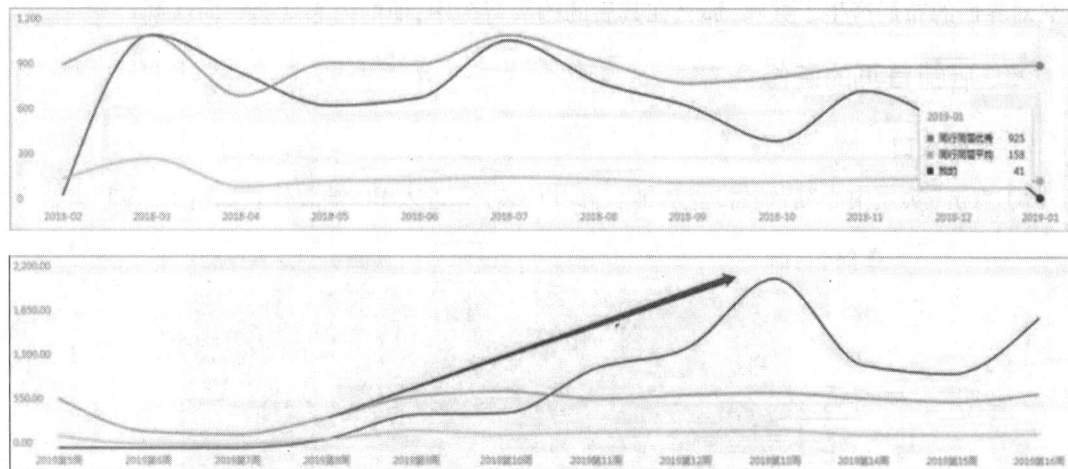

图 5-2-5　某女装店铺风格定位优化前后销售数据对比

第三节　PC 端店铺装修

一、店铺装修的重要性

在运营淘宝店铺的过程中，我们需要注重很多细节，比如我们需要进行关键词推广，但是对于点击率以及产品转化率的提升，就需要依靠良好的店铺装修。淘宝店铺良好的视觉效果会给买家带来良好的体验；淘宝店铺销售不同于传统店铺销售，在销售某一产品的时候，用户是看不到摸不到产品的，所以无法感知产品的质量，因此只有依靠图片或者视频的展示，才能够让用户知道我们产品的质量，好的店铺装修会让店铺的产品展示效果更好，而且也能够让产品卖点更加突出；并且消费者潜意识会认为装修好的店铺专业性、实力和信誉度会更高。

1. 网店装修可以起到一个品牌识别的作用

对于店铺来说，形象设计能使外在形象能够长期保持发展，为店铺塑造更加完美的形象，加深消费者对企业的印象。所以，在装修网店时，需要店铺有充满记忆点的网店名称、独具特色的网店标识和区别于其他店铺的色彩风格。有特色的店铺一方面令一个网络品牌容易被消费者所感知，从而产生心理上的认同感；另一方面，它也作为一个企业的 CI 识别系统，让店铺区别于其他竞争对手。网络这个虚拟的环境更凸显了店铺装修的重要性。

2. 出于空间使用率的考量

对于店铺来说空间产出率是衡量一个店铺效益的重要标准，因而需要尽力地增加有限空间产品的数量，并使得每件商品都能和消费者有接触。在网店环境的装修设计中，人机界

面的设计是最重要的,也就是用户界面的友好度。消费者第一次进入店面,虽然很难一下就让其对产品的优劣进行评定,但足以给消费者留下第一印象。若他一开始对界面产生了好感,对界面的布局产生了共鸣,那么在其后的购买行为中,他的内心就会趋向认同。

二、店铺首页的装修

1. 装修入口

①点击"卖家中心/店铺管理/店铺装修/PC装修"进入PC端装修页面(图5-3-1)。

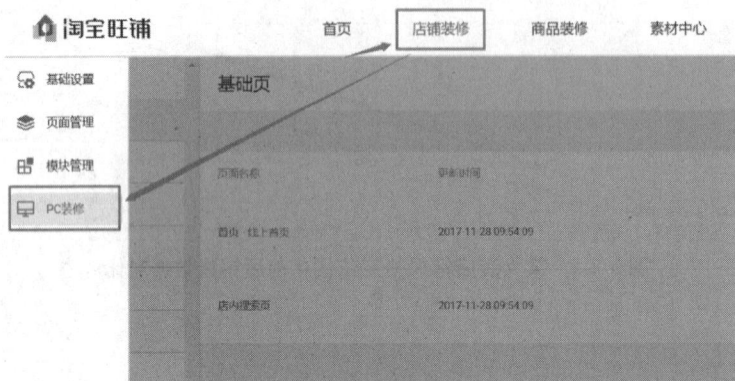

图5-3-1 PC端装修入口

②PC端装修包括基础页、宝贝详情页、宝贝列表页、自定义页、大促承接页、门店详情页、装修模板、宝贝分类,在左侧菜单栏均可点击编辑。如装修基础页,点击"基础页"后,在需要编辑的页面右侧会弹出"装修页面",点击即可开始装修(图5-3-2)。

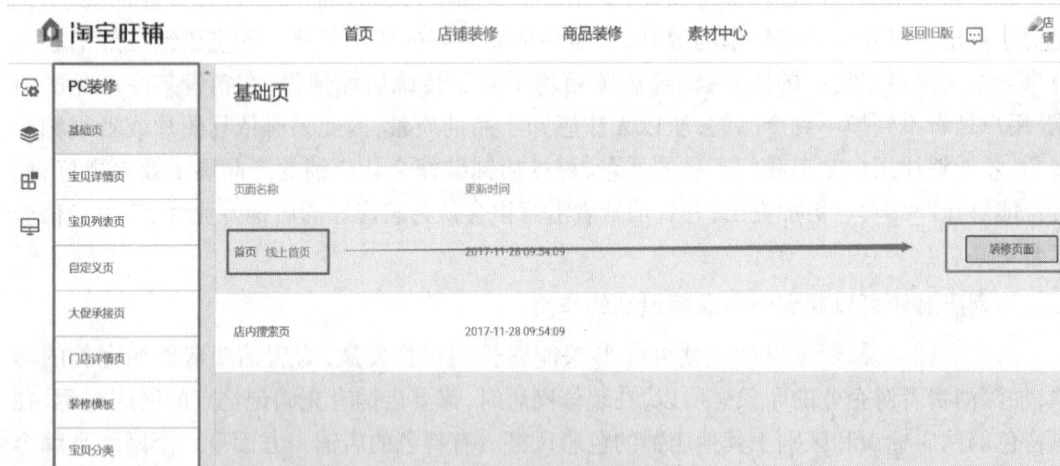

图5-3-2 首页装修入口

③进入首页装修页面后可点击"布局管理",首先对首页页面进行布局,可通过拖动左侧模块栏或点击各模块右侧调整或删除,对页面模块进行调整(图5-3-3)。

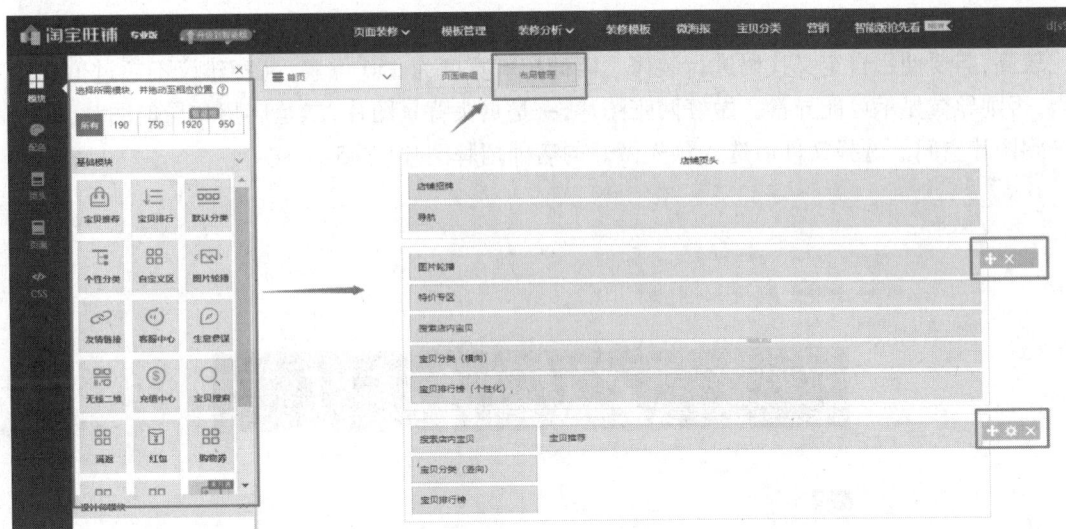

图 5-3-3　首页页面布局管理

④点击"页面编辑"也可调整页面布局,左侧的模块栏中的模块可通过拖动放置在右侧页面的合适位置进行编辑(图 5-3-4)。

图 5-3-4　首页页面编辑

2.店铺招牌

消费者进入店铺后会先看到位于顶端的店铺招牌(又简称"店招"),它让客户产生第一视觉印象,并且店铺招牌在每个页面都会显示,曝光率非常高。店铺招牌起到了说明、形象展示的作用。店铺招牌不要推荐过多产品和添加过多文字,这样显得烦琐和不美观。店铺名字和品牌 Logo 要醒目;加入店铺收藏;店铺招牌一定要体现店铺的风格,让客户能明白店铺所卖的是哪些产品,从而提高转化率。

①点击"编辑"对店铺招牌进行装修(图 5-3-5)。

图 5-3-5　店铺招牌编辑

②店铺招牌有两种类型,一种为默认招牌,一种为自定义招牌,自定义招牌对装修要求比较高,需要使用自定义代码进行装修。店铺招牌宽度为950像素,高度建议不超过120像素,否则导航显示可能异常。做好两张图片,一是页头背景图片,二是店招和导航图片,并上传到图片空间。选择文件后选入预先做好的店铺招牌图片(图5-3-6)。

图5-3-6 店铺招牌内容编辑

3. 导航栏

导航栏可以让消费者快速找到自己所要的东西的类目,相当于是网店的搜索入口,充分利用可以提高店铺的用户体验度。卖家也可以把自己要表达的重要内容添加在导航里,除了产品分类、爆款推荐和热卖推荐,公司故事、品牌理念、会员制度等都可以根据店铺实际情况进行设计。

①点击"编辑"对导航栏进行装修(图5-3-7)。

图5-3-7 导航栏编辑

②点击"导航设置/添加"可以添加宝贝分类、页面、自定义链接。店铺导航区最多可设置12项一级内容,但超过页面尺寸宽度部分将不展示,建议不超过7项(图5-3-8)。

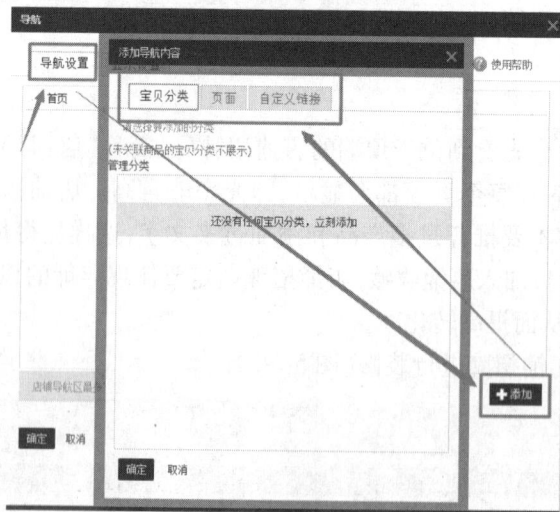

图5-3-8 添加导航栏

4.图片轮播

图片轮播是淘宝网标准版店铺的重要功能,所谓淘宝图片轮播,就是让多张宝贝宣传图片或者相关图片轮流出现来提高营销和宣传效果。这样就达到了利用最小的空间达到最大的宣传效果的目的。淘宝店图片轮播几乎是淘宝店铺必备的装修技巧和板块,是淘宝店铺重要的宣传手段。

①点击图片轮播"编辑"按钮(图5-3-9)。

图5-3-9　图片轮播编辑

②点击内容设置,点击图片地址旁图标可以插入"图片空间"图片。右侧操作可调整顺序或删除轮播图片,轮播图片最多可设置5张(图5-3-10)。

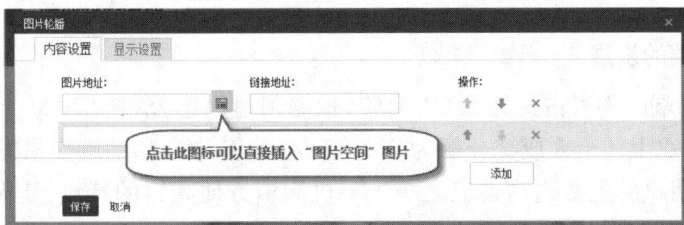

图5-3-10　图片轮播编辑

③插入图片空间中已经处理好的图片(图5-3-11)。

图5-3-11　插入轮播图片

④在"显示设置"中对是否显示标题、模块高度、切换效果进行进一步的调整(图 5-3-12)。

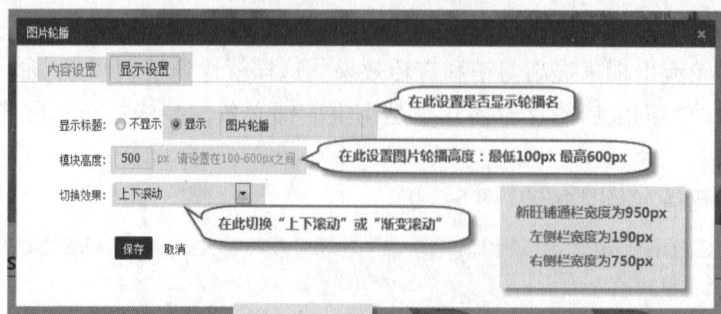

图 5-3-12　轮播图片显示设置

第四节　手机端店铺装修

一、手机端装修与 PC 端装修的区别

1. 淘宝手机端的发展

2020 年,移动端购物者占比达到 69.31%,根据阿里巴巴公布的 2020 年"双十一"全天的交易数据,天猫双十一全天成交金额为 912.17 亿元,其中在移动端交易额占比 68%。手机已经成为目前用户的主要购物渠道之一。手机淘宝方便购物的特点,让淘宝店铺的成交量转移到了手机淘宝店铺。

手机端和 PC 端用户行为机制如图 5-4-1 所示。

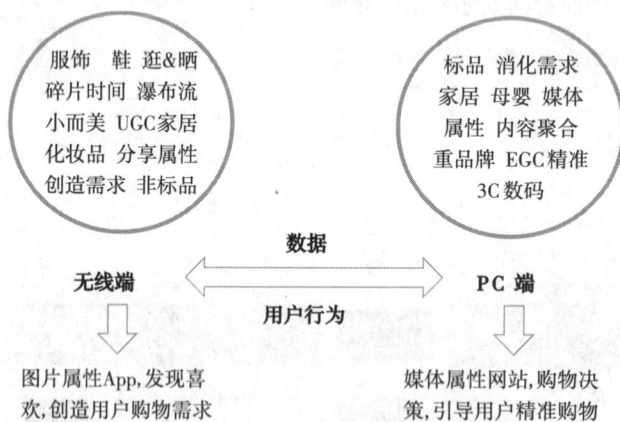

图 5-4-1　手机端和 PC 端用户行为机制

手机端用户行为机制的不同导致点击率、访问深度、转化形式等指标与 PC 端有较大差异,这些指标可以通过手机端店铺装修得以优化。

①点击率的不同:正常情况下手机端的点击率会高于 PC 端 5 倍左右,热门类目甚至更高。主要原因在于 PC 端的可视范围较大,消费者容易被其他因素吸引;手机端的可视范围

小,商品集中,更能提高销量。

②访客深度与时长的不同:手机端淘宝是不分时段和场合,有些 90 后买家有半夜逛淘宝的习惯。作为卖家不能放过任何提高销量的机会,推广投放时段选为智能化均匀投放,同时调整时间的折扣。

③转化形式的不同:PC 端转化形式普遍为咨询客服,甚至还会向卖家讨要赠品或折扣、砍价等情况,而手机端则是不需要任何咨询,马上下单付款。针对这种现象,卖家应该在店铺装修上多花点心思,注意详情页的细节、主图、模特图,给予买家对商品最想知道的信息。

④排名的不同:PC 端直通车展示位虽然比手机端要多,但流量太分散;而手机端展示位较少,流量集中,所以排名靠前,点击率也会增多。

⑤关键词的不同:手机端与 PC 端的关键词在设置上是不同的,手机端的关键词能获得好排名,PC 端的排名是相反的。因此,在推广和优化上,可以多参考系统推荐的关键词,搜索下拉框的词。

2. 千人千面的推广

手机店铺的装修影响到顾客的访问深度,装修效果较好的店铺一般停留率、顾客的成交率都会相对较高。淘宝对旺铺进行了智能化升级,鼓励卖家应用千人千面进行手淘店铺装修。千人千面是指根据顾客的特征和需求,为每个人提供个性化的店铺和宝贝展示。也就是说卖家设置好千人千面后,当买家进入店铺时会根据买家的需求展示店铺装修以及宝贝,这能够很大程度地提高店铺转化率。旺铺智能版正式把首页千人千面的能力赋予所有卖家,模块点击率平均提升超过 20%,成交转化率提升超过 40%,千次展现支付金额提升超过 50%。

3. 手机端和 PC 端装修的不同应用

(1)宝贝详情页

很多卖家的电脑端详情页都做得非常长,其中还有很多重复内容,所以这些详情页内容并不适合直接放置在手机端,一方面是因为这样过长的详情页会严重影响打开速度,另一方面就是如果详情页过长又没有重点的话,不仅会让买家看不到应该看到的内容,而且还会严重影响买家的购物欲望。所以在进行手机淘宝装修的时候,详情页的制作一定要尽可能地突出宝贝的特点或者卖家想要让买家知道的内容。另外,宝贝详情页在制作的时候,最好是能够保证在 6 到 8 屏,如果超过了 8 屏,就会让买家进入一个疲劳期,这样就很容易跳失。

(2)宝贝主图

在手机端宝贝主图的作用比 PC 端宝贝主图更加重要。因为在手机端,买家想要去查看宝贝详情页,就需要跨越几个屏去查看宝贝详情,所以很多买家仅仅是浏览一下宝贝主图以及宝贝的大致信息之后,就会决定是否会购买。手机端的主图可以放五张,而这五张到底是放什么内容,也就变得十分重要了,所以卖家在做手机淘宝装修的时候,就要在宝贝主图上多下功夫,对拍摄和文案进行一个优化。

(3)手机淘宝装修的整体设计

在手机淘宝上,因为空间有限,卖家要做的就是在装修的时候,尽可能地抓住买家的购物心理,促成店铺的转化,所以装修一定不要太复杂,尤其是详情页的设计,简单清晰的整体装修设计是最适合手机淘宝装修工作的。而且，一般使用手机淘宝的买家，都是利用自己碎片化的时间来寻找自己需要的东西的，因此在逛淘宝的时候就会更有针对性，所以想要让这些买家成功购买的话，一定要在第一时间将买家的注意力吸引住。

二、手机端淘宝装修

1. 装修流程

点击"卖家中心/店铺管理/店铺装修"进入手淘装修页面。页面装修主要由以下5大功能组成，包括容器列表、装修预览、模块编辑、展现规则设置、预览发布。其中容器列表和展现规则设置为新版页面装修所独有的功能（图5-4-2）。

图5-4-2　手机店铺装修页面

模式①：新建首页→拖入容器→创建模块→放置模块→保存页面→发布页面（类似旧旺铺）。

模式②：创建模块→新建首页→拖入容器→放置模块→保存页面→发布页面（全新的流程）。

2. 新版旺铺首页装修方式完整步骤（模式②）

①点击左侧"模块管理"，进入模块库。如果没有所需模块，点击"创建模块"（图5-4-3）。

图5-4-3　创建模块

②找到所需模块并点击，然后点击"确认创建"。保存模板并发布模板即可在模块库看到新创建的模块（图5-4-4）。

图5-4-4　发布模块

③点击"新建页面"，为页面命名（图5-4-5）。

图5-4-5　新建页面

④创建后找到该页面，点击"装修页面"。装修页面布局从左到右依次为模块容器区、页面预览区、布局管理区和模块放置区（图5-4-6）。

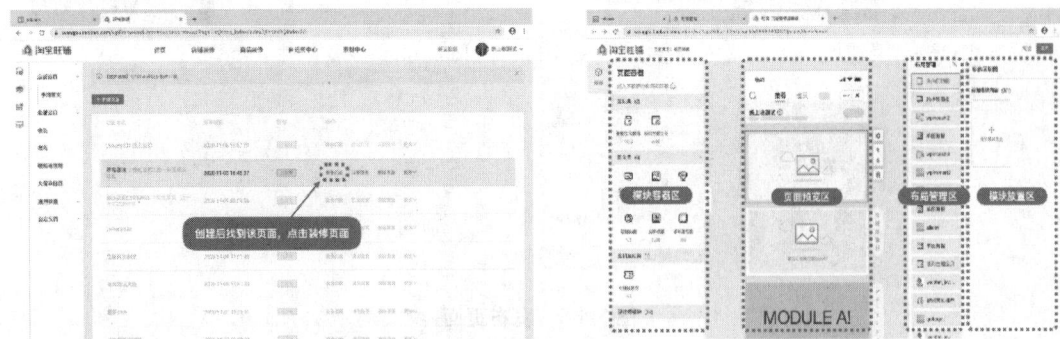

图5-4-6　装修页面布局

⑤将所需的模块容器拖动到相应位置。选中容器后，在右侧点击"添加模块内容"。选择创建好的模块，点击确认。可观看创建好的模块在页面的预览效果（图5-4-7）。

图 5-4-7　添加模块内容

⑥部分容器支持放置多个模块内容,存在多个时即自动"千人千面"。每个消费者进店后,看到的商品都是不同的,App 将会展现最适合该消费者的商品,提升店铺的转化率。检查页面内容后,点击"预览"或"发布"即可(图 5-4-8)。

图 5-4-8　发布页面

3.页面容器主要模块

(1)单图海报模块介绍

1)功能描述

单图海报是基础图文类模块之一,整张图片仅允许使用单个二跳页,并且支持圈选商品池自动生成微详情页作为二跳页;相较于多热区切图,单图海报更强调单张图片的表现力,信息的可读性比较好。

2）适用场景

①单商品引导成交：为推荐度最高的店铺商品进行表达强化和引导成交（直接使用商品详情页承接）。

②多商品引导成交：为店铺某类、某系列商品进行主题化表达和"种草"、引导成交（推荐使用微详情页承接）。

3）单图海报模块使用流程

①将"单图海报"从左侧容器列表拖拽至中间的页面装修预览区域。

②在右侧分别完成"模块名称""上传图片"和"二级承接方式选择"。

③全部完成后，务必先点击下方"保存"按钮后再进行页面的发布（图5-4-9）。

图5-4-9　单图海报模块

（2）系列主题宝贝模块介绍

1）功能描述

系列主题宝贝模块是今年全新推出的货架类模块，主要用于具备同类型心智的商品组合，圈选的商品池会自动生成微详情页作为二跳页（仅在点击模块的"查看全部"时触发）；相较于智能宝贝推荐模块，系列主题更强调"主题和系列"的统一表达（智能宝贝推荐在设计上仅强调列表的基础规范）。

2）适用场景

①系列商品组货：在平台行业/类目体系之外，根据商家/品牌进行"系列"的归纳并形成商品池（例如：某运动鞋在平台类目结构下属于"板鞋"，但某品牌可以将其归纳于"空军一号系列"）。

②主题商品组货：在平台行业/类目体系之外，根据商家/品牌进行"主题"的归纳并形成商品池（例如：某商家可以将"春季上新"作为一个主题，圈选出符合该主题的商品进行组合；也可以将"尾货清仓"作为主题）。

③榜单商品组货:在平台行业/类目体系之外,根据商家/品牌进行"榜单"的归纳并形成商品池(例如:某商家可以将"年度热销"作为一个榜单,圈选出符合该主题的商品进行组合)。

3)系列主题宝贝模块使用流程

①将"系列主题宝贝"模块从左侧容器列表拖拽至中间的页面装修预览区域。

②在右侧分别完成"模块名称""选择样式"和"主题标题"的内容填充。

③上传对应主题标题的氛围背景图(注意不同样式的氛围图尺寸有所差异)。

④全部完成后,务必先点击下方"保存"按钮后再进行页面的发布(图5-4-10)。

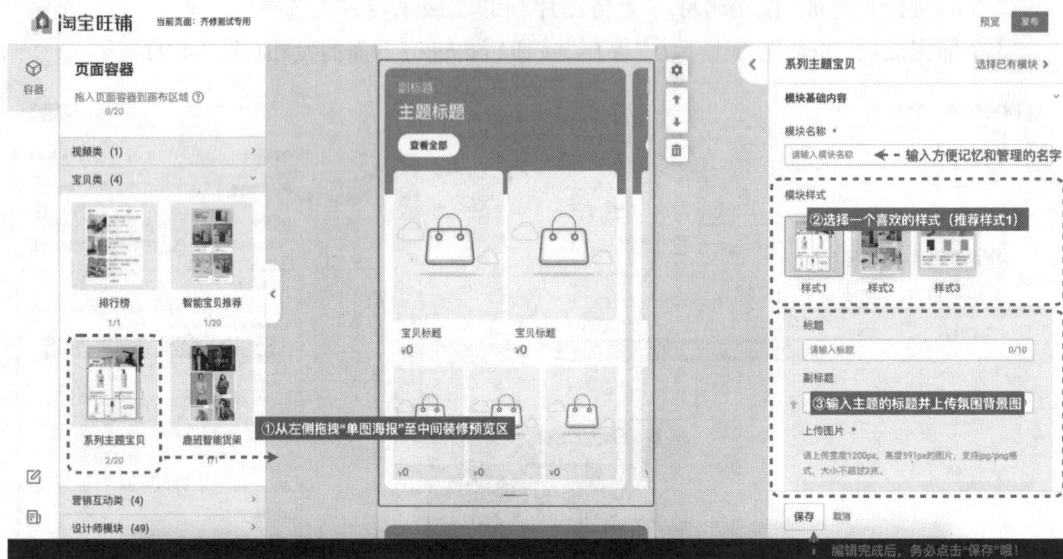

图5-4-10 系列主题宝贝模块

(3)轮播海报模块介绍

1)功能描述

轮播海报是基础图文类模块之一,单个模块内至多允许放置4张同尺寸的图片,每张图片允许关联1个跳转链接。

2)适用场景

适用于一组商品、一组主题的呈现。

3)注意事项

①同一模块内的图片尺寸必须保持一致。

②目前图片顺序为算法调控,与实际装修的顺序可能存在差异。

4)轮播海报模块使用流程

①将"轮播图海报"从左侧容器列表拖拽至中间的页面装修预览区域。

②在右侧分别完成"模块名称""上传图片"和"跳转链接"。

③全部完成后,务必先点击下方"保存"按钮后再进行页面的发布(图5-4-11)。

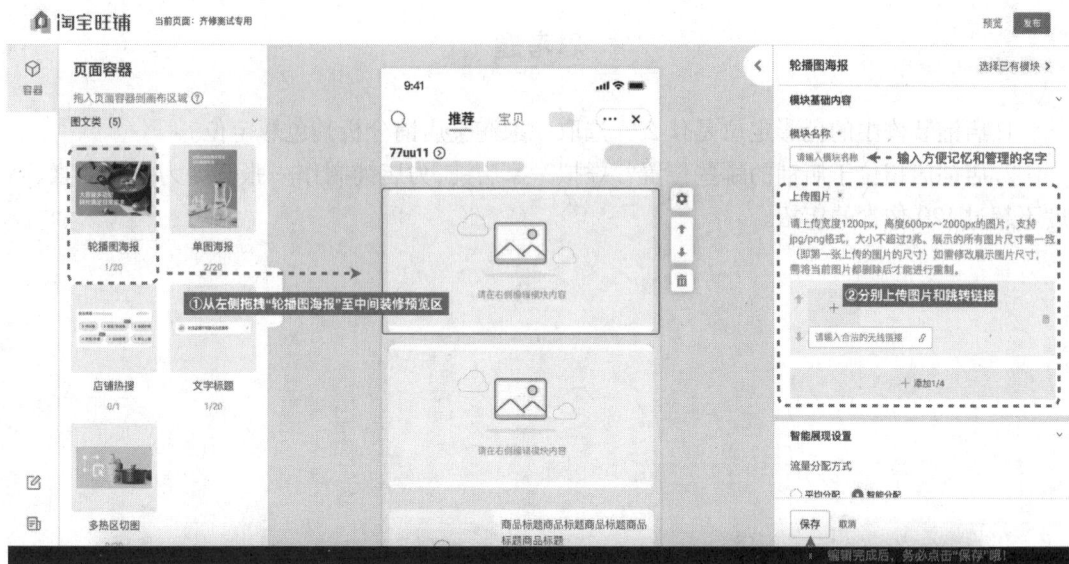

图 5-4-11　轮播海报模块

4. 店铺首页视频内容规范

（1）视频基础规范

①视频尺寸：支持三种封面图尺寸，9∶16、3∶4、16∶9，推荐优先使用9∶16竖版尺寸，视频流前台展示效果佳，消费者端沉浸式体验较好。

②视频时长：10秒~10分钟，建议控制在15秒~2分钟，节奏明快不拖沓。

③视频封面：支持两种封面图尺寸，3∶4的视频匹配3∶4的视频封面，16∶9的视频匹配16∶9的视频封面。

④画质要求：720P高清以上。

⑤视频大小：300 MB以内。

⑥视频格式：＊.mp4。

（2）标题规范

视频标题会透出到前台，直接影响用户的浏览/转化/点击等效果。

①标题字数8~16字，建议10个字以内，需围绕视频内容来写，表达视频核心和亮点，做到直观精简、生动有吸引力。

②标题内容需符合广告法，不能写商品标题、货号或让人看不懂的内容（例如标题出现乱码、纯英文或者数字），拒绝标题党或违背社会主义核心价值观和法律法规（标题带有不符合大众审美观的色情引导、带有地域或性别或职业等歧视相关、虚假夸大博人眼球和视频内容完全无关的表述等）。

思考题

1. 店铺装修中的色彩定位是什么？选取一家淘宝店铺分析其色彩定位。

2. 店铺店招位于店铺的哪些位置？虚拟一家店铺，为店铺制作一张宽度为 950 像素、高度不超过 120 像素的店招。

第六章
网店运营数据基础

第一节　淘宝数据分析概述

一、淘宝数据工具演变

2015 年以前淘宝网为商家提供过一系列数据工具,包括量子恒道、数据魔方、全景洞察和生意参谋。随着大数据技术体系日益成熟,大数据应用逐步深入到数据仓储、数据分析、数据挖掘、机器学习、人工智能等层面,淘宝网在 2015 年内即完成对原有分离的数据工具整合工作,将量子恒道和数据魔方合并到生意参谋中,成为商家端的统一数据平台。

2016 年 3 月整合后的生意参谋首度曝光,它从数据视角给商家运营提供可靠依据,在确保前台业务数据支持的同时,加强商家中后台数据的开发利用,力求对前台业务产生新的突破。2016 年,生意参谋累计服务商家超 2 000 万,月服务商家超 500 万;月成交额 30 万元以上的商家中,逾 90% 在使用生意参谋;月成交金额 100 万元以上的商家中,逾 90% 每月登录生意参谋达 20 次以上。

在整合以前,生意参谋的诞生可以追溯到 2011 年。据统计,从其诞生之日起至 2020年,生意参谋共服务商家用户逾 3 000 万,覆盖线上线下零售商(淘宝、天猫)、品牌商(零售通)、智慧门店、内贸批发商(1688)、内容创作者(微淘等)、东南亚国际商家(LAZADA)等多个业态商业用户。在淘宝、天猫商家中,拥有月交易量的商家,99% 以上的都在使用生意参谋,或者说它为 99% 的淘宝、天猫商家在运营决策时提供了必备的数据支撑。

二、生意参谋主要作用

生意参谋的主要作用就是方便卖家了解自己店铺日常经营数据和淘宝市场中同行的经营数据,从中发现自己店铺的经营问题,找到与同行优秀店铺之间的差距,分析造成问题和差距的原因,及时改进经营策略和方法,保证店铺持续正常运行,甚至使经营业绩不断增长。

关于生意参谋的作用,引用实战人士的几种说法便可见一斑:

①科学化运营——"生意参谋对于卖家科学运营店铺是不可缺少的。"

②反智化结果——"不用生意参谋,仍然可以做选品、做标题,甚至竞品分析等,要么靠直觉,要么靠其他类似的替代工具,但是最终效果都会大打折扣。"

③系统化要求——"现在淘宝越来越系统化了,开店也越来越离不开数据分析。"

④竞争化驱使——"一个人开淘宝店,如果不做任何数据分析,就等同于瞎搞,虽然也有做好的可能性,但怎么也玩不过那些靠数据运营的商家们。"

⑤稳定化发展——"一个合格的运营者,每天都需要不断分析各种数据,以保持店铺稳定、良性发展。一句话,无数据,不电商!"

三、数据运营基本逻辑

淘宝的许多卖家往往急于求成,普遍存在着一种开店流程式运营思路,即按照开店流程的顺序实施运营,其思维逻辑是:开网店—有产品—上架—如何卖。这种思维逻辑是从早期电子商务阶段遗留下来的,那时交易平台不多,开店的商家远未饱和,呈现所谓"信息高速公路车流量少"的蓝海境况,只要谁有合适的产品,一旦开店便能赚得盆满钵满,甚至先开店,有什么产品卖什么,也不至于亏损。这就导致一般人形成固有的惯性思维,挥之不去。

现代电子商务市场发生了天翻地覆的变化,交易平台众多、网商群体庞大、消费市场巨大等,致使竞争日益激烈,很难找到大块的蓝海市场,因此再采用上述开店流程式运营思路,则完全不能达到预期目标,甚至可能颗粒无收。目前实战讲师们共同推崇的思维逻辑是:有什么市场—选品—展现—如何分析。这个逻辑把开网店提升到更高的运营层面,清楚地说明开网店之前先须调查平台市场什么商品需求大,然后选择自己擅长经营的商品,重点考虑在什么渠道展现,经营过程中随时跟踪分析行情变化和自身问题,以便及时调整、优化、改进经营策略和方式。

实战经验表明,在整个网店运营过程中,每一个环节都离不开数据的支撑,因此要实现运营层面的思维逻辑,很大程度上得益于平台市场大数据的积淀,以及平台为商家开发提供的大数据应用工具,如淘宝网的生意参谋、京东商城的商智等。运用大数据工具开展网店运营可以做到精准分析、精准定位、精准营销和精准服务,成为当今电子商务运营的主流趋势,这里称之为电子商务数据运营,相应的思维逻辑可以称为数据运营逻辑,其形成过程如图6-1-1所示。

图6-1-1　网店数据运营逻辑演化示意图

四、常用运营数据类型

实战讲师们普遍认为，一般情况下网店运营只需重点关注以下几方面的数据：

1. 行业数据

行业数据反映某一商品类目下整个行业一段时间内运营数据的变化情况，能够对宝贝所处的大环境进行分析。当运营者选择新品上架前，需要了解这个宝贝的市场容量、利润大小、流量渠道、生命周期、用户特征和行业趋势，以便确定宝贝推广时所采用的定位、调性、卖点、定价以及进货时间、上架时间、下架时间等策略。常用的行业数据有淘宝指数（shu.taobao.com）、生意参谋/市场行情/行业大盘的一年或两年期宝贝类目交易指数，以及类目店铺排行、搜索人气、UV 价值、人群特征、购买属性偏好、价格偏好等。

2. 同行数据

同行数据反映与自己同类目商品、同级别店铺在一段时期内运营状况的相关数据，通过与同行店铺数据进行对比，可以找到相互的优势和不足，以利于取长补短，甚或将同行作为重要参考，快速提升自己的运营水平。通过生意参谋/市场洞察，能够看到同行的流量渠道、日访客数、引流关键词、成交关键词，以及引流关键词带来多少访客。用生意参谋/竞品分析还可查看同行的销量、评价、回购率、店铺活跃度。利用专业工具能够查到热销产品榜、总流量产品榜、热卖店铺榜、总流量店铺榜、热门搜索词及其飙涨搜索关键词，并从中看到同行热卖店铺的信誉度、交易指数（成交额）、买卖增长率和成交转化率指数值。

3. 店铺数据

店铺数据反映网店总体运行状况的数据，分为实时总览和实时趋势两个板块。实时总览中可以看到当天网店运行的实时数据，包括 PC 端及手机端（切换两者的标签页进行观看）的访客数、浏览量、支付金额、支付子订单和支付买家数，还能看到宝贝类目下的支付金额、访客数、支付买家数三个指标的行业排名，以及 TOP 10 卖家的平均值，据此分析这个类目下的市场容量和自己与 TOP 10 之间的差距。在实时概况下面是实时趋势，包含分时段趋势图和实时累计图，可以直观地看出今天和对比日的数据（对比日可以选择）对比，发现人流量高峰期，以便合理优化宝贝的上、下架时间。此外，实时总览之下的实时来源（流量来源）、实时榜单和实时访客都是反映网店整体状况的重要数据。

4. 宝贝数据

宝贝数据反映每一个宝贝推广、展现、受访和交易等状况的数据，包括每件宝贝的访客数量、浏览量、详情页跳出率、下单转化率、支付金额和支付件数。从淘宝生意参谋的"品类（罗盘）/商品360"，可以看到上述关于每一个宝贝的各项指标，同时可以看到宝贝的"流量来源""销售分析""标题优化"和"客群洞察"等，如图 6-1-2 所示。一般而言，一个新品的考察周期是 28 天（分为 4 周），第一个周期考核宝贝的人气指标，即收藏加购、点击率；第二个周期考核售后指标和宝贝转化率、确认收货的好评和单品转化率；第三个周期考核宝贝的增长趋势或宝贝转化递增；第四个周期考核宝贝的稳定性，即流量转化是否持续稳定。

图 6-1-2　淘宝生意参谋品类罗盘/商品 360/流量来源界面示例

五、数据运营实例分析

粗略知道生意参谋等数据工具的作用后,仍然不清楚具体如何应用,下面通过实战讲师蒋晖先生在网上公开发文中的实例,解决这个困惑。

他认为网店运营推广是一个分阶段实施的调查分析和实际操作过程,应当制订一个运营推广计划,其中包括市场调查、竞争分析、顾客分析、产品规划、营销方案、推广方式和客户体验 7 个阶段。

不同阶段重点关注的数据是不一样的:

①市场调查阶段重点关注行业数据。

②竞争分析阶段注重查看同行店铺与宝贝的数据。

③顾客分析阶段主要关注消费特征和顾客需求方面的数据,多属于行业数据。

④产品规划阶段要知晓店铺风格、买家偏好、产品要素、价格和 SKU 等方面的数据,兼顾行业数据和同行数据。

⑤营销方案阶段需要掌握宝贝描述、促销活动、单品促销方式和关联销售方面的数据,侧重宝贝数据和店铺数据。

⑥推广方式阶段应当关注免费推广方式和付费推广方式方面的综合数据,它们寓于行业数据、店铺数据和宝贝数据中。

⑦客户体验阶段则注重视觉效果、客服反馈、发货速度、产品包装、收货评价、小礼品、退换货流程等方面的数据,主要属于店铺及宝贝运行数据。

为自己店铺进行诊断时,首先要注意发现近期店铺出现的异常情况,例如流量下滑、转

化率下降等,然后利用数据工具针对异常现象作进一步剖析,最后找到原因,精准地加以改进。诊断过程示例如下:

①打开生意参谋,看到店铺当天的销售额、访客量和转化率等数据,如图6-1-3所示。

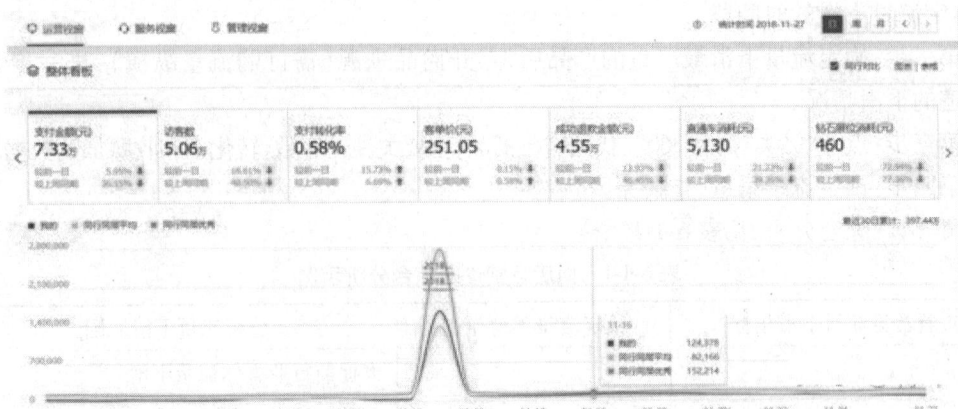

图6-1-3　淘宝生意参谋/运营视窗/整体看板的店铺数据页面

②接着打开生意参谋的流量纵横,看到店铺内各个单品最近7天的访客数,如图6-1-4所示,以及该单品流量渠道的构成情况,如图6-1-5所示。

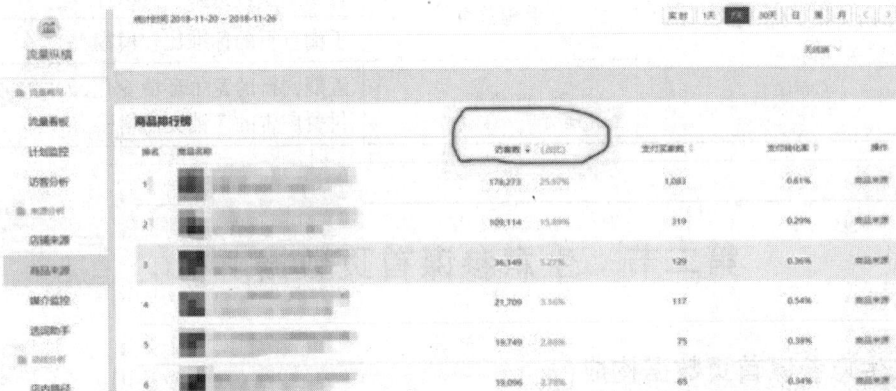

图6-1-4　淘宝生意参谋/流量纵横/关于店铺某单品近7天访客数

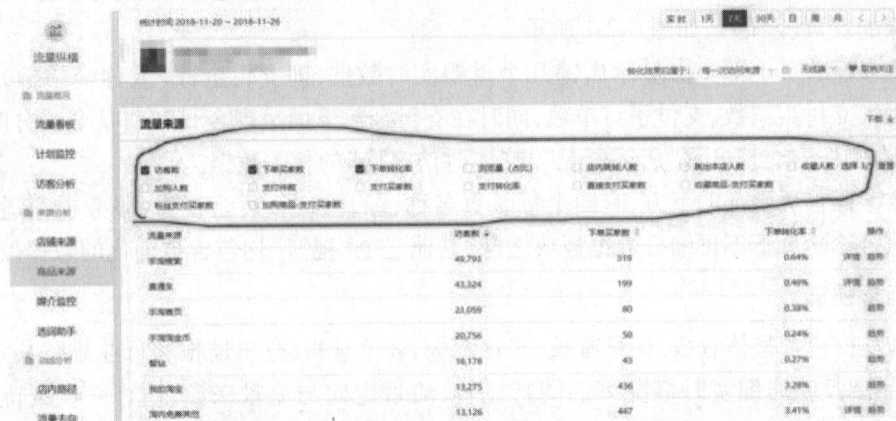

图6-1-5　淘宝生意参谋/流量纵横/商品来源/关于单品流量渠道构成情况

③发现问题:假设在"生意参谋/运营视窗"中发现店铺从正常流量3 000 ~ 4 000个访客/天,现在直降到1 000多个访客/天。

第一步:打开生意参谋,查看商品来源,找出哪个商品流量下滑最严重,再选择查看时间段,确定流量下滑的时间段。

第二步:确定流量下滑最严重的产品后,点开商品来源(需订购流量纵横),进一步看流量渠道的下滑情况。

第三步:点开"品类/商品360",找到这款商品,主要关注访客数、转化率和收藏加购数据。

第四步:锁定流量渠道,查找原因。

第五步:综合分析,见表6-1-1。

表6-1-1　网店运营诊断综合分析示例

查看常见流量下滑指标	锁定流量下滑渠道	分析流量下滑原因
(1)自己店铺近期销量下降; (2)同行店铺近期销量上升; (3)店铺转化率下降; (4)商品近一周的转化率、销量及收藏加购关联下降; (5)店铺层级下降	手淘搜索	大促前行业整体流量下滑
		受季节、地域、节日因素影响
		近期有差评
		近期更换图片
	手淘首页	近期更换首页第一张图片
		手淘首页的标准比较模糊
	直通车	近期同行的竞争环境变化,如同类目投放付费广告的店铺突然增多

第二节　生意参谋首页数据解析

一、生意参谋首页数据构成

从淘宝网店卖家中心右侧栏目的"数据中心"下可以找到"生意参谋",点击进入后看见生意参谋的首页(上部),如图6-2-1所示。

生意参谋首页上部突出显示店铺几个重要实时数据,即支付金额(或称交易额)、访客数、浏览量、支付买家数、支付子订单数,同时在支付金额下面呈现今日和昨日全天分时趋势图,还在右侧框内交替显示"店铺概况"与"实时访客榜"的相关数据。

生意参谋首页上部的下方,有四个标签页名称:综合诊断、运营视窗、服务视窗、管理视窗。除综合诊断页下不再细分数据板块之外,其他三个"视窗"均包含更细化的数据板块。

1. 运营视窗

运营视窗包含整体看板、流量看板、转化看板、客单看板、竞争情报和行业排行共六个数据板块,主要反映店铺实时概况下的同行比较、流量走向与流量来源、访客—收藏转化、访客—加购转化、访客—支付转化、订单分布统计、竞争流失状况与竞店发现、店铺—商品—搜

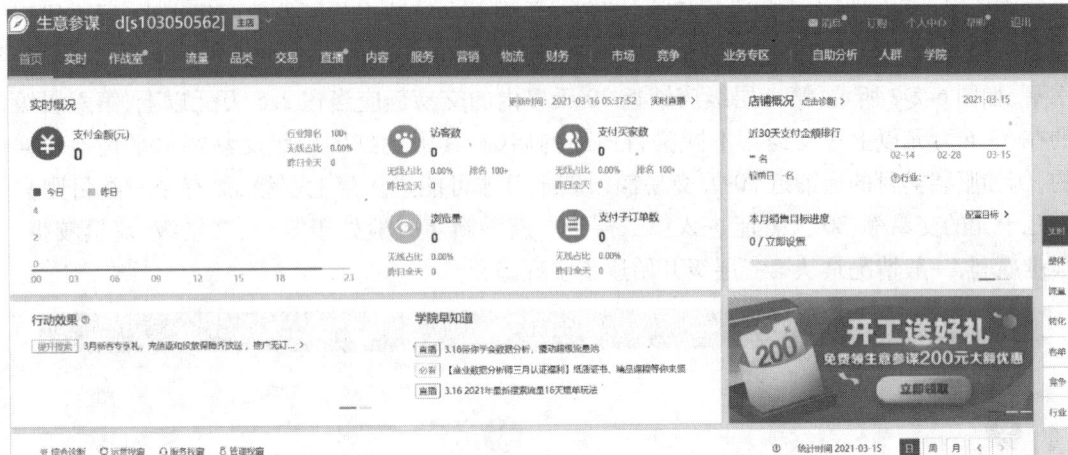

图 6-2-1　生意参谋首页上部数据构成

索词的行业排行。

2.服务视窗

服务视窗包含服务体验、咨询看板、评价看板、退款看板共四个数据板块,主要反映纠纷、投诉、咨询、客服、退款、评价方面的情况。

3.管理视窗

管理视窗包含整体看板、流量看板、推广看板、退款看板、财务看板、类目看板、竞争情报、行业排行共八个数据板块,主要反映销售目标完成情况、流量走向与来源、推广金额消耗情况、退款金额及其原因、店铺盈亏情况、类目相关情况、竞争流失状况与竞店发现、店铺—商品—搜索词的行业排行。

二、生意参谋首页数据看点

1.支付金额

支付金额即实时交易额或成交额,其下面的实时交易趋势图中,蓝色线条代表今日实时交易趋势,灰色线条代表昨日同时段交易趋势,两者对比容易看出:如果今日趋势线高于昨日的,属于正常状态,反之则需要进一步查找异常的原因,例如受行业大盘影响或店铺自身不适宜变更等。

2.访客数和浏览量

访客数是指实际进店的独立顾客数量,浏览量则反映访客进店后查看了多少个页面,等同于访客查看了几个宝贝。一般情况下访客数小于浏览量,实际运营中如果浏览量是访客数的 2~3 倍以上,表明运营状态正常或良好,否则存在需要改进的问题。例如,如果访客数与浏览量相等,意味着一个访客平均只浏览一个宝贝,暴露出店铺的宝贝们之间缺乏关联性,提示运营者需要重点调整宝贝种类,让宝贝与宝贝之间增强功能匹配关系。

3.店铺层级

在店铺概况板块的"近 30 天支付金额排行"之下,可见店铺层级信息展现框,如图 6-2-2

中红圈所示。展现框内中间是层级线,蓝色线段表示本店铺当前所处的层级水平,层级线下面是一组与各个层级相对应的数值,表明每一层级近 30 天以内应当达到的行业平均交易额水平,如图 6-2-2 所示,第三层级店铺近 30 天以内的交易额应当在 2.5 万元以上,第六层级的在 53.6 万元以上等。经营不同类目商品的店铺,其须达到的层级交易额水平是不一样的,例如服装类目的店铺近 30 天交易额须破千万才可能进入第七层级,而有个别类目则只需几十元的交易额/30 天就能进入第二层级。新手新店一般处于第一、二层级,流量较少,很难赢利,一般情况是从第三层级开始逐步实现赢利。

图 6-2-2　生意参谋首页店铺概况层级信息展现框

4. 客单价

"生意参谋首页/运营视窗/整体看板"中可见该指标,如图 6-2-3 所示。客单价=支付金额/支付买家数。客单价越高,越容易推高交易额,由于淘宝平台对店铺状况重点考核近 30 天的交易额,因此高客单价有利于提升店铺的排名权重。经营低客单价商品的店铺,要积极考虑采用多买多送、套餐搭配等方式,将低客单价商品转变为高客单价组合品出售,能够有效提升店铺业绩。

5. 支付转化率

支付转化率表示在到达店铺的访客中最后能够下单购买商品的人数比例。该指标越高说明店铺赚钱的能力越强,同时还能得到淘宝平台鼓励性引流支持,使店铺运营轻松自如、事半功倍。在"运营视窗/整体看板"中,各项指标下面都能看见相应的同行对比趋势图,支付转化率指标也同样如此,如图 6-2-3 所示。其中,蓝色线条表示自己的支付转化率水平,黄

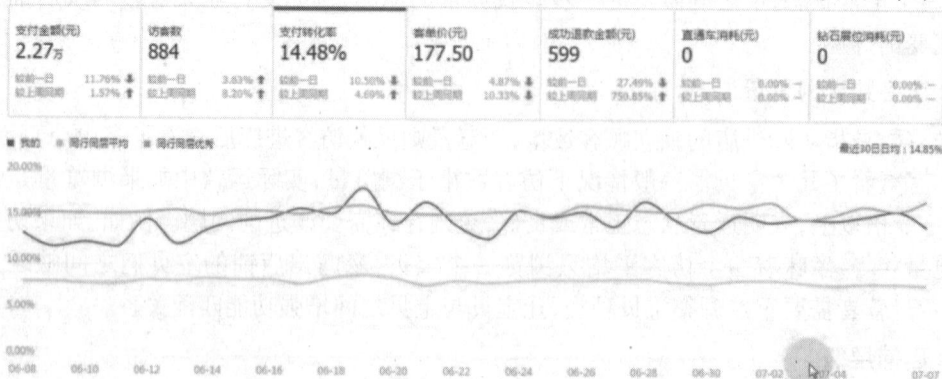

图 6-2-3　生意参谋首页/运营视窗/整体看板/客单价及支付转化率与同行对比

色线条表示同行同层平均水平,橘黄色表示同行同层优秀水平。如果自己的趋势线低于同行同层平均线,则应当深入查找原因并及时改进。

6. 流量来源

"生意参谋首页/运营视窗"的第二板块是流量看板,包含一级流量走向图、二级流量来源以及跳失率、人均浏览量、平均停留时长、搜索词排行的数据,如图6-2-4所示。一级流量是指流量来源的一级类目,包括淘内免费、付费流量、自主访问、其他来源、站外投放、淘外App和淘外网站,二级流量来源则是指某个一级流量来源的子类目,如图6-2-4中显示的一级流量——淘内免费之下,二级流量来源包括手淘搜索、我的淘宝、购物车、淘内免费其他、手淘旺信。其中两个数据(图6-2-4中圈红框处)值得关注:一是"手淘搜索"访客数排列第一,说明来自手淘的自然流量举足轻重;二是"我的淘宝"访客数排第二,其下单转化率却最高,说明老客户重复购买的力度不可小觑。如果手淘搜索的访客数和我的淘宝下单转化率不是这样排列的,则说明店铺的基本功还不够深厚,需要练好内功。

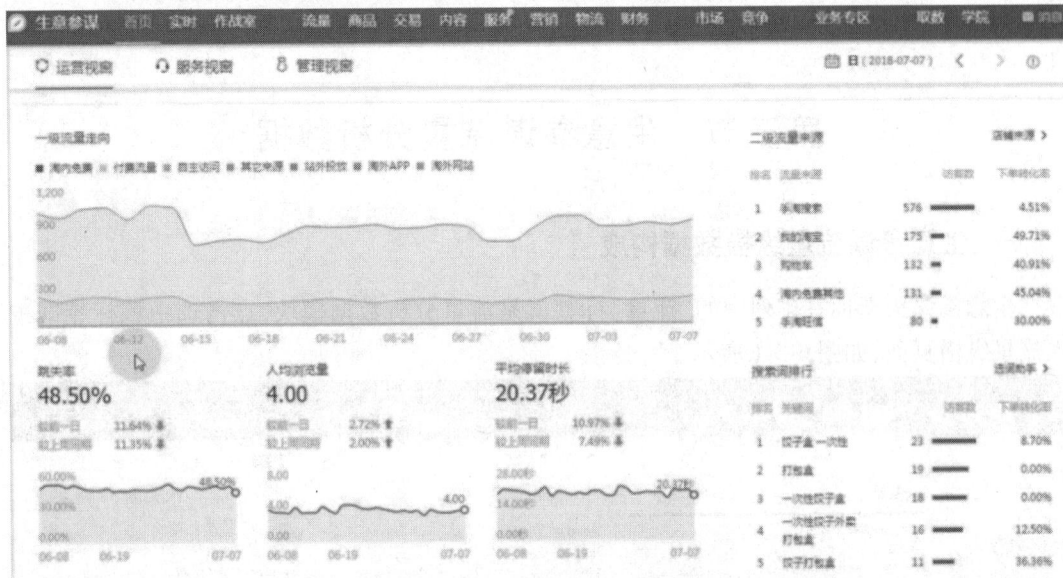

图6-2-4　生意参谋首页/运营视窗/流量看板数据及走向图

7. 转化看板

"生意参谋首页/运营视窗"的第三板块是转化看板,如图6-2-5所示。这里可见访客—收藏转化率、访客—加购转化率、访客—支付转化率,下面还列出店铺宝贝的访客榜、加购榜/收藏榜、支付榜。这样呈现数据的目的是让运营者密切关注新客户逐步转化的四个关键环节,即来访、加购、收藏和支付,也体现新客户转化的逻辑过程。如果其中哪一个数据不理想,说明需要对这个环节的工作加以改进,而访客榜、加购榜/收藏榜和支付榜则可以为改进工作细化到店铺的每一个宝贝上,并提供查找原因的依据。

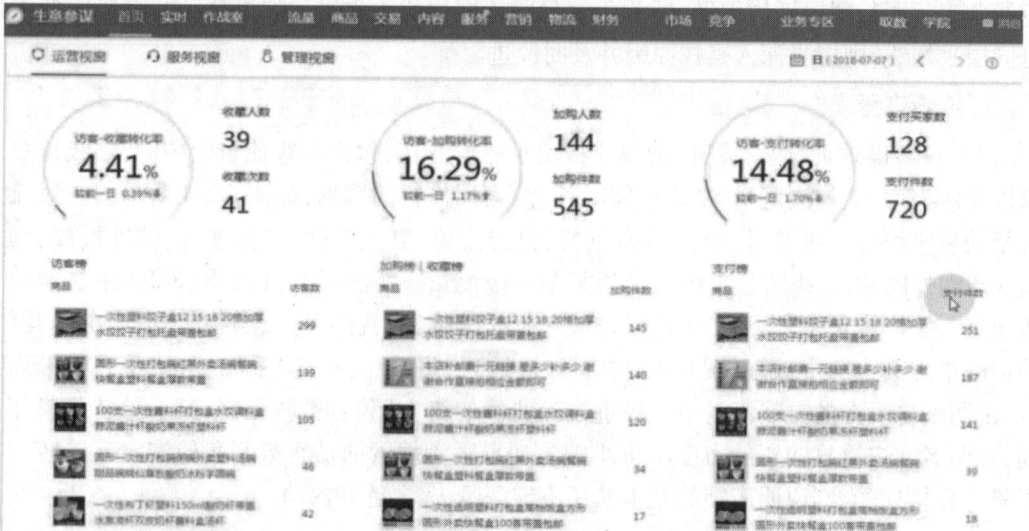

图 6-2-5 生意参谋首页/运营视窗/转化看板数据

第三节 生意参谋流量分析数据

一、生意参谋流量纵横数据构成

生意参谋头部标签排列中的"流量"标签就是流量分析数据模块,点击选中该标签即进入流量纵横页面,如图 6-3-1 所示。

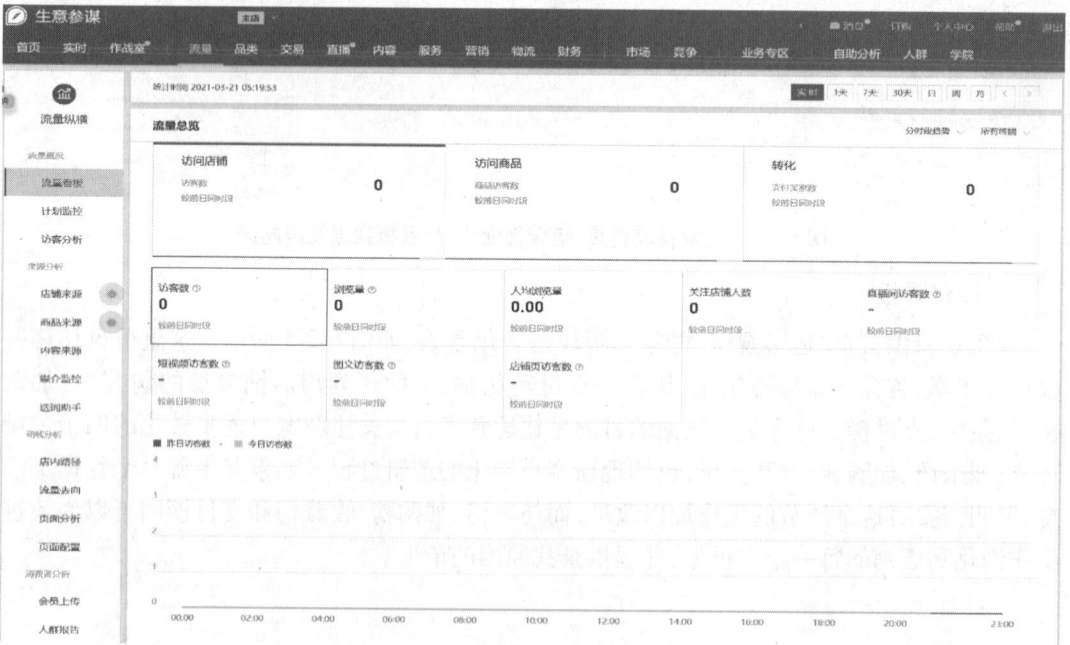

图 6-3-1 生意参谋流量纵横打开页面

在流量纵横打开页面的左边,可见相关数据板块列表,包括流量概况(流量看板、计划监控、访客分析)、来源分析(店铺来源、商品来源、内容来源、媒介监控、选词助手)、动线分析(店内路径、流量去向、页面分析、页面配置)、消费者分析(会员上传、人群报告)。流量纵横的每一个数据板块与生意参谋首页的数据板块既有相同的数据(如访客数等),也有不同的数据(如商品访客数等),呈现相同的数据是为了切换不同板块时方便查看关联数据所特意设计的。下面针对流量纵横一些不同数据看点和常用数据板块进行阐述。

二、流量纵横/流量概况数据看点

1. 商品访客数与人均浏览量

"流量纵横/流量概况/流量看板/流量总览"中的头部所列数据,与生意参谋首页的实时数据和流量看板有所不同,特别是新出现的"商品访客数"和"人均浏览量"两个指标。

其中,商品访客数表示实际查看过店铺里某些商品的来访者人数,通常情况下商品访客数小于访客数,反映了从访客到商品访客的转化过程。如果出现商品访客数大大小于访客数的异常情况,说明可能店铺的定位与商品的选择存在较大的错位,值得深究。

人均浏览量表示访客平均查看店铺页面的数量,又称客户访问深度。这个指标越高说明店铺的商品及其页面对访客越具有吸引力,且更富有联想性,这种情况不仅能够使访客从店铺首页向纵深看主图、详情页等,还能促使访客查询更多关联宝贝,反之则需要对宝贝展现方式和关联性进行调整。

2. 访客分析模板

"流量纵横/流量概况/访客分析"中有"访客分布"和"访客对比"两个标签页,如图 6-3-2 所示。其中,访客分布标签页内又细分为时段分布、地域分布(访客数占比排行 TOP 10、下单买家数排行 TOP 10)、特征分布(淘气值分布、消费层级、性别、店铺新老访客)和行为分布(来源关键词 TOP 5、浏览量分布)四个数据板块。访客对比标签页内包括三个指标,即未支付访客、支付新买家、支付老买家。

3. 访客分布/时段分布

如图 6-3-3 所示,不同时段的访客数分布是通过两条曲线表现其变化情况的,当用鼠标在曲线上滑动时,会展现数据信息框,其中包含两个变动的数据指标,即所有终端的下单买家数和所有终端的访客数。图示案例中,可以看到 7 天内所有终端的下单买家数和所有终端的访客数的变化趋势,运营实战时往往以此作为商品上、下架时间和直通车投放时间选择的依据。例如,通常商品上、下架时间设置在访客数高峰期时段,而直通车投放则应选择在访客下单数较高的时段内。

4. 访客分布/地域分布

这里可以看到各个省区访客数占比排行 TOP 10 和下单买家数排行 TOP10,如图 6-3-4 所示。这些排行在前的地区是运营者必选的优先辐射范围,应当安排可靠的物流送达服务,甚至在这些地区增设货品仓储配送点,满足重点地区及时送货的要求,促进该地区业务良性增长。同时,若要采用直通车推广,这些地区也是重点投放地区。

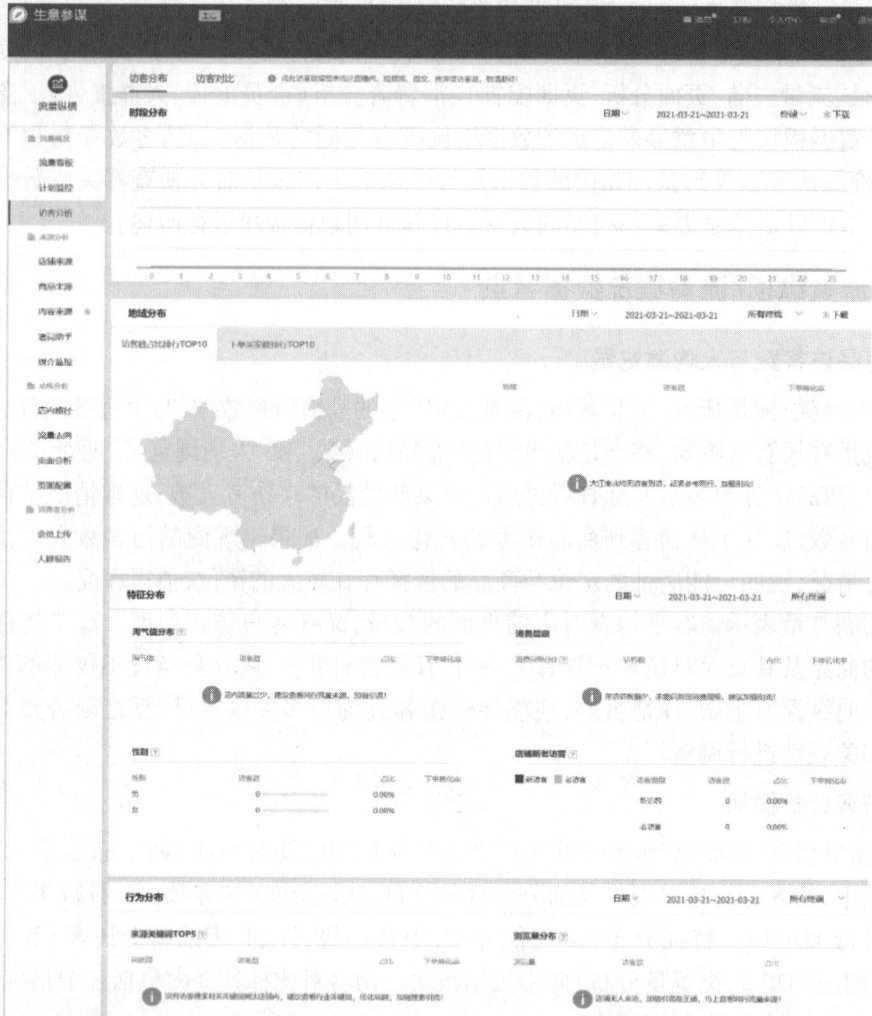

图 6-3-2　生意参谋流量纵横/访客分析

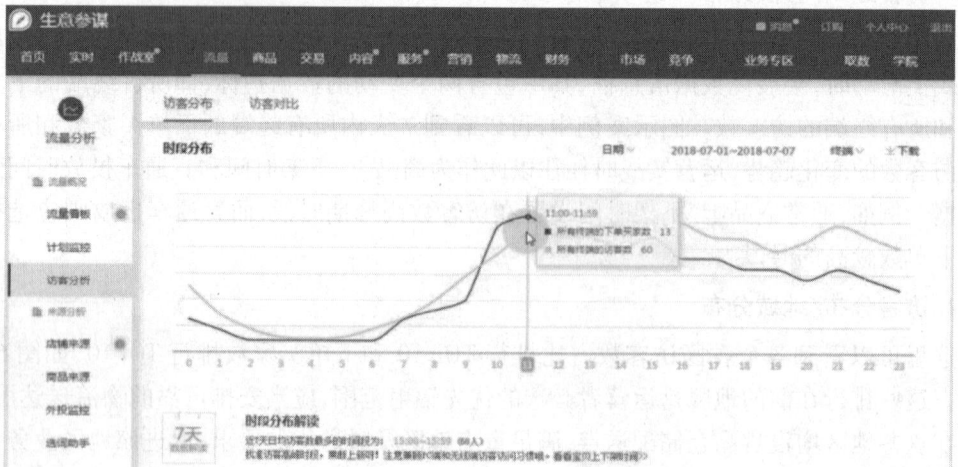

图 6-3-3　生意参谋流量纵横/访客分析/时段分布

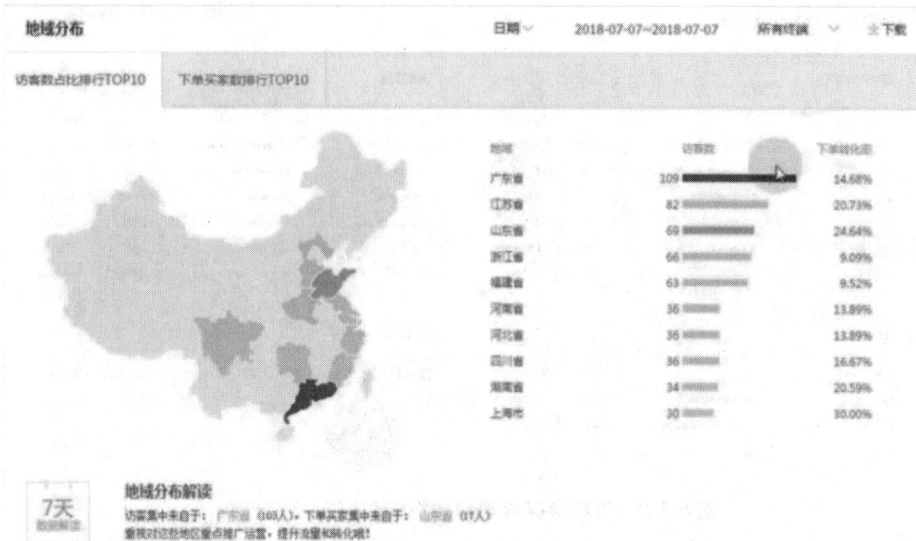

图6-3-4　生意参谋流量纵横／访客分析／地域分布

5. 访客分布／特征分布

这是关于访客特征的数据,其中淘气值有重要参考意义。淘气值是根据用户过去12个月在淘宝购买、互动、信誉等表现行为的记录,通过综合计算而得到的分值,用以衡量网店用户行为表现的质量高低。淘气值分为6个区段,包括"400及以下""401~500""501~600""601~800""801~1 000""1 000+"。如图6-3-5所示的淘气值分布图中,各区段的淘气值是按照访客数实时大小从上到下顺序排列的,长短不同的蓝色线条直观体现出各个区段的访客数大小。淘气值较高的用户越多,对网店权重提升的作用也越大。实战运营中,重点观察淘气值在801以上的两个区段,如果这两个区段的访客数占比达到30%以上,说明网店用户的表现行为是健康的,反之则说明网店用户的表现行为不良,需要及时检查原因和改进。

再如图6-3-5所示,与淘气值分布的统计和呈现方式类似,消费层级是按照不同消费额的范围分为6个区段,并且以各区段的访客数实时大小从上到下顺序排列的。消费额区段包括"0~20.0""20.0~40.0""40.0~75.0""75.0~145.0""145.0~265.0""265.0以上"。图中显示,消费层级越低的区段(如0~20.0),其下单转化率越低(如4.79%);反之,消费层级越高的区段(如265.0以上),所对应的下单转化率相应越高(如30.39%)。显然,消费层级越高的用户群是网店运营者重点维护的对象。如果消费层级较低的用户偏多,可以考虑采用直通车等付费推广方式调整引流方向,吸引更多优质用户到来。

关于性别特征分布,一般不容易发生异常情况,男性用品以男性用户为主,女性用品以女性用户居多。如果偶然出现用品特性与男女比例失调的情况,则需要检查宝贝标题中的关键词,或图片中的文案表达等方面,是否过多使用了与商品所适应的性别相反的元素,并加以改进即可。

在"店铺新老访客"栏下,可见新、老访客占比的圆饼图,以及新、老访客的访客数、占比值和下单转化率。通常,老客户的转化率(如20.51%)高于新客户的(如13.82%),因此维

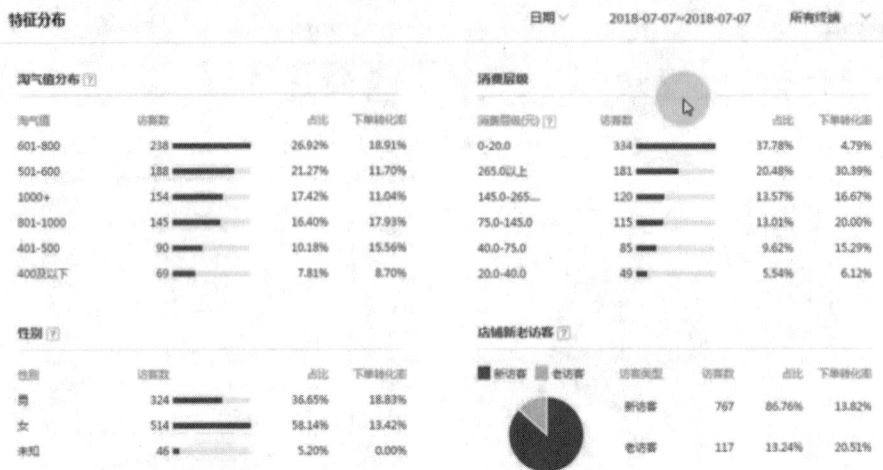

图 6-3-5　生意参谋流量纵横/访客分析/特征分布

护好老客户具有长远的价值。经验分享,正常情况下老客户的占比应当达到 20% 以上,如果低于这个占比,网店运营会比较艰难。

三、流量纵横/来源分析数据看点

1. 流量纵横/来源分析/店铺来源构成

该模板包括"构成""对比"和"同行"3 个标签页,对于新店新手而言首先需要熟悉"构成"标签页中的"流量来源构成","对比"标签页里则主要对"流量来源构成"中的各个渠道进行比较,而"同行"标签页的数据主要与竞争同行店铺的数据有关,需付费购买。下面重点谈谈"流量来源构成"的数据看点,如图 6-3-6 所示。

2. 流量来源数据显示及其分类

在流量来源构成页面的"流量来源/选择指标"中,罗列出"访客数""下单买家数"和"下单转化率"等 19 项可选指标,用于呈现各个流量来源渠道的 19 项数据。由于电脑屏幕尺寸的限制,生意参谋系统只允许同时选择 3 ~ 5 项指标,即同时对各个流量渠道显示 3 ~ 5 项数据,默认选项是排在最前面的"访客数""下单买家数"和"下单转化率"。

在图示右侧"流量来源"下面纵向列出流量渠道的 8 大分类:自主访问、付费流量、淘内免费、海外网站、海外 App、其他来源、海外媒体、大促会场。其中,自主访问、付费流量和淘内免费对新店新手尤其重要。

3. 淘内免费渠道细分及其看点

淘内免费是指淘宝平台为店铺免费提供的推广渠道,如图 6-3-7 所示案例中可见到的免费渠道有手淘搜索、淘内免费其他、手淘旺信、手淘消息中心、手淘问大家、手淘其他店铺商品、详情、手淘微淘、手淘首页、手淘我的评价、手淘拍立淘、手淘其他店铺、手淘找相似、手淘淘金币、WAP 淘宝、手淘扫一扫、手淘有好货、手淘卡券包。

要想网店长期稳定地赢利,应当保持淘内免费流量占据较大比重的地位。如果出现淘

统计时间 2021-03-30 ~ 2021-04-05

实时 1天 **7天** 30天 日 周 月 自定义 < >

转化效果归属于: 无线端

构成　对比　同行

流量来源构成 ①

近7天，店铺整体访客数-，较日常平均下降-，店铺整体支付转化率0.00%，建议结合具体渠道表现进续优化策! ①

选择维度（选择新客、老客、会员维度，可以区分查看该维度下各渠道访问及转化等数据，了解详情»）

● 整体　● 新客　● 老客　● 会员

流量来源
选择指标

☑ 访客数　　☑ 下单买家数　　☑ 下单转化率　　☐ 引导短视频访客数　☐ 引导商品访客数　☐ 新访客数　　☐ 关注店铺人数　　选择 3/5 重置
☐ 商品收藏人数　☐ 加购人数　　☐ 下单金额　　☐ 支付金额　　　☐ 支付买家数　☐ 支付转化率　☐ 客单价
☐ UV价值　　☐ 直接支付买家数　☐ 收藏商品-支付买家数　☐ 粉丝支付买家数　☐ 加购商品-支付买家数

● 亲，您尚未订购对应的流量纵横产品，无法查看部分指标！立刻升级 »

流量来源	访客数 ①	下单买家数	下单转化率	操作
自主访问	0	0	0.00%	趋势
付费流量 ①	0	0	0.00%	趋势
淘内免费	0	0	0.00%	趋势
淘外网站	0	0	0.00%	趋势
淘外APP	0	0	0.00%	趋势
其它来源	0	0	0.00%	趋势
淘外媒体	0	0	-	趋势
大促会场 ①	0	0	0.00%	趋势

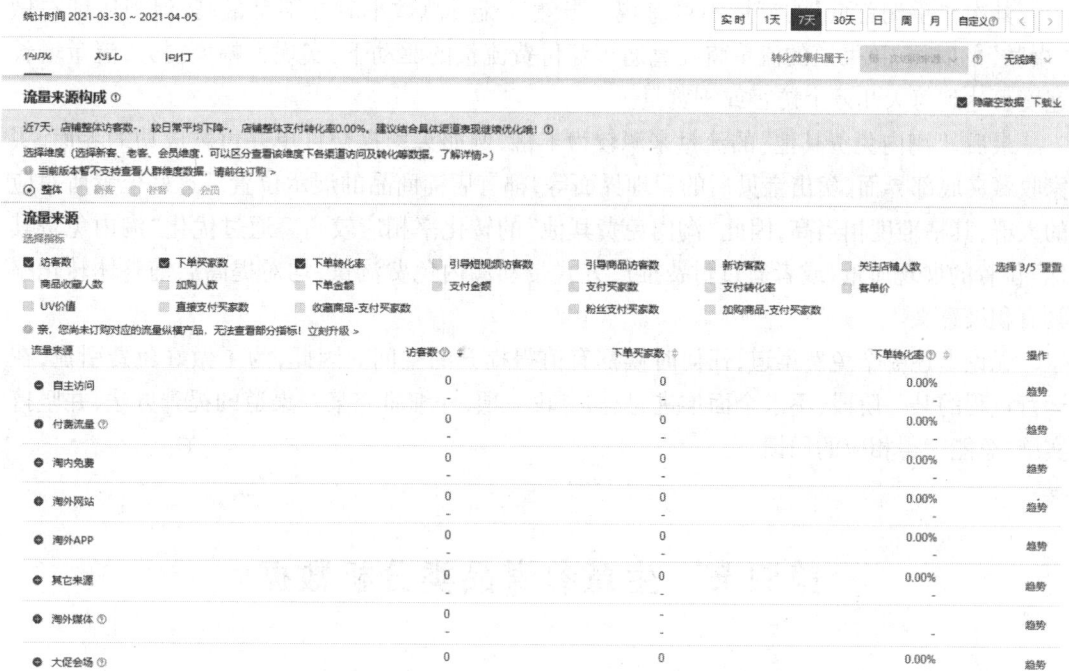

图 6-3-6　生意参谋流量纵横∕来源分析∕店铺来源∕构成∕流量来源构成页面

构成　对比　同行　　　　　　　　　　　最近7天（2018-07-01~2018-07-07）∨　无线端 ∨

									操作
淘内免费	4,661	9.90%↑	11.39%	0.00%	107,707	4.41%↑	202.83	13.05%↑	趋势
手淘搜索	4,024	11.90%↑	4.60%	5.54%↓	17,102	12.79%↓	92.44	17.50%↓	趋势 商品效果
淘内免费其他	695	4.14%↓	48.35%	8.53%↓	60,999	22.07%↓	181.54	25.08%↓	趋势 商品效果
手淘旺信	397	18.86%↑	43.07%	6.59%↓	58,639	26.96%↑	342.92	14.34%↑	趋势 商品效果
手淘消息中心	82	28.07%↑	31.71%	2.31%↓	5,900	8.47%↓	226.93	30.26%↑	趋势 商品效果
手淘问大家	64	14.29%↑	20.31%	13.72%↑	692	2.24%↑	53.30	21.36%↓	趋势 商品效果
手淘其他店铺商品详情	51	8.51%↑	15.69%	47.46%↑	888	89.47%↓	111.02	18.42%↑	详情
手淘群	32	18.52%↑	15.63%	47.25%↓	3,029	27.91%↓	605.94	15.34%↑	趋势 商品效果
手淘首页	31	34.78%↑	32.26%	17.56%↓	1,677	17.01%↓	167.77	25.31%↓	趋势 商品效果
手淘我的评价	18	5.26%↑	5.56%	73.59%↓	16	95.72%↓	16.66	82.88%↓	趋势 商品效果
手淘拍立淘	17	10.53%↓	11.76%	0.00%	121	0.00%	60.71	0.00%	趋势 商品效果
手淘其他店铺	13	13.33%↓	23.08%	0.00%	425	0.00%	141.66	0.00%	趋势 商品效果
手淘找相似	7	12.50%↓	0.00%	0.00%	0	0.00%	0.00	0.00%	趋势 商品效果
手淘淘金币	5	25.00%↑	0.00%	100.00%↓	0	100.00%↓	0.00	100.00%↓	趋势 商品效果
WAP淘宝	2	80.00%↓	0.00%	100.00%↓	0	100.00%↓	0.00	100.00%↓	详情
手淘扫一扫	2	100.00%↑	0.00%	0.00%	0	0.00%	0.00	0.00%	趋势 商品效果
手淘有好货	1	0.00%	0.00%	0.00%	0	0.00%	0.00	0.00%	趋势 商品效果
手淘卡带包	1	0.00%	100.00%	0.00%	285	0.00%	285.00	0.00%	趋势 商品效果

图 6-3-7　生意参谋流量纵横∕来源分析∕店铺来源∕构成∕流量来源∕淘内免费示例

内免费流量远远小于付费流量，此时则须改变运营策略，将注意力收回到淘内免费的各个渠道上来，分析原因并加以改进。

首先，在淘内免费的渠道中，又数"手淘搜索"格外重要，这需要运营者从商品的各个相关关键词入手，对它们进行优化，力求让优质用户通过主动搜索能够找到自己的宝贝。

其次,"手淘首页"的流量不可忽视。虽然其流量总数平时并不是最高,但当店铺在做"爆款"的时候,该渠道的流量将在直通车等付费流量的驱动下,实现大幅度提升,流量增长速度可达到每天几万个访客或浏览量。

最后,"淘内免费其他"的流量来源较为丰富,例如买家提交订单并付款成功的界面、买家收藏夹底部界面、卖出宝贝后的管理界面等,都有店铺商品的展示位置。这些位置所对应的人群,其精准度相当高,因此"淘内免费其他"的转化率相应较高。通过优化"淘内免费其他"位置的展现质量,或者通过付费推广方式带动淘内免费流量,均对提高店铺整体转化率具有积极意义。

无论上述哪个免费渠道,任何时候都有值得提升的空间。因此,为了做好免费引流,在运营过程的某一阶段,不求全面推进,只需专攻一项,仔细研究某一渠道的提升方法,并坚持实施,总能获得相应的回馈。

第四节　生意参谋品类分析数据

一、生意参谋品类数据构成

2019 年生意参谋原有的商品分析功能升级为"品类罗盘",进一步满足卖家对商品和品类结构进行精确化管理的需要。由于品类数据能够清晰定义和跟踪消费者的购买需求,卖家据此可以及时调整商品铺设状态,以保持店铺高效动销,提升店铺销售转化。

在生意参谋上部横排的系列标签中,点选"品类"标签即可进入"品类罗盘"数据板块,默认显示"驾驶舱/宏观监控"页面,如图 6-4-1、图 6-4-2 所示。

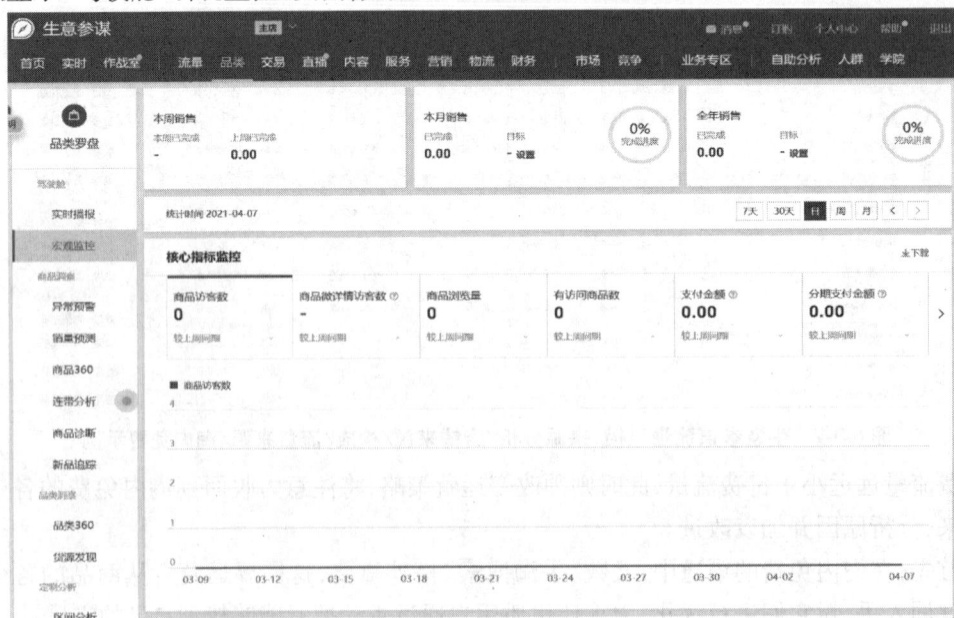

图 6-4-1　生意参谋/品类/宏观监控页面(上部)

图 6-4-2　生意参谋/品类/宏观监控页面（下部）

在品类罗盘左侧栏中,列出 5 类 12 项数据板块,包括"驾驶舱"类的"实时播报"和"宏观监控","商品洞察"类的"异常预警""销售预测""商品 360""连带分析""商品诊断""新品跟踪","品类洞察"类的"品类 360""货源发现","定制分析"类的"区间分析","配置中心"类的"配置计划"。对于新店新手而言,应当先熟悉其中免费的数据板块,例如"宏观监控""商品 360""商品诊断"等。

二、品类罗盘/宏观监控数据看点

1.品类罗盘/宏观监控(上部)

如图 6-4-1 所示,该板块页面上部包括两栏数据:顶层栏中显示本周销售、本月销售和全年销售的有关数据;下一栏是核心指标监控数据,可以分别显示 7 天、30 天、日、周、月的系列核心指标监控数据实时状况,并在数据下面同时呈现所选周期下的趋势变化图。

顶层栏中的本周销售、本月销售和全年销售数据,主要用于观察不同周期里的实际销售情况,以及实际销售业绩与预设的销售目标是否基本保持一致。当出现异常时,则可据此及时调整销售策略、改变运营方案,保证在今后一段时间内达到预期目标,或者检查原来设定的销售目标是否测算有误,还是因偶发原因导致销售受阻,找到原因后则须及时调整和设置未来的销售目标。对于新店或销售不佳的店铺,往往近期的"本周销售"数据并无多大参考意义,而应把关注点放在较长期的"本月销售"和"全年销售"数据上。对于销售业绩活跃或正在实施付费推广的店铺,则须每天观察近期的"本周销售"数据,以利于保持业绩增长的活跃度和付费推广的有效度。

再看核心指标监控数据栏,这里包含丰富的系列核心指标,它们是商品访客数、商品微详情访客数、商品浏览量、有访问商品数、支付金额、分期支付金额、商品平均停留时长、商品详情页跳出率、商品收藏人数、商品加购件数、商品加购人数、访问收藏转化率、访问加购转化率、下单买家数、下单金额、下单转化率、支付买家数、支付件数、有支付商品数、支付转化率、支付新买家数、支付老买家数、老买家支付金额、客单价、成功退货退款金额,共分为5个切换页展现。其中,"有访问商品数"和"有支付商品数"与其他版块的数据有所不同,它们清楚地体现店铺内哪些商品受关注程度较高、哪些商品属于热卖品,对调整主打商品的布局具有重要指导意义。

2.品类罗盘/宏观监控(下部)

如图6-4-2所示,该板块页面下部亦包括两栏数据:"全量商品排行"和"全品类排行"。

所谓"全量商品排行"是指店铺商品按照全部指标数量大小进行排行的情况。全部指标分为3大类,即访问类、转化类和服务类,共有21个指标。实际进行排行时,最多只能选择5个指标同时查看其下的各个商品排行表现,例如默认指标选项是商品访客数、商品加购件数、商品收藏人数、支付金额和支付件数,如图6-4-3所示。

图6-4-3　生意参谋/品类/宏观监控/全量商品排行页面

这里需要关注"商品加购件数"和"商品收藏人数",如果某个商品这两个指标数值较高,说明该商品具有打造爆款的潜力。实战经验是:某商品的"商品加购件数"与"商品收藏人数"相加,再除以"商品访客数",得到商品收藏加购总数占商品访客数的比值,如果该比值大于15%,则这个商品具备爆款的条件。

三、品类罗盘/商品360数据看点

1.品类罗盘/商品360数据构成

当在上述"全量商品排行"下的商品列表中,比较了全店商品的相关指标值后,需要进一步查看每一个商品的详细数据,则可以在它们右侧的"详情"链接处点击进入"商品360",如图6-4-4所示。

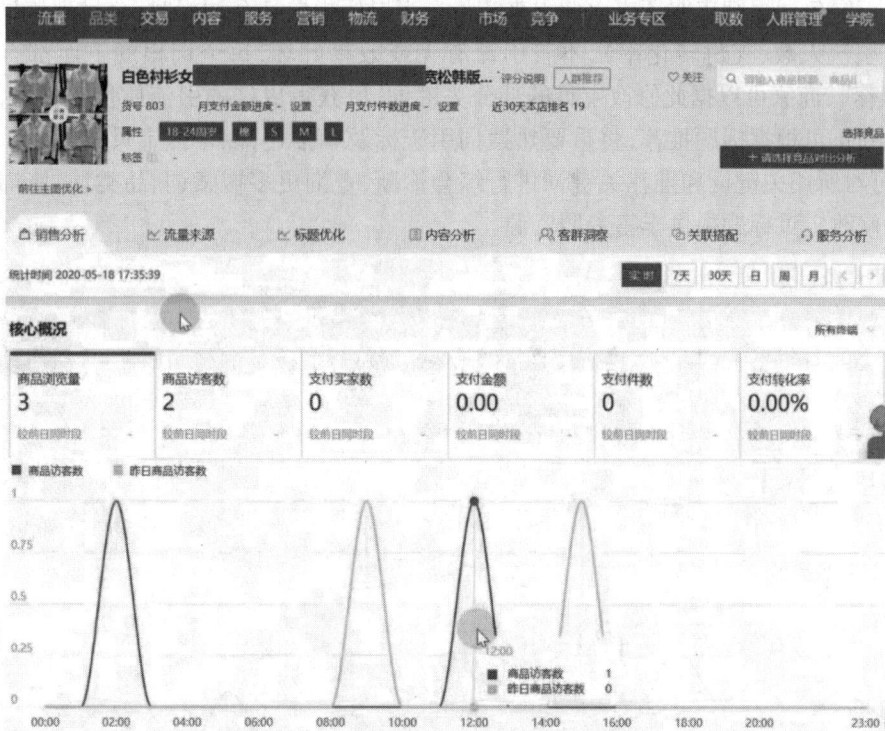

图6-4-4 生意参谋/品类/商品360(从"全量商品排行"链接进入)

"商品360"针对每一个商品进行全方位分析,默认打开可见"销售分析"标签页,其他标签页面还包括"流量来源""标题优化""内容分析""客群洞察""关联搭配""服务分析"功能。

2. 销售分析功能

第一默认可见"销售分析"页面,包含核心概况、SKU销售详情、属性分析、价格分析的数据板块。其中,核心概况展现某商品的商品浏览量、商品访客数、支付买家数、支付金额、支付件数、支付转化率、商品加购件数、商品加购人数、商品收藏人数、访问加购转化率、访问收藏转化率,并且可以选择这些指标的实时、7天、30天、日、周、月的不同数据。将核心概况、SKU销售详情、属性分析和价格分析的数据结合起来进行分析,可以监测某款商品的日、周、月等周期的表现情况,并细化到商品的款式、颜色、规格和价格等方面,以此了解消费者对哪一款宝贝特别喜爱、对什么颜色由衷偏好、对什么规格需求集中、对什么价位格外青睐,这时便需要对宝贝后续的备货、生产及库存作出调整,以防断货或滞销。

3. 流量来源及其他功能

第二看"流量来源"标签,这里的流量来源渠道与前面所述的店铺流量来源渠道是一样的,只是具体分解到某款宝贝上而已,便于商家仔细查看和考虑这款宝贝应当从哪些渠道做进一步提升。

第三看"标题优化"标签(该功能需要购买标准版),如图6-4-5所示。在标题分析中,将宝贝的标题拆分为一个个分离的词根,并用红色和绿色分别标出,红色词根表明已经发生引流作用,而绿色词根则表明还未由此引来流量。当鼠标指向某个词根时,会呈现该词根的引流数据(引流人数、支付转化率),不管引流有无或效果好坏,每个词根的下面都有相应的"标题推荐",商家可以据此修改宝贝的部分关键词,以获得更好的引流质量。例如,当自然流量不足时,可根据标题推荐,将重要热搜词用于标题和描述,以增强宝贝的曝光。该页面下部还可对所用关键词和推荐关键词进行综合诊断,查询更多搜索词、品类词、修饰词和长尾词,为修改宝贝标题提供丰富参照资源。

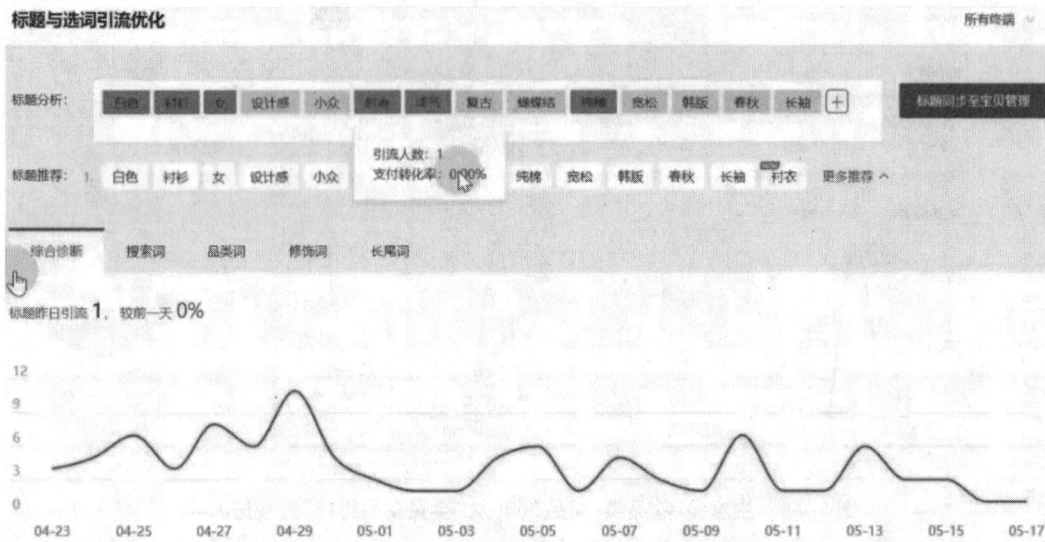

图6-4-5 生意参谋/品类/商品360/标题优化标签页面

第四看"内容分析"标签,主要反映内容营销渠道的效果,例如直播、微淘、短视频、种草等,商家可以根据各个内容营销渠道的数据,判断它们表现如何,并相应改变营销策略和投入。

第五看"客群洞察"标签,包括3个数据,即搜索人群、访问人群和支付人群。这里对某款商品的人群样本量有最低要求,必须达到300人以上才会出现统计数值,否则不能看到客群画像的统计数据。

第六看"关联搭配"标签,包含掌柜推荐—引导详情、连带商品推荐。对比推荐商品的排名、访客数和支付买家数,有助于为主推商品搭配适当的推荐商品开展组合销售,以提高商品的客单价,达到提升商品或店铺权重的效果。

第七看"服务分析"标签,包含所选商品的退款率、品质退款率、纠纷退款率,以及服务指标趋势图(可选"成功退款笔数"等23个指标),还能查看退款原因分析和评价内容分析的相关数据。

四、品类罗盘/商品诊断数据看点

1.品类罗盘/商品诊断功能构成

从生意参谋的品类罗盘左侧栏中点击"商品诊断"即可进入其页面,但是新店一般没有购买"商品诊断"功能，则只能见到另一个"商品温度计"页面，如图6-4-6所示。

图6-4-6　生意参谋/品类/商品诊断/商品温度计页面

　　如果购买了"商品诊断"功能，则会出现如图6-4-7所示的"商品诊断"与"商品温度计"标签（红色圈框标示）共存界面。商品诊断是品类罗盘专业版的收费功能，通过对商品评分与金额、价格与销量、访客与销量这三组指标的长周期监控分析，给出商品结构建议和引导。通过智能诊断模型形成商品雷达评分图，清晰直观展示商品核心指标的具体影响，并透出评分具体维度构成，帮助商家快速锁定具体问题。

图6-4-7　生意参谋/品类/商品诊断/商品诊断与商品温度计标签共存页面

2.PC端商品温度计诊断分析

新店新手应当主要了解商品温度计的使用方法。在图6-4-6所示的商品温度计页面的搜索条中,输入店铺某款商品名称的一个关键词,即可提取该款商品的诊断结果,如图6-4-8所示,注意此图显示的是PC端数据。

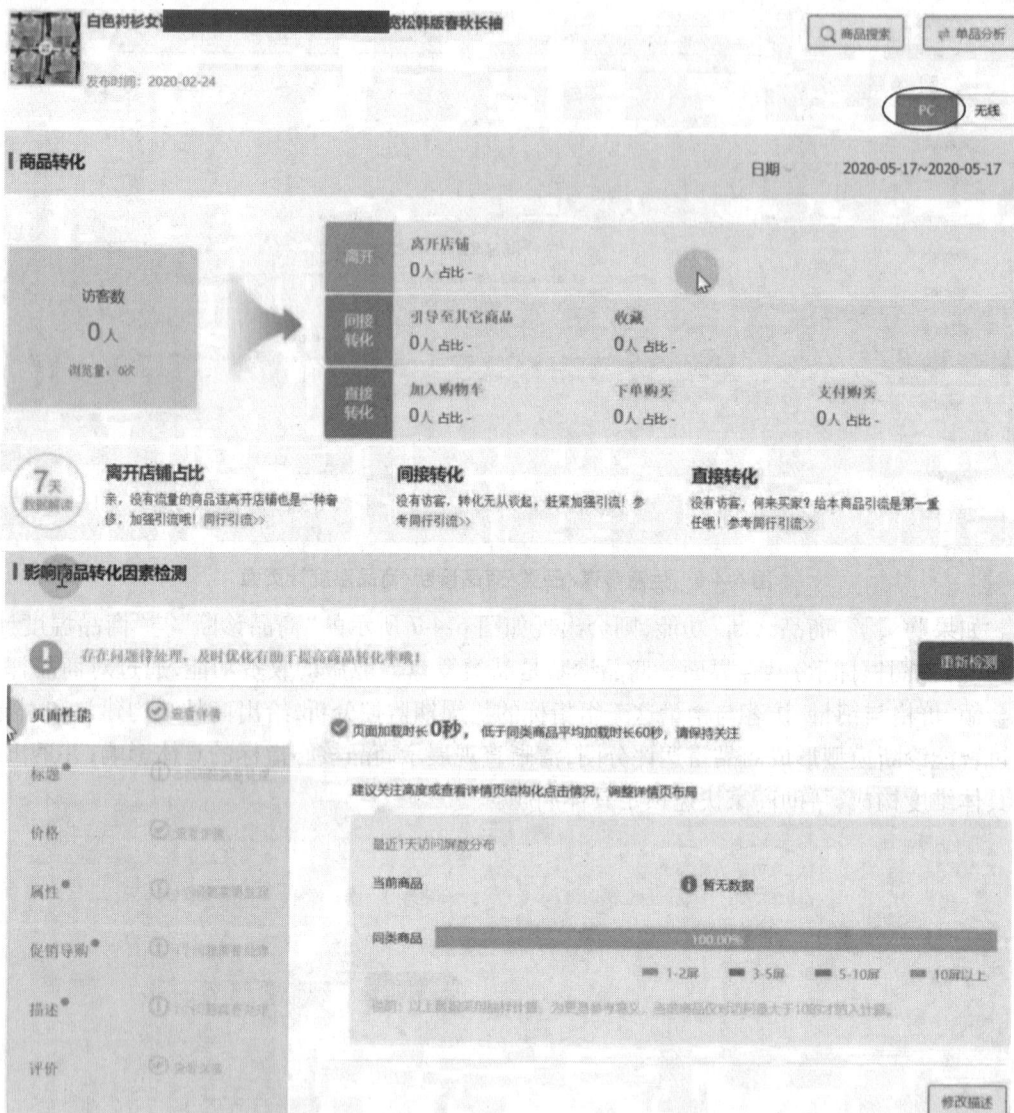

图6-4-8　生意参谋/品类/商品诊断/商品温度计诊断结果界面(PC端)

首先看"商品转化"板块,包括某款商品的访客数及浏览量,接着图示分解为三个流向,即"离开"(离开店铺的访客数及占比)、"间接转化"(引导至其他商品的访客数及占比、引导至收藏访客数及占比)和"直接转化"(加入购物车访客数及占比、下单购买访客数及占比、支付购买访客数及占比)。在这些数据下面,生意参谋系统根据测算结果及时为商家提供参考建议,提高诊断效率。

然后看"影响商品转化因素监测"板块,分别从"页面性能""标题""价格""属性""促销导向""描述"及"评价"7个方面对某款商品进行全面诊断,具体内容如下:

①"页面性能"从页面加载时长与同类商品平均时长的对比方面提出建议。

②"标题"从宝贝的标题字数、有无空格、近期关键词访客数方面提出建议。

③"价格"从宝贝的价格、折扣价与同类商品平均水平比较方面提出建议。

④"属性"从宝贝的属性与同类商品的热门属性是否一致方面提出建议。

⑤"促销导向"从宝贝流量来源去向的角度,以及同类商品模板中的促销信息方面提出关联商品组合销售的建议。

⑥"描述"从宝贝详情页的图片数量、图片尺寸与同行对比的差距,提出合理布局详情页描述的建议,包括模特展示、购物须知、产品图等同行应用的参考数据。

⑦"评价"展示了店铺动态评分图示结果,同时显示店铺的好评率与同行之间的比较结果,并分别提出建议。

上述每项诊断功能中均在页面右下角附有修改、调整或查看按钮图标,方便快速进入各个项目的修改、调整或查看页面。

3. 手机端商品温度计诊断分析

如图6-4-9所示,点击"无线"标签即可见手机端诊断页面。由于手机端已经成为当前店铺流量的主要来源,因此手机端的诊断界面包含更多信息,而且分析界面更加直观。虽然

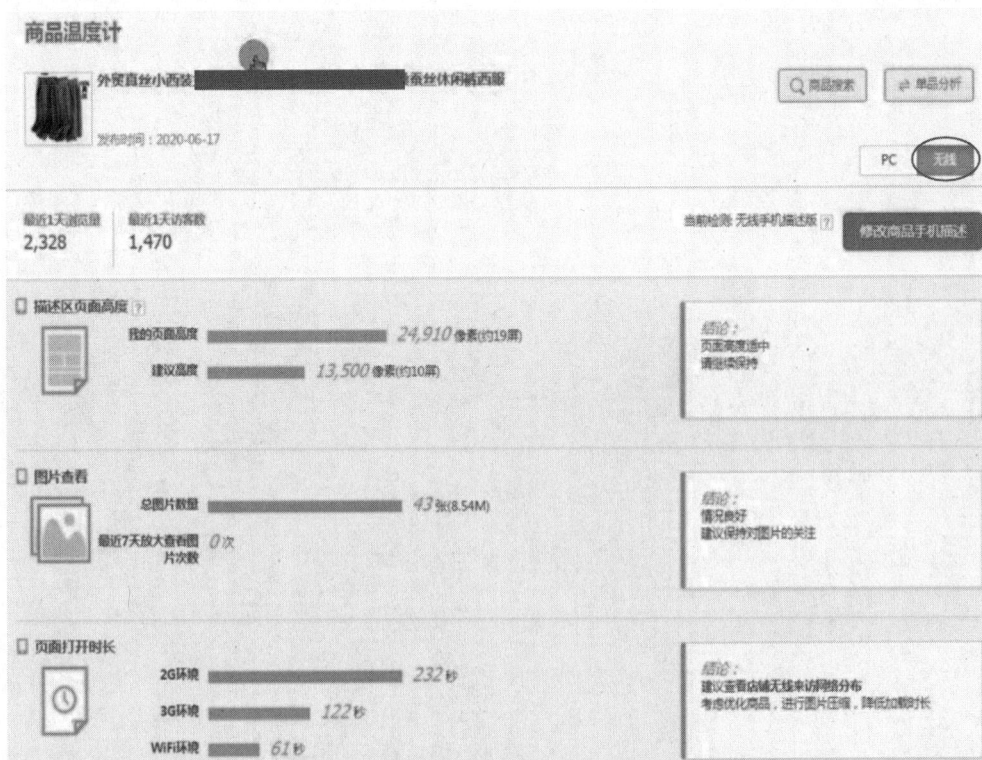

图6-4-9　生意参谋/品类/商品诊断/商品温度计诊断结果(手机端)

还是从图片尺寸、图片数量和页面打开时长方面进行测算,却增加了横向柱形图以及诊断结论。其他方面分析参考上述 PC 端内容。

图 6-4-9 所示案例中,页面高度为 24 910 像素(约 19 屏)、建议高度为 13 500 像素(约 10 屏),结论建议是"页面高度适中,请继续保持"。但是,下面页面打开时长显示,2G 环境 232 秒、3G 环境 122 秒、WiFi 环境 61 秒,即使是最快的打开时间 61 秒也让现在的用户不可忍耐。因此将两个结论综合考虑,仍然有必要对页面高度或页面像素进行压缩,进一步减少各个环境下的打开时长,有效提高访问速度,有利于增加访问流量。

思考题

1. 生意参谋的主要作用有哪些?
2. 访客分析模板可分析哪些指标?

第七章
网店数据综合应用

第一节　网店基础数据综合应用

一、网店基础数据应用思路

淘宝大学王小建讲师介绍,要想玩转网店数据,重点掌握三方面数据的分析和运用,即网店自身数据、竞争同行数据和行业类目数据,如图7-1-1所示。

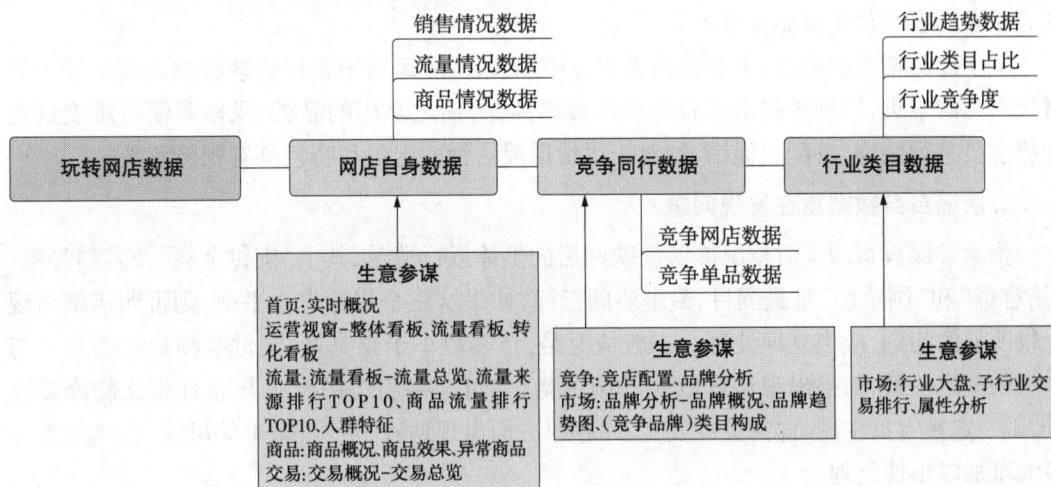

图 7-1-1　网店数据综合应用的构成

网店自身数据主要包括销售情况、流量情况和商品情况方面的数据,可以在生意参谋的首页、流量、品类和交易模块中查看实时概况、运营视窗、流量看板、流量来源排行、品类360、商品诊断、交易总览等数据。

竞争同行数据主要包括竞争网店数据和竞争单品数据，可以在生意参谋的竞争和市场模块中查看竞店配置、品牌分析、品牌趋势、竞品类目等数据。

行业类目数据主要包括行业趋势数据、行业类目占比和行业竞争度方面的数据，可以在生意参谋的市场模块中查看行业大盘、子行业交易排行和属性分析等数据。

通常，电商数据运营者应当养成习惯，每天对上述数据做必要的记录和统计，仅仅依靠生意参谋自动显现的数据是不够的，需要自己设计一些记录和统计表格，将生意参谋提供的数据填写在自制的表格中，以便发现更多、更全面、更深层次的运营问题，取得持久、长效的竞争优势。

二、网店自身数据的用途

1. 销量、流量与商品数据的关系

网店销售与流量数据的内在关系，可以用一个公式加以形象地表达：

$$销售量 = 流量 × 转化率 × 客单价$$

公式表明，要实现销售量的目标，需要在流量、转化率和客单价三个方面做好攻略，即所谓认真练好内功。例如，对于流量问题，基础工作在于自然搜索，当搜索结果的排名靠前时，则被点击浏览的可能性大大增加，要做到这一点必须在商品关键词的选择上，以及在商品视觉设计、文案创意方面进行仔细推敲，最后才能引导访客排开众多竞争同行进入自己的店铺，产生购买行为。这一过程，既包含关键词提炼、视觉设计和文案创意等内功提升，又包含让访客从自然搜索到点击浏览，再从浏览商品到交易的转化路径。内功影响初始流量的形成，转化则决定销售量的实现。如果还想进一步提升销售量，更准确地说是提高利润收益，便有必要在客单价上多做文章。

关于商品情况的数据，主要在品类罗盘中查看，实际运营中常用这些数据发现店铺中有增长潜力的宝贝，以利于找出主打商品或爆款商品，随之全店的品类、风格等便可围绕这些优势宝贝进行装饰、搭配或促销，这对于尽快形成店铺的定位和特色具有积极意义。

2. 店铺自身数据重在发现问题

生意参谋首页的实时概况能够反映网店的整体运行情况，其中"支付金额"及其趋势图、"访客数"和"浏览量"是最醒目、最重要的指标，如果这三个指标失去平衡，则说明店铺出现比较明显的问题，应当立即处理。一般情况是，访客数小于浏览量、支付金额趋势图今日与昨日的基本一致，如果出现访客数大于浏览量、支付金额趋势图今日与昨日相比陡降或陡升，则一定在宝贝主图、详情页或发货、库存等方面出现瑕疵、错位、隐患等风险，应当作为头等大事加以迅速处理。

在生意参谋首页的整体看板里，可以发现更细化的问题，举例说明如下。

如图 7-1-2 所示，该店铺案例的"运营视窗/整体看板"里显示了一些指标的实时数据，每一个指标框下面还包含"较前一月"和"较去年同期"的增减百分比，当点选到某个指标时，其下面会显示该指标在一定周期内的趋势变化图。此案例中，支付金额 420.35 万元，

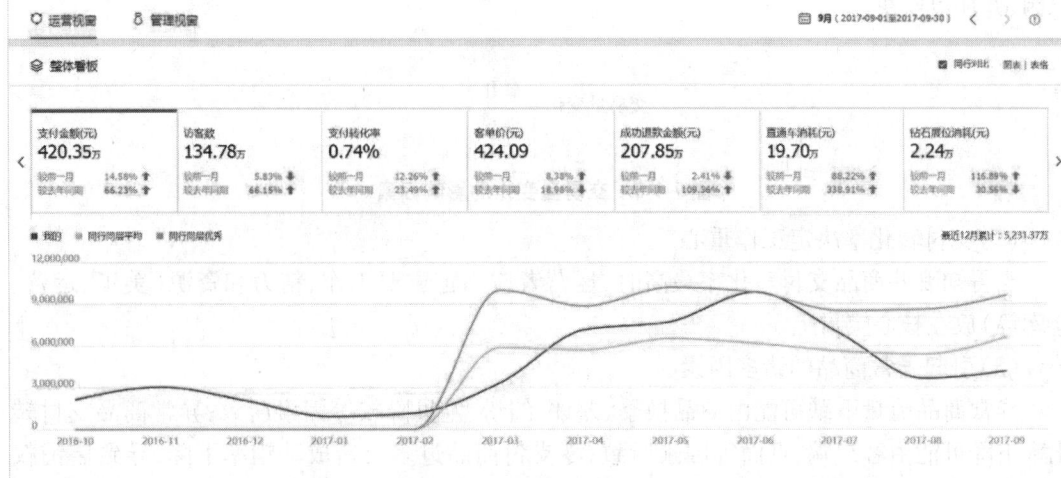

图 7-1-2　生意参谋首页运营视窗/整体看板案例数据截图

"较前一月"和"较去年同期"分别上涨 14.58% 和 66.23%,并以向上的红色小箭头标示。单从这一个指标看,店铺运行情况是很不错的。再看访客数 134.78 万,虽然"较前一月"的涨幅略有下降(5.83%),但总体上与支付金额的大小是相匹配的。

但是,当看到支付转化率和成功退款金额时,发现了新问题。支付转化率仅为 0.74%,明显与支付金额和访客数的业绩差距较大;成功退款金额 207.85 万元,几乎占到支付金额(420.35 万元)的一半,好的业绩瞬间被拉低。如果顺着支付转化率和成功退款金额往下追踪,找到导致支付转化率低的原因可能是某几款商品为 0,引起成功退款金额过大的原因可能是货品规格出现差错,那么这时运营者才能够有的放矢地加以整改。

在"运营视窗/流量看板"下,跳失率、人均浏览量和平均停留时长 3 个指标分别反映出同行竞争、内容质量和用户行为的表现情况,起到直接监控作用。

在"运营视窗/转化看板"下,"访客—收藏转化率""访客—加购转化率"和"访客—支付转化率"分别从 3 个关键环节监控它们的变化,同时提示运营者应当注意在这 3 个环节多下一些功夫。通常的做法是,设置收藏优惠券、加购积分和支付折扣等提升访客的转化。在转化看板下面,列出了商品的访客榜、收藏/加购榜和支付榜,如果发现访客榜中商品排序与支付榜中的明显不一致,甚至出现排序相互颠倒,便能立刻找到哪款商品存在较严重的问题,应当及时分析处理。

在"流量纵横/流量看板"里,流量来源排行和商品流量排行是两个相互关联的数据,前者反映出店铺免费和付费渠道的流量情况,后者则是前者流量分解到各个商品上的结果。如果哪个渠道上的流量发生异常,可以顺藤摸瓜找到是由哪个商品所导致的,再进一步检查这个商品存在什么问题。

3. 店铺自身数据分析经验

(1)交易量变化最相关的原因

交易量变化最相关的原因常常与客单价、转化率、访客数、浏览量和广告投入等因素有密切关系,如图 7-1-3 所示。如果支付金额发生明显异常,则需要首先从这几个方面去查找原因,并加以解决。

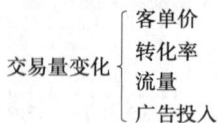

图 7-1-3　交易量变化的影响因素

（2）支付转化率决定工作重心

当得知哪些商品支付转化率最高时,运营者应当把主要工作、精力和资源(美工、运营、仓库等)放在核心宝贝上。

（3）引起异常商品的诸多因素

异常商品流量下跌可能由商品换季、差评、纠纷、宝贝降权等因素所致;异常商品支付转化率下降可能由客户端、页面等因素所致;零支付商品过多会造成动销率下降,导致店铺权重降低。

4. 客单价与支付转化的关系

正常情况下,客单价逐渐提升。如果连续六个月下滑,说明店铺出现严重问题,须及时处理,否则店铺运营压力越来越大。支付转化率与客单价保持平衡和一致。

总之,店铺自身数据分析主要让运营者掌握总体状况、流量情况、商品情况和转化情况,从中快速发现存在的问题,便于抓住核心数据,寻找变化的原因,对症下药、精准优化。

三、竞争同行数据的用途

在当前网店竞争愈加激烈的情况下,网店同质化和营销同质化现象也随影相伴,如果不对竞争对手进行全面分析,很难杀出重围、异军突起。

1. 什么是竞争同行

淘宝大学王小建讲师认为,竞争同行主要是指在店铺和商品两个层面上具有与自己相似或一致的诸多要素之一,对自己销售构成威胁的对象。其中,店铺层面的竞争要素包括主营类目一致、客单价相近、风格与目标人群相近以及店铺层级相同;商品层面的竞争要素包括价格带相似、目标消费者相似,如图 7-1-4 所示。

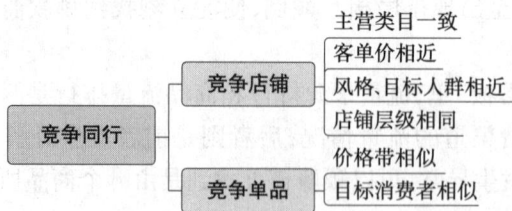

图 7-1-4　网店运营竞争同行相似性与一致性要素构成

主营类目一致是指店铺的主打商品与自己的相同,要注意区分竞争店铺中的非主打商品,如果错把非主打商品作为竞争店铺的主营类目,会给自己造成不必要的损失。例如,自己主营剃须刀,价格是 49 元/把,又发现某竞争店铺中也有同类商品,价格却是 9.9 元/把

(包邮),此时要仔细分析竞争店铺的同类商品是不是具有其他目的性。往往在价格差别很大的情况下,只要确保自己的成本合理,就能初步判断竞争店铺的价格是否附有其他促销目的,如清仓、送礼、活动等,显然这种所谓的"同类"商品实际上并非真正的同类,不能以它作为自己的竞品参照。因此,分析竞争店铺和竞争单品时,上述各个要素要结合起来进行比较,才能更加准确地找出竞争同行,而不至于误入歧途。

2.如何寻找竞争同行

第一步,搜寻竞争店铺:一般情况是通过淘宝等平台的搜索引擎搜索同行店铺,容易搜寻同行竞品的品牌,将品牌按照搜索结果的排序逐一收录到 Excel 表里,以备比较分析之用。

还可以采用生意参谋的竞争情报寻找同行店铺,竞争情报虽然是付费功能,却能为商家提供匹配度较高的竞争对手。一般情况用生意参谋这种方法跟踪 10 个同行店铺,便能取得有效的结果。

第二步,找出核心竞争对手:借助生意参谋的市场行情做品牌分析,可以从竞争品牌的交易指数、支付商品数、客单价、支付转化率、重点卖家数和重点商品数,竞争品牌的销售趋势图、类目构成、支付价格构成(又称"价格带")、买家特征、单品热销排行,以及竞店入店流量来源、竞店入店关键词和商品店铺榜等方面,发现核心对手的优势和不足。向竞店学习优势的地方,从竞店不足之处寻找切入点。

第三步,分析核心热销竞品:在生意参谋/竞争/竞品分析/竞品对比中,可以添加若干个竞争商品,并与自己商品的指标数据进行对比,例如对比流量指数、交易指数、搜索人气、收藏人气、加购人气和转化指数等,同时可以看到某指标下自己商品与所添加竞品之间的对比趋势图。页面继续向下滚动,可见"入店搜索词"对比板块,其中包括"引流关键词"和"成交关键词"。如果关注引流问题,点选"引流关键词"即可;如果想着重解决成交转化问题,则应选看"成交关键词"。找出竞品的哪些关键词流量指标高或成交指标高,明确自己如何对宝贝标题的关键词进行调整,如图 7-1-5 所示。

图 7-1-5　生意参谋/竞争/竞品分析/竞品对比/入店搜索词/引流关键词界面

四、行业类目数据的用途

在淘宝天猫平台上,所谓类目即等同于行业,因此类目数据代表自己经营商品所在行业的状况。分析类目数据,其目的就是把握行业变化趋势,更好地做好店铺定位。对于新店新手而言,分析行业趋势是前期起步时尤为重要的工作,务必要投入相当的时间和精力,为店铺长远运营奠定扎实基础。

1. 行业类目的核心数据

分析行业类目状况,主要关心三个方面的核心数据,即市场容量、市场需求和竞争度。一旦掌握这三个方面的状况,便很容易作出自己从哪里切入市场、怎么绕开市场壁垒、如何避免恶性竞争等决策。

行业类目数据主要集中在生意参谋的"市场"标签页的模块内。进入"市场"即可查看"行业大盘"的数据和趋势图,如图 7-1-6 所示。

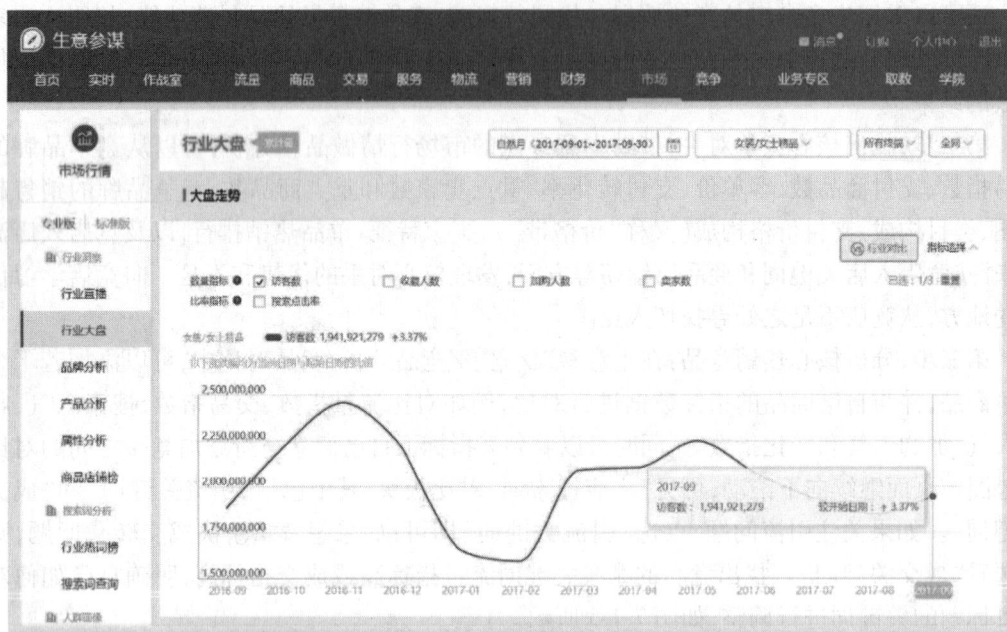

图 7-1-6　生意参谋/市场/行业大盘/大盘走势界面

总体上,店铺运营的定位要顺行业大势而行,忌逆势而为。如不得已遇行业大势低谷,则应更加谨慎决策,更加精细化运营。

继续往下看,可以进一步分析行业子类目的情况,如图 7-1-7 所示。根据子类目的占比数据,判断自己选择的商品是否具有足够的市场空间,再结合自己是否具备货源优势等,最后决定做什么样的商品是适合的。例如图示中的情况,子类目连衣裙的占比最大(13.28%),市场流量最好,如果自己能够把握较好的货源渠道,则可以大胆地进入这个热门领域。但是,如果自己的货源渠道主要在裤子和 T 恤上,这时宜先选择裤子(市场占比8.87%)进入这个行业,而 T 恤(市场占比 6.77%)作为辅助商品搭配推广,至于主流的连衣裙则可放到后期上新,以拓宽市场之用。

2. 商品属性行情分析

在"生意参谋/市场/属性分析"中,包含"属性排行"和"属性详情"两个标签。其中,"属性排行"标签页较为常用,它又包含两个子标签页,即"热销属性榜"和"热销组合属性榜",

如图 7-1-8 所示。"热销属性榜"可以对商品的各个属性分别进行查询,无论是品牌、规格或是颜色等属性,都能按照市场销售排行的顺序展现出来,便于商家从属性方面选择市场热销的商品进行售卖。"热销组合属性榜"则可以将商品的多个属性组合在一起,然后查看组合属性的市场排行,以此决定选用什么样的组合属性能让商品最好销。该属性分析工具常常被有经验的商家用于开发新产品,可以根据属性榜和组合属性榜设计一款最热销的商品,投入订货和上新。

图 7-1-7　生意参谋/市场/行业大盘/子行业交易排行界面

图 7-1-8　生意参谋/市场/行业大盘/属性分析界面

3. 行业关键词搜索分析

在"生意参谋/市场/搜索分析"中,输入要查寻的类目关键词,即可"一键转化"导出行业关键词分析表格,除了展示官方提供的常规数据之外,还包含商家应当关注的行业关键词下的"客单价",以及竞争力和购买力方面的数据。点击竞争力指标"搜索人数/在线商品数"降序排列,可以筛选出竞争较小的关键词;点击购买力指标"交易金额/在线商品数"可以筛选出消费力较大的关键词。通过仔细对比分析,容易找到适合的蓝海市场。

4.市场排行商品分析

在"生意参谋/市场/市场排行/商品"中,依次点击"高交易""高流量""高意向"标签页,点击"爆款神器"按钮,导出分析表格,可以了解每个客单价区间的市场环境,分析哪个价格带的商品卖得好,通过调整交易金额、访客数、转化率等指标,快速查寻卖得好的商品,再结合竞品分析,可以确定自己的"起爆"方式。

第二节　网店视觉路径数据分析

一、网店视觉路径数据逻辑

借用淘宝大学讲师王小建的讲解内容和受到的启发,我们认为网店运营主要依靠视觉元素引入访客流量,然后再分解到店内各个商品视觉要素中,通过观察主要视觉要素的数据,对它们不断加以优化,形成网店视觉路径数据分析逻辑,如图 7-2-1 所示。

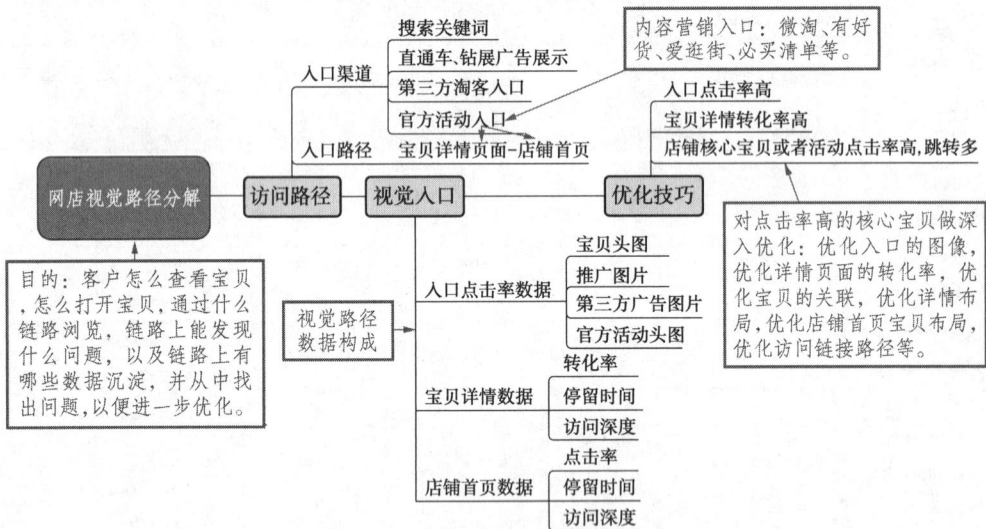

图 7-2-1　网店视觉路径数据分析逻辑

站在网店视觉路径的角度看,应当沿着流量走向及其分流的路径进行溯源和追踪,依靠数据变化的结果,有针对性地优化重点视觉要素。这样可以避免数据分析的盲目性,还能保证不遗漏每一个主要视觉要素上出现的问题,使网店数据分析工作有序推进。

网店视觉路径数据分析的目的是,明白客户怎么查看宝贝,怎么打开宝贝,通过什么链接路径浏览,链接路径上能发现什么问题,以及链接路径上有哪些数据沉淀,并从中找出问题,进一步作出优化。

按照上述视觉路径分析逻辑,应当主要抓住三个环节,即流量的访问路径、视觉入口和优化技巧,如下所述:

1.流量的访问路径

流量的访问路径是指店铺以外的流量来源渠道,主要包括搜索关键词、直通车、钻展位、淘客、官方活动(如微淘、有好货、爱逛街、必买清单等),还包括在各种活动中直接展现的宝贝详情页和店铺首页。

2.流量的视觉入口

流量的视觉入口是指流量进入店铺后的主要分解去向,同时在各个去向的视觉要素上产生不同的数据。例如,宝贝头图和推广图片等主要产生点击率数据;宝贝详情页主要产生转化率、停留时间和访问深度的数据;店铺首页主要产生点击率、停留时间和访问深度的数据。

3.流量的优化技巧

流量的优化技巧主要指对各种视觉要素进行合理改进的策略和方法,应当重点对入口点击率高、详情页转化率高、活动点击率高、店铺核心宝贝和跳转多的商品进行优化。通常主要优化的对象是各个入口的图像、详情页面及其布局、关联宝贝、店铺首页的宝贝布局、访问链接路径等。

二、店铺视觉入口分析要领

1.把握店铺视觉入口与访问路径关系

所谓店铺视觉入口是指淘宝平台以内且店铺以外访客流量进店的图文视窗,通常表现为店铺名、宝贝标题、关键词、主图、卖点、白底图和详情页等,它们与自然搜索、直通车、钻展、淘客及官方活动等访问路径直接相连。图文视窗在各个访问路径(又称流量渠道)上的表现好坏,决定了来自不同路径的流量大小。通过分析各个访问路径的数据状况,可以发现图文视窗与各个访问路径的匹配程度是否相符。

一种形式的图文视窗,可能只适合某个或某几个访问路径的引流,此时应当强化图文视窗与某个访问路径的匹配关系,让引流能力强的访问路径发挥更大的效用。例如,某关键词在自然搜索路径上引流更强,而在直通车路径中表现欠佳,则应尝试将此关键词在宝贝标题上的位置前移,同时适当减少直通车对此关键词的投入,或者减少对其他关键词的投入。这样便强化了该关键词与自然搜索路径的匹配程度,弱化了与其他路径的匹配关系,既保证或提升主渠道的效用,又节省付费推广成本。

2.始终看重自然搜索访问路径

自然搜索是具有技术含量的运营方式,而直通车则主要靠砸钱,没有什么技巧。有必要持续对宝贝图文视窗在自然搜索路径上的表现进行比较研究,特别是对比竞店的搜索为什么做得好,分析他们采用了什么方法。

3.根据运营目的决定直通车出价

①如果只图拉流量,不考虑别的因素,则可以出高价开车。

②如果主要目的是赚钱（赢利），则应根据流量价值等因素选择最优价位。

③如果只为补充流量，可以根据行业均价购买直通车，或者每天固定花费几十元作补充。

4. 重点对手机端的视觉路径进行研究

主要考虑的问题是，安卓系统和苹果系统的显示结果有什么不一样？这些显示结果会对引流有什么影响？同一宝贝的价格或价格均值为什么不同，是否需要进行调整？手机端更加丰富的各种小玩法对增加流量有什么作用，怎么运用好它们？为什么同样在手机端的千人千面，有的宝贝不管怎么搜寻都能够出现，有的却不能？为什么千人千面都显示宝贝的白底图，如图 7-2-2 所示，以至于来自店铺的白底图如此重要？宝贝能够被抓取到，为什么与它必须具有一定的搜索权重密切相关？为什么聚划算、淘抢购等入口都需要精心布局、展示自己的宝贝？

图 7-2-2　手机端千人千面各入口（红圈处）下宝贝白底图示例

总之，上述问题都值得不断思考和改进，最好养成习惯，使用思维导图、Excel 表格和生意参谋等工具，层层剖析、记录数据、善于统计、勤于收集，才能把店铺运营做到极致，立于不败之地。

5. 宜将宝贝详情页的头图更换为视频

自 2017 年"双十一"以来，详情页头图的展现方式已经被视频所取代，成为现阶段的主要玩法，迎合消费者"买合适+划算"的快速浏览要求。因此，学会制作短视频成为运营者应当要掌握的一种新技能，短视频制作因其需求增长迅猛也成为一种新兴服务。

6. 不要忽略店铺首页的返回流量

当访客从搜索路径或其他渠道直接进入详情页，看完后总习惯随手返回店铺首页，这种流量称为返回流量。此时，访客可能想进一步从店铺首页上核实其品牌信誉，或查看店铺的主打商品是什么，有没有特别优惠活动，或者还有其他什么商品可供选择、搭配等。根据访客的这些可能想法，运营者有必要在店铺首页的设计上考虑如何迎合访客的"返回流量"，例如明确告诉消费者如下信息：诚信品牌、可靠质量、主推宝贝、主要活动、关联商品等。总之，卖家应当认真打磨自己店铺，让它能给消费者形成某种总体印象，并留下深刻记忆。

三、店铺数据入口分析要领

学会看数据的操作方法是收集、对比、分析。生意参谋的流量纵横中,流量看板、访客分析、店铺来源、商品来源、店内路径、流量去向、页面分析和页面配置模块的数据,都值得运营者认真做好日常收集、对比和分析工作。

所谓分析则是指根据数据变化找原因。例如,假设昨天有6 000个访客,今天却降到4 000个,这时则应立即到后台查看原因,实际中常见的原因可能有:到昨天为止直通车的投入花完了;存货售完而没有及时补货;快递配送出现异常情况;改变宝贝的关键词造成流量突变。

一旦发现流量有明显变化,要及时把引起这个变化的原因查证出来,一般都会具体落实到某款宝贝上。流量的明显变化,有时也会是向好的,这时仍然有必要弄清楚是什么原因拉升了流量,以便发扬光大。大量数据显示,店铺首页和商品详情页的流量占整个网店运营中的绝大部分,随着推荐式流量和站外流量日益推高,详情页的流量往往超过店铺首页。

页面分析、页面配置两个模块的数据主要支持页面视觉设计,可以分析页面布局、装修前后效果比对,还可以关注店铺引流着力点,合理设置店内流量导向,优化宝贝导购与互链。其中,页面分析的页面概览,可以查看首页和详情页的流量数据情况,了解它们的引流效果如何;装修诊断则可从"点击分布"和"数据趋势"等方面,发现哪些页面值得改进设计或布局。如果页面跳失率和平均停留时长发生波动,则需要关注自身店铺页面的装修问题。

四、店铺数据优化技巧要领

1. 宝贝详情页的优化

宝贝详情页是影响转化率的最重要因素,要做好宝贝详情页的优化,就要对买家有足够的了解。通过数据分析,可以精确了解买家对详情页中各个内容段落的关注程度,同时证明买家对于不同类型商品的图片,要求也有很大差异。

下面举例说明:

①买家对女装行业详情页图片内容的需求程度如图7-2-3所示。

图7-2-3　买家对女装行业详情页图片内容需求程度

②买家对美妆行业详情页图片内容的需求程度如图 7-2-4 所示。

美妆行业详情页图片内容的需求程度

内容	百分比
商品实拍图（如外包装、生产批号、保质期等）	68.5%
真假对比图	60.5%
多角度全方位展示图	52.8%
实体店的图片	52.4%
第三方认证证书或质检报告	49.6%
使用效果对比图	38.3%
发票/代购小票图	32.7%
商品尺寸对比图	27.8%
商品配件或赠品的图片	15.1%
商品打包过程图	10.8%

图 7-2-4 买家对美妆行业详情页图片内容需求程度

③买家对家具行业详情页图片内容的需求程度如图 7-2-5 所示。

家具行业详情页图片内容的需求程度

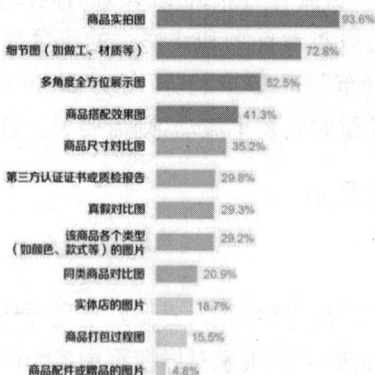

内容	百分比
商品实拍图	93.6%
细节图（如做工、材质等）	72.8%
多角度全方位展示图	52.5%
商品搭配效果图	41.3%
商品尺寸对比图	35.2%
第三方认证证书或质检报告	29.8%
真假对比图	29.3%
该商品各个类型（如颜色、款式等）的图片	29.2%
同类商品对比图	20.9%
实体店的图片	18.7%
商品打包过程图	15.5%
商品配件或赠品的图片	4.6%

图 7-2-5 买家对家具行业详情页图片内容需求程度

从上面数据可以看出，买家对不同类型商品的图片都有不同的需求，要求"图片+文案"更直观地向顾客传达最有用的信息。因此，宝贝详情页要保证有效信息的全面性，例如细节图、实拍图、展示图一应俱全，有些商品不能缺少真假对比图，甚至打包过程的信息也不落下等。总之，尽可能让顾客全面了解自己的商品，才能有效提高转化率。当然，追求全面的同时，切忌图片堆积过多、过大，以免影响页面打开速度，致使买家等不及打开页面便"跳出"了。

2. 店铺首页的优化

在"生意参谋/流量纵横/页面配置/日常监控"下，默认可以对首页"查看详情"，该功能需要付费订购才能使用，如图 7-2-6 所示。这个功能对淘宝店铺装修有很强大的指导意义。

淘宝店铺装修能提高店铺视觉的品牌溢价，以提升客户的黏性。装修淘宝店铺并不是一味追求绚丽多彩，而要通过数据分析证明哪种形式的装修是合适的，例如哪些文案或图片模块用户感兴趣，哪种颜色更适合宝贝等。生意参谋的页面配置提供了这方面更丰富的数据,对改进店铺首页形象有很大帮助。

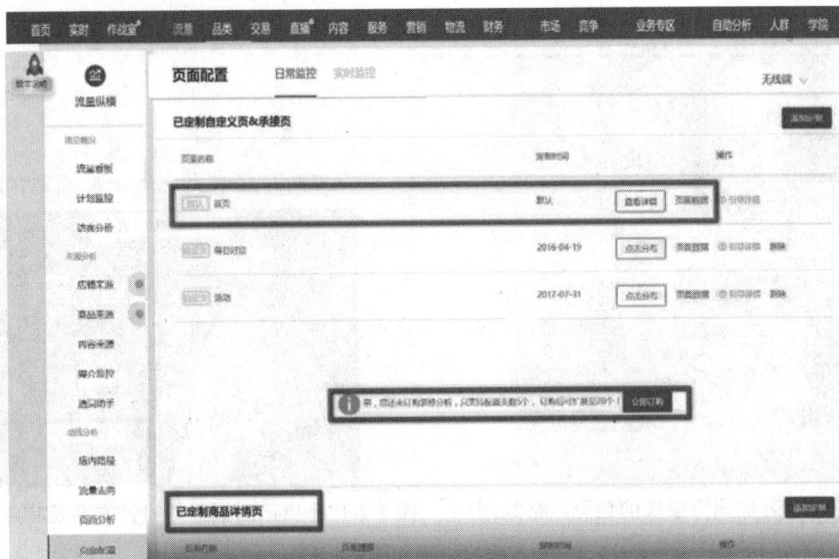

图 7-2-6　生意参谋/流量纵横/页面配置/日常监控界面

　　下面借助王小建讲师的案例,说明如何运用首页数据改进其设计方案。这里假借图 7-2-7 所示作为自己店铺首页的数据呈现方式,图 7-2-8 所示为竞店首页横幅广告数据状况。显然,自己店铺的横幅广告模块点击次数仅为 562,而竞店首页的这个模块的点击次数则达到 743,直观可见两者的色彩风格迥然不同。

图 7-2-7　生意参谋/流量纵横/页面配置/首页详情

图 7-2-8　竞店首页数据

　　为了证实色彩风格对引流效果的影响,还需要对更多同行竞店的首页数据进行调查,图 7-2-9 所示为其他同行的色彩风格数据。通过比较发现,同行中同样模块的色彩风格,小花点、深色背景的广告图片点击次数明显较高,而那些宝贝与背景的色彩反差不大的广告图片则点击次数较少。这就进一步证实自己与竞店首页的横幅广告相比,点击率偏少的原因可能是花色和背景之间的搭配不适合当前访客的偏好。

　　下一步由自己将店铺首页的横幅广告进行重新设计,如图 7-2-10 所示,注意宝贝色彩风格与背景形成较大反差,选择细条纹花色而不采用纯色的宝贝,同时去掉原来点击效果并不理想的优惠活动,改由"聚划算"推广,并且"五月小熏风"文案板块特别注意取用竞店首页的深蓝主色调。经过换图测试后,该模块的点击次数达到 856,超过同行竞店的运营水平。

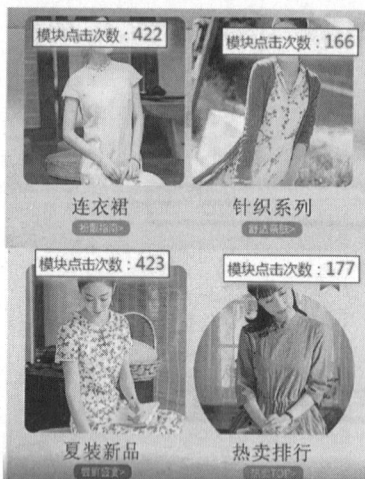

图 7-2-9　其他同行模块的色彩风格数据

图 7-2-10　自己店铺重新设计方案及其点击效果

第三节　网店营销推广数据分析

一、网店营销推广数据构成

沿着淘宝讲师王小建的课程内容继续深入,网店营销推广数据主要是指那些反映流量与转化关系、营销推广图与主图关系、广告图与目标人群关系的相关数据集合。这要求运营者将生意参谋提供的各种分散数据,按照问题导向串联起来,让数据对网店营销推广发挥更大的指导作用,同时有利于帮助运营者在繁复杂乱的数据面前理清分析思路、明确分析方向。

1. 流量与转化的关系

从一位独立访客来到店铺到最终实现购买,需要经过一系列转化过程,主要的四个环节是流量转化、浏览转化、咨询转化和付款转化,如图 7-3-1 所示。

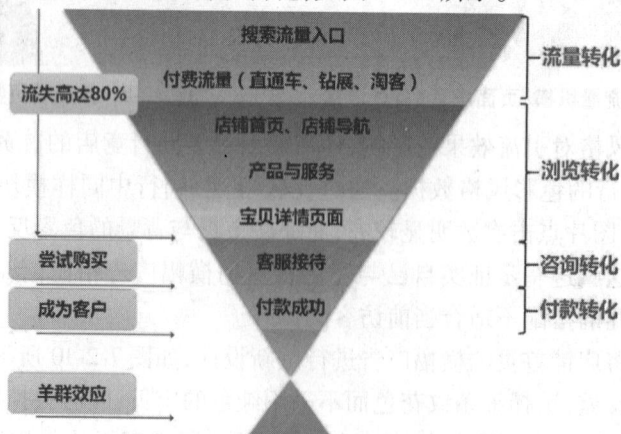

图 7-3-1　流量与转化的关系

其中,流量转化阶段属于营销推广范畴问题;浏览转化阶段属于广告图、主图和详情页等视觉路径范畴问题;咨询转化阶段属于社群交流范畴问题;付款转化阶段则属于金融服务范畴问题。

这四个阶段从上到下形成一个漏斗状,表明每经过一个阶段,流量都会流失一部分,尤其从第一个阶段到第二个阶段会流失约80%的流量,或者说在所有接收到展现的访客中,有80%的不会点击进入自己的店铺,而选择到其他店铺去。此时,运营者应当从两个方面做出调整:一是加强店铺营销推广的力度,提高第一阶段的展现总量;二是研究改进视觉路径的展现效果,提高流量转化率,让更多展现能够引流入店。营销推广的着力点主要在关键词优化和付费推广计划调整之上,而视觉路径的改进则主要在于文案、图片和视频的重新布局。

2. 营销推广图与主图的关系

营销推广图主要指通过直通车和钻展推广而展现到用户面前的图片,与设置时选择的图片有关。图7-3-2中,对比了主图、直通车图和钻展图的引流作用:主图吸引点击流量取决于店铺的辨识度;直通车图引入精准流量取决于图片的曝光率;钻展图在拓宽人群范围下吸引新粉丝,产生更大流量,取决于展现机会。

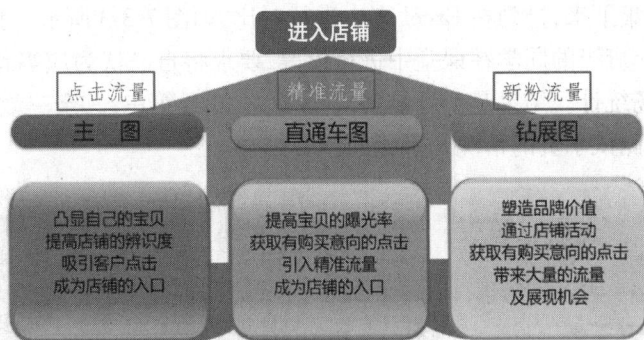

图 7-3-2　营销推广图与主图的关系

对于新店新手而言,在没有开展付费推广的情况下,只能凭借宝贝主图参与同行竞争,这意味着自己的主图要与同行的直通车图和钻展图进行比拼,其难度可想而知。此时,运营者首先应当考虑将店铺的辨识度提高,在自然搜索上多下功夫;其次可以考虑适当采用低成本的付费推广方式,让宝贝主图与直通车图、钻展图保持一种协调同现的关系,即将主图与营销推广图在付费渠道中搭配使用,或者直接将主图作为营销推广图加以展现,从付费渠道中引来自然搜索以外的流量。

3. 广告图与目标人群的关系

广告图与主图的区别在于,前者是图文融合的整体,是包含卖点、优惠等元素的整体促销方案,后者则专门显示宝贝的形态,不宜掺杂其他干扰内容。利用直通车等付费推广方式,往往需要设计整体促销方案的广告图,此时应重点考虑广告图如何最大程度地符合目标人群的诉求。通过宝贝类目下的人群画像数据,或者用户评价等信息,能够找到目标人群的特征和诉求,再根据特征与诉求抓取宝贝的促销元素,最后将促销元素转化为广告图文,完成广告图制作。其中,关键环节在于分析人群特征与诉求,并将它们转化为促销元素,这要求运营者透过特征数据和诉求信息,感应目标人群的心灵脉搏,由此生成具有感染力的图文方案,能够与目标人群产生共振,完成广告图与目标人群精准对接的过程。

二、网店营销引流元素分析

网店营销的主要引流元素包括颜色、卖点、角度、文案、版式、利益和视频。运营者要把握好这些元素,向竞争同行学习,特别要向同类目的顶级同行学习,而不是与同层级的竞店进行对比。因为顶级同行经历了市场洗礼,或者说市场已经对它进行了测试,证明其营销元素在目标人群面前是行之有效的,所以这时的学习方式就是直接模仿或借鉴。为了对引流元素作出准确把握,应当将同类目下 TOP6—TOP 10 竞店的营销方案收集起来,采用列表对比的方式,分别分析每一种元素的共同点、突出点或趋势点等,最后整合出自己的优化方案。下面分别对上述各引流元素进行分析:

1. 颜色

这里所说的颜色类似于人们通常说的流行色,却不完全是流行色的概念,重点在于主图与宝贝最具有吸粉力的色彩或色调。借用淘宝讲师王小建的案例,将女式凉皮鞋销量排名在前的 6 款主图收集下来,排列在 Excel 表中进行对比,如图 7-3-3 所示。我们把 6 款主图分别编上序号,请一个班级的同学在课堂中进行投票,要求将自己认为应当首选的款式编号发到班群里,然后当场统计。结果是 1 号最多,2 号次之,6 号第三,其余三款仅零星几票,这与王小建讲师讲课时测试学员的情况几乎相同。

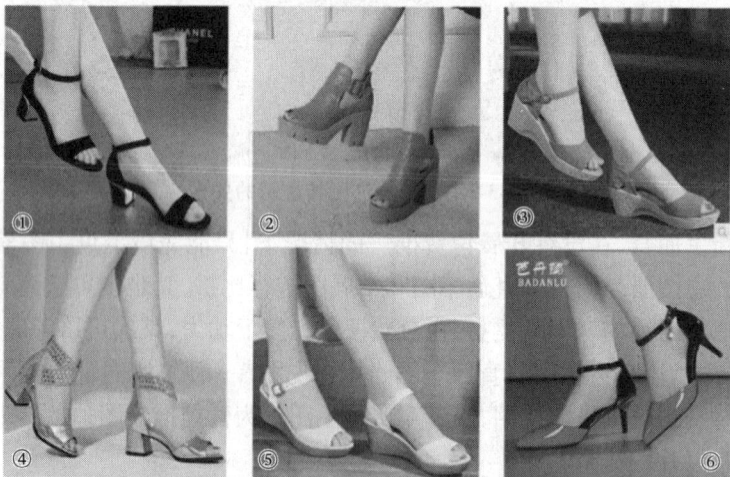

图 7-3-3　女式凉皮鞋销量排名在前的 6 款主图色彩对比

王小建老师测试学员的时间与我们上课测试同学的时间并不在同一个时期,而测试结果却十分接近,说明这并不是因为一个时期的流行色所致,想必有一种恒定因素在起作用,这个因素便是图面的美感与夺目耀眼,或是常说的"抢眼"和"吸粉"。对于这种"美感与夺目耀眼",人们很难从一两张图面的对比中发掘出来,而要在足够多的图片中才能轻松找到。实际运营中,一般选择销量排行前 6~10 名的商品主图作对比或测试,即可满足需要,且既准确又不过于费事。

2. 卖点

据 MBA 智库百科的定义,卖点是产品所具有的、销售人员所阐述的、与客户需求联系最紧密,以及对客户的购买决定最具影响力的因素。又据百科知道,其认为卖点是指所卖商品具备的前所未有、别出心裁或与众不同的特色和特点。这些特点和特色,一方面是产品与生俱来的,另一方面是通过营销策划人的想象力、创造力所"无中生有"产生的。在网店运营中,卖点集中体现在广告图或主图的文案上,如图 7-3-4 所示。

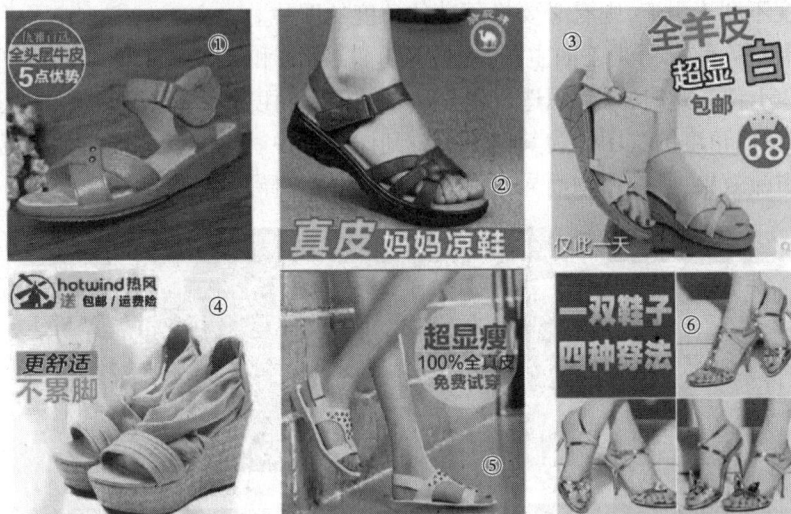

图 7-3-4　女士凉皮鞋主图卖点对比示例

图中各主图的卖点分别是:

①全头层牛皮:突出一个卖点,强调质量好,结实耐用。

②真皮,妈妈凉鞋:选择两个卖点,一是突出质量好,隐藏软和舒服之感,二是适合妈妈穿着。

③全羊皮,超显白:选择两个卖点,一是突出质量好,二是强调颜色纯。

④更舒适,不累脚:选择两个卖点,一是直接表明舒适感,隐藏质量好的内涵,二是说明体验佳,隐藏设计精细符合人体工程学的内涵。

⑤超显瘦,100% 全真皮:选择两个卖点,一是突出外观美,二是表明质量好,隐藏可信度高的内涵。

⑥一双鞋子四种穿法:突出一个卖点,即多变,隐藏超值、划算的内涵。

通过以上比较,初步看出,一般一幅引流较好的主图,卖点只可能有一到两个,再多就不是上述定义中所说的"特点和特色"了。表达一个卖点,可以使用多种方法,主要采用文案方式表现质量、感受、体验、美观、适用、颜色、可信、设计、变化、超值等各方面的特色,以突出、强调、直白、客观、幽默、趣味、隐喻等手法加以渲染。

调查分析优秀同行的卖点,要达到两个目的:一是从同行对比中,证实哪些卖点是引流效果好的,对于运营新手来说,在不熟悉如何提炼宝贝卖点的情况下,直接借用这些同行的文案重新设计版面,再投入运营,不失为一种应急之策;二是在这些对比分析的基础上,全面掌握优秀同行的卖点,进一步对自己宝贝的特点深入挖掘,策划创造出与同行不同的新卖点,虽然这种独特的卖点有待市场检验,却也可能孕育出"与众不同"的市场来。

3. 角度

商品主图选用什么角度进行展示,须根据商品特点加以考虑。一般"展现主图"(即搜索页或付费展示位所展现的宝贝主图)以正面展示为主,其他主图则应以侧面、背面和多角度做全方位展示。"展现主图"是引流的重要视窗,宝贝摆放角度也要服从引流效果的需要,如果正面角度不利于引流,则有必要换用其他角度的图片。

如图 7-3-5 所示,②号是正面主图,销量为 1 件;④号和⑤号属于偏侧面主图,销量分别为 503 件和 261 件。此时,要考虑选用稍显活跃的侧面角度作为宝贝的"展现主图",增强引流能力,而将正面角度的主图作为其他主图放到详情页中。对于其他类目的商品,选用什么角度能提高引流效果,则应因物而异,且须测试对比后抉择。

图 7-3-5　连衣裙"展现主图"展示角度对比示例

4. 文案

文案包括卖点文案、功能文案和促销文案,卖点文案如上所述,这里重点说明功能文案和促销文案。凡是广告主图或展现主图,随着商品的复杂程度越高,包含的功能文案信息越多。如图 7-3-6 所示,空调的广告主图上除了最醒目的卖点文案之外,还包括产品的细节功能描述,这是因为空调属于大家电类目,其技术复杂程度比服装(图 7-3-7)等类目的产品高,使用功能、控制功能和节电功能等可描述的内容也相应增加,为该类产品广告主图添加许多文案信息。除此之外,任何类目的商品,其广告主图上都离不开促销文案,例如空调主图里的"送服务""送套餐""直降价""活动价""秒杀价""限时价""抽礼品"等。

总之,不管哪种类型文案都具有各自不同的运营作用,其中卖点文案主要起到"抢眼球"(即"抢流量")作用;功能文案对延长访客的驻留时间有影响;促销文案则有利于访客快速做出购买决策,提高流量转化率。

图 7-3-6　空调类广告主图文案信息示例

图 7-3-7　户外运动套装类广告主图文案信息示例

5. 版式

对于食品或散货类商品,不便表现商品的外形特征,为了让主图更加生动活泼,需要在画面的版式上想办法,寻求多种表现效果,以发现哪种版式更容易引流。如图 7-3-8 所示,主

图 7-3-8　广告主图版式类型示例

图版式主要分为上下版式、左右版式、居中版式、白底版式、左下带框版式和上下右白底版式等。至于什么版式的引流效果更好，则应当通过对若干个同行优秀宝贝主图进行对比和测试，最终找到答案(可参照上述关于"颜色"和"角度"元素的测试和对比方法)。

6. 利益

这里是指广告主图上关于能够驱动购买行为利益点的文案信息，一般属于上述所谓促销文案类型的信息，例如"满100减10""两件减5元""买三送半斤""买五送一斤""领券减5元""下单送礼品"等。明确利益点，刺激访客产生"划算"的直观感，在访客有需求并主动搜索商品的前提下，这种"划算"直观感往往成为驱动他们果断下单的重要因素，完成从访问到购买全过程的"临门一脚"，即实现转化。

7. 视频

目前在网店上，商品主图大有被宝贝视频所取代的趋势，因为视频已经表现出巨大的引流潜力。视频相对于主图具有如下优势：

(1)内容转化+硬转化

视频能够表现悬念、抖"包袱"、透露秘密、激发好奇心或留言互动等，并通过公众号、二维码和查看详情等方式实现硬转化。

(2)注入情感认知

视频还能表现喜怒哀乐、七情六欲的复杂情感和动感渲染、情节跳转的场景，满足"网生一代"乐于表达、发现真实世界、感受社会认同的普遍需求。

(3)提高浏览时长

视频内容情节连贯，一气呵成，大大增加用户的黏性。

(4)收割碎片化时间

视频内容虽然连贯却紧缩短小，不让用户感觉占用大量时间，因此成为抢占用户碎片化行为的高地，占据沿"文字—图片—表情—动图—短视频"上升路径的制高点。

(5)灵活的播放模式

现在的视频技术完全支持高播放量和播放时间不受限制，让用户感受到与查看静态主图一样的便利，易于扩大受众传播面。

(6)积累前期流量

在抖音等第三方短视频平台发布视频，主要目的是吸引潜在用户，即"粉丝"，提高关注人数、转发数和注册人数等，为销售商品作前期积累和铺垫。

关于如何对视频进行对比分析，可参考表7-3-1的列表方法，将视频分为不同的场景片段，对各个场景片段的内容进行分解说明。

表7-3-1　视频对比分析表

镜头板块	板块名称	解说	重点要点提示	建议时长	画面、动作、背景
镜头一	产地介绍	有	产地优越	6秒	花田、蜂场,原产地四周广角镜头
镜头二	现场直采及加工	无	直采加工,产品放心	8秒	现场直采及加工场景

镜头板块	板块名称	解说	重点要点提示	建议时长	画面、动作、背景
镜头三	用户需求	有	产品功效好	8 秒	利用百度百科知识印证产品功效
镜头四	包装展示	无	包装精美	6 秒	外包装、瓶身展示
镜头五	细节展示	无	产品现状直观展示	10 秒	开瓶、取出展示、现场展示产品喝法(兑水)

上表是对一个视频的分解说明,分析同行优秀视频还需要增加 6~10 个,最后从对比中找到共性内容,为自己制作视频提供基本参照。自己制作视频前也应当参照上表作出设计说明,以便制作人或制作团队按照设计要求创作视频。

思考题

1.店铺首页如何优化? 分析一家淘宝店铺的首页,提出优化方案。
2.什么是卖点? 分析一张广告图或主图的文案,提炼出该商品的卖点。

第八章
网店运营案例诊断

第一节　宠物衣服店铺案例

一、店铺数据情况

打开生意参谋,先看商品当日数据,如图8-1-1所示。在当日支付金额和访客数不错的情况下,应该借助数据工具找到进一步优化的细节问题。

当日访客数不错,应当首先进入商品标签查看数据

图 8-1-1　宠物衣服店铺案例商品数据界面

二、分析商品概况

进入"商品概况",看到"商品信息总况",如图 8-1-2 所示。各项数据正常或向好,未发现值得优化的问题,则继续下拉到"商品排行概览",如图 8-1-3 所示。这时可以查看店铺中各个宝贝当天、7 天和 30 天以内的交易数据,以拉长查找店铺优化问题的时间范围。

图 8-1-2　商品概况/商品信息总况界面

图 8-1-3　商品概况/商品排行概览界面

根据当天、7 天和 30 天的宝贝数据,发现均是狗狗衣服这款卖得最好,如图 8-1-4 所示,每天有 10 单以上,而最差的宝贝每天只有不到 2 单,因此目前重点优化对象是第一款。优化从哪里入手呢?细看下单转化率,最好的宝贝(7.55%)还不如最差的(8.49%),这就是值得优化的问题。

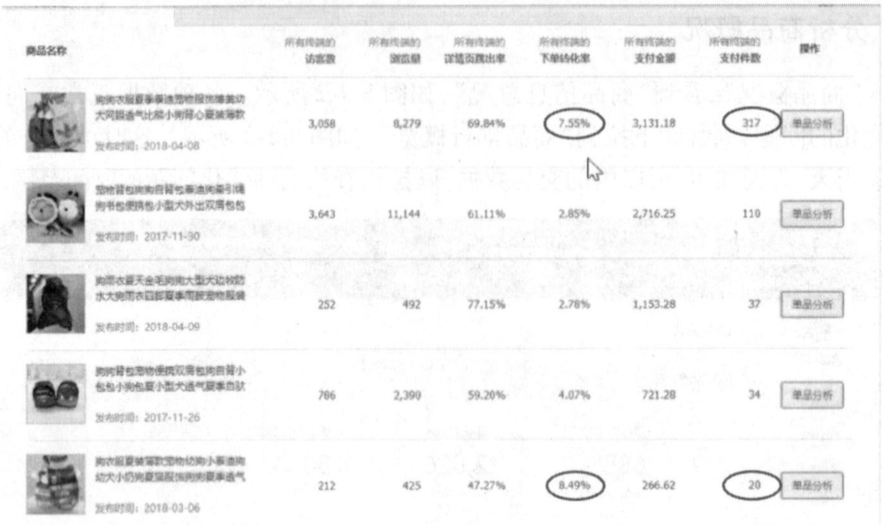

商品名称	所有终端的访客数	所有终端的浏览量	所有终端的详情页跳出率	所有终端的下单转化率	所有终端的支付金额	所有终端的支付件数	操作
狗狗衣服夏季泰迪宠物服饰博美幼犬网眼透气比熊小狗背心夏装薄款 发布时间：2018-04-08	3,058	8,279	69.84%	7.55%	3,131.18	317	单品分析
宠物背包狗狗自背包泰迪狗狗牵引绳狗书包便携包小型犬外出双肩包包 发布时间：2017-11-30	3,643	11,144	61.11%	2.85%	2,716.25	110	单品分析
狗雨衣夏天金毛狗狗大型犬边牧防水大狗雨衣四脚夏季雨披宠物服装 发布时间：2018-04-09	252	492	77.15%	2.78%	1,153.28	37	单品分析
狗狗背包宠物便携双肩包狗自背小包包小狗包夏小型犬透气夏季白款 发布时间：2017-11-26	786	2,390	59.20%	4.07%	721.28	34	单品分析
狗衣服夏装薄款宠物幼狗小泰迪狗幼犬小奶狗夏装服饰狗狗夏季透气 发布时间：2018-03-06	212	425	47.27%	8.49%	266.62	20	单品分析

图 8-1-4　商品概况/商品排行概览发现问题所在

三、分析店铺页面

带着转化率低的问题到该店铺首页一步步查找原因，如图 8-1-5 所示。

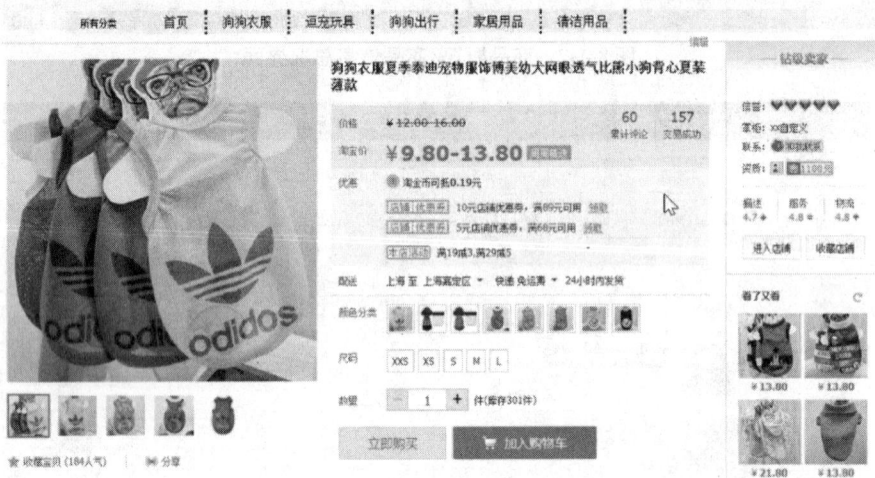

图 8-1-5　宠物衣服店铺首页截图

先看评价，如图 8-1-6 所示，总体不错（图片 7、追评 1、好评 60、中评 0、差评 0），没有明显问题。

再看详情页，如图 8-1-7 所示，发现所有图片都以衣服摆设为主，有没有更好的展示方式呢？要找到更好的展示效果，不妨从用户评价的晒图中，或同行的展示中挖掘灵感。

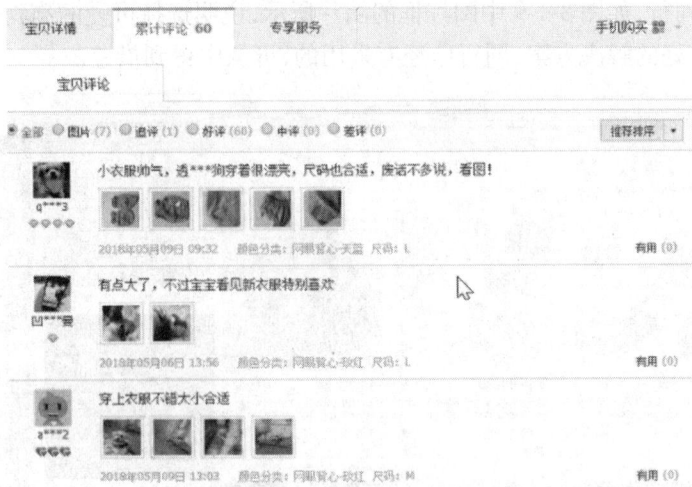

图 8-1-6　狗狗衣服评价截图

图 8-1-7　狗狗衣服详情页部分截图

四、找原因解问题

查看用户评价的晒图,如图 8-1-8 所示,发现有些用户喜欢将购买的新衣服穿在狗狗身上,拍照片后上传图片,平添几分动人可爱。

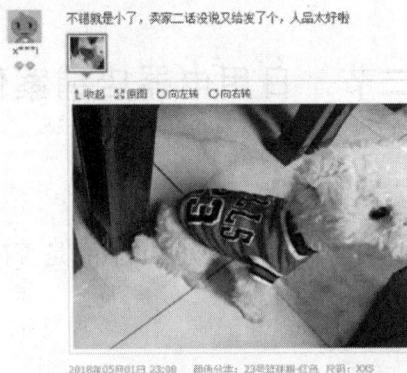

图 8-1-8　狗狗衣服用户评价晒图

进一步比较同行，如图 8-1-9 中圈红框的图片所示，说明选择可爱的狗狗做模特，增加一个新卖点，是一个好的解决方案，同行已经有采用的，可从中得到借鉴。

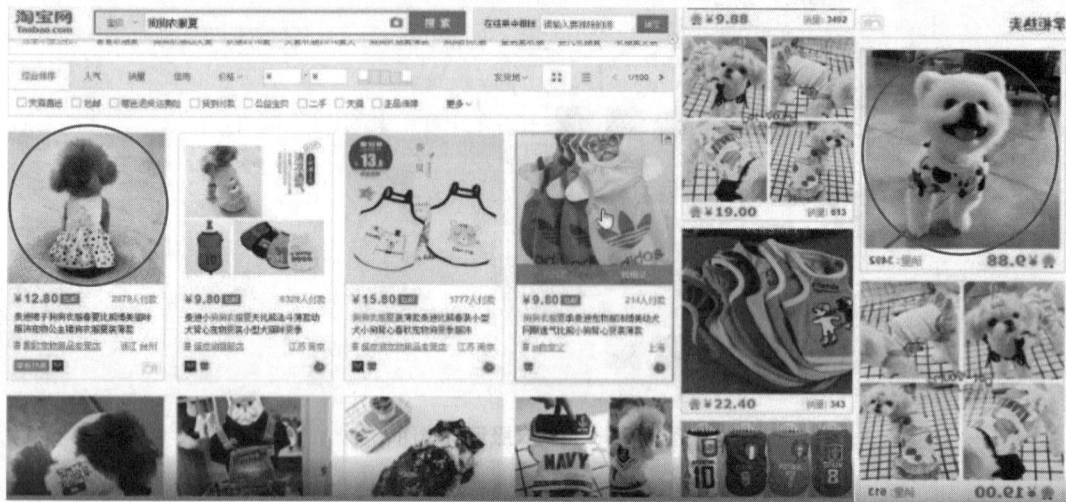

图 8-1-9　狗狗衣服同行对比

五、优化改进措施

1. 制订提升计划

主图及详情页图片优化后，根据现有成交量与同行成交量的差别，制订一个成长计划。例如现在 317 单/月，下一个月目标定为 400 单，并通过编制计划表，将这个目标任务分解到每一天，即每天增加 3 单左右。再根据转化率测算，每天额外增加 3 单，只需增加 50 个访客流量即可达到目标。

2. 采取付费推广

可考虑从直通车精准流量中获取到 50 个访客流量，要求选择好精准关键词，计算合理成本。

案例归纳："图片优化+适量付费推广"提升方式。

第二节　日用电器店铺案例

一、店铺数据情况

这是一家天猫店铺，主营日用电器，先从数据入口查找是否存在经营上的问题。打开生意参谋，点击进入"流量"标签，如图 8-2-1 所示。

图 8-2-1　日用电器店铺数据概况截图

二、店铺流量诊断

1. 流量看板总览

图 8-2-2 是店铺当时"流量看板"的总览截图,访客数、访问商品数、浏览量和转化率均表现正常,没有明显异常。

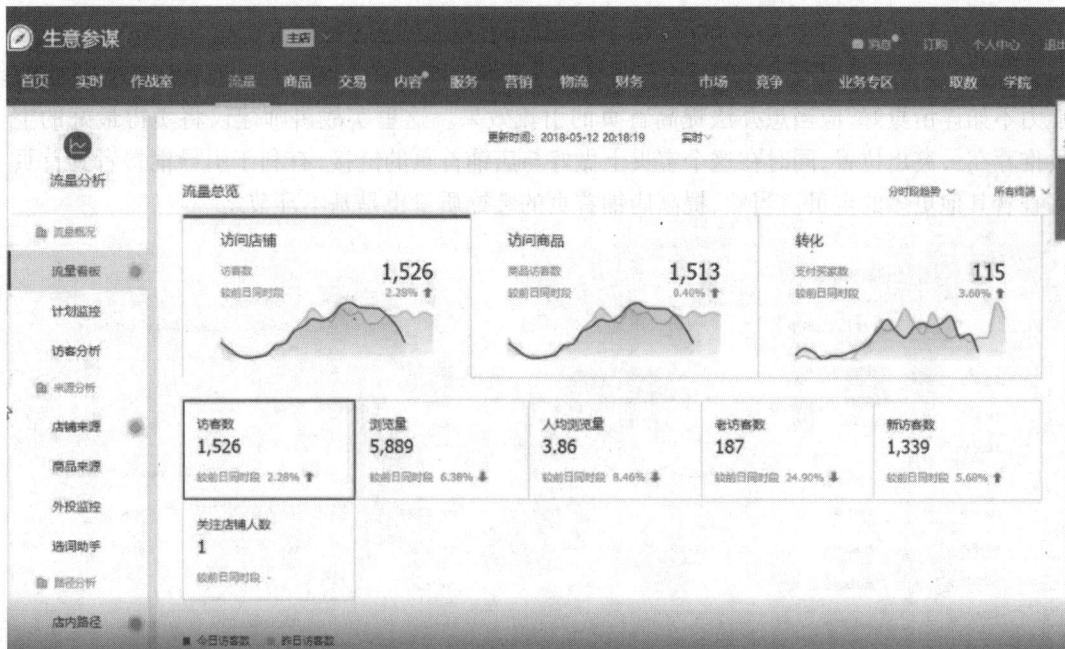

图 8-2-2　日用电器店铺流量分析截图

2.店铺流量来源

接着查看"店铺来源"的流量来源构成,如图 8-2-3 所示。此图表明免费流量占比情况比较好,付费流量 8.48% 也不错,仍然没有明显异常。

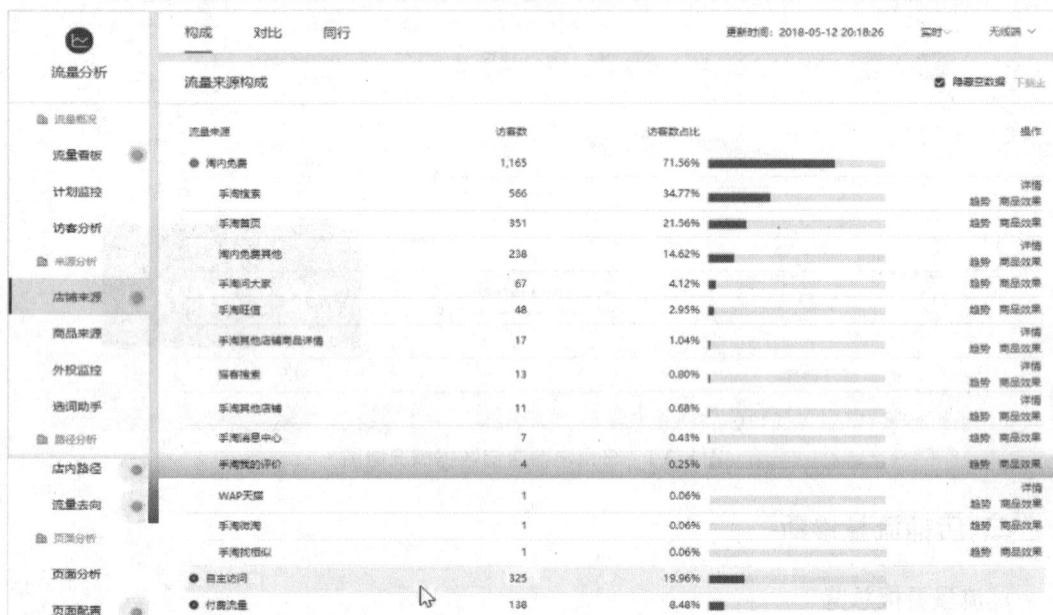

图 8-2-3　日用电器店铺流量来源构成分析

3.店内流量路径

图 8-2-4 是当时店内路径截图,从中发现商品详情页的访客数占比达到 98.51% ,非常高,而店铺首页的却只有 1.26% ,具有明显的不平衡现象,值得推敲。这说明店铺首页引流能力不如详情页好,应当想办法提高首页的引流效果。这里实战讲师建议将卖得最好的宝贝推荐在最突出位置,同时在这个宝贝上做好与店铺首页的链接,有利于引导消费者到首页去查看其他更多的宝贝。当然,提高店铺首页的装饰质量也是基本环节之一。

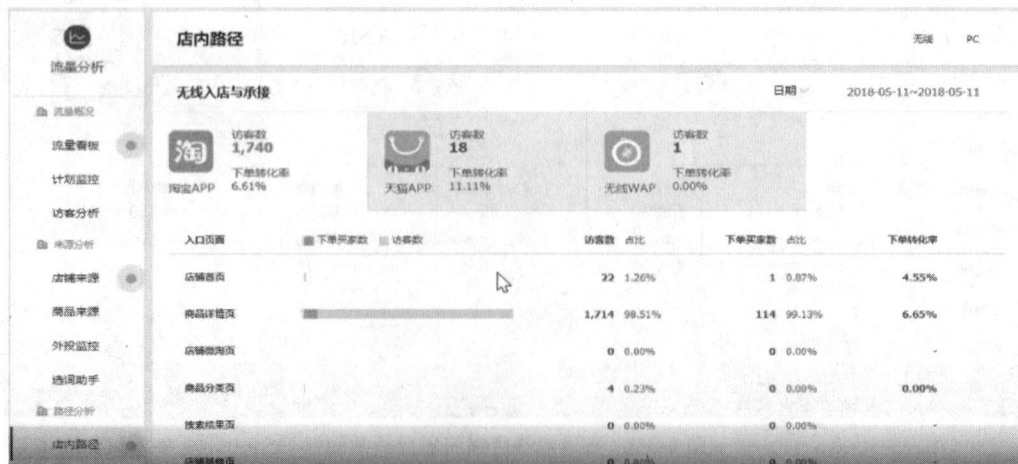

图 8-2-4　日用电器店铺店内路径分析

4.访客地域分析

生意参谋的"访客分析"的地域分布情况,如图 8-2-5、图 8-2-6 所示,访客数占比排行 TOP 10:江苏省、浙江省、河南省……下单买家数排行 TOP 10:浙江省、广东省、江苏省……如果采用直通车推广,为了节省成本,首先重点在江苏省和浙江省两个地区进行投放。

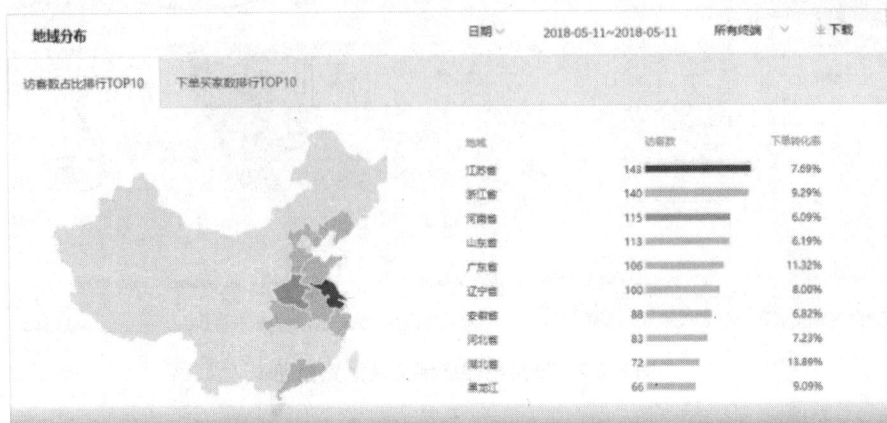

图 8-2-5 日用电器店铺店访客地域分析 1

图 8-2-6 日用电器店铺访客地域分析 2

三、交易分析状况

查看生意参谋的"交易"标签,呈现"交易分析/交易概况/交易总览"界面,如图 8-2-7、图 8-2-8 所示。这两图表明两个时间段的转化率情况,对两图进行比较发现,当前支付转化率为 7.97%,30 天的为 9.03%,说明该店铺运营状况相当不错。生活电器能够做到 9% 的转化率是很不容易的,值得点赞。这是对一类商品经营好坏的经验值判断。

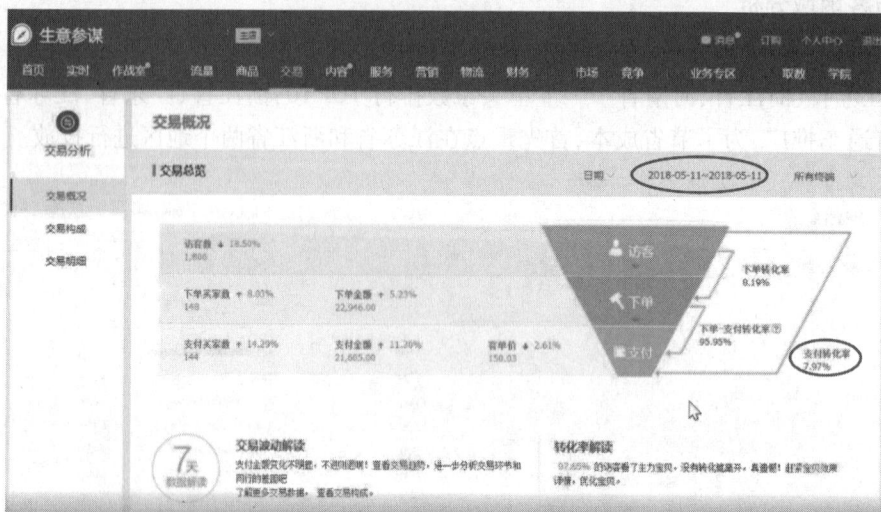

图 8-2-7　日用电器店铺交易总览截图 1

图 8-2-8　日用电器店铺交易总览截图 2

四、取数深入观察

除店铺首页与详情页在引流能力上表现异常之外,该店铺没有发现其他什么明显问题,这时还需要深入观察其他数据,实战讲师建议进入"取数"标签,如图 8-2-9 所示。通过获取店铺或商品的日、周、月报表,观察较长时间的流量、交易、服务和其他数据变化情况,可以查找经营上更加细微的不足之处,进一步提升运营能力。

具体操作:举例,在"选择指标"框内,点选"浏览量""访客数""客单价""PC 端客单价"和"手机端客单价",下面"已选择"栏内即可出现上述点选指标。点击"预览数据"可见"报表数据预览"框,如图 8-2-10 所示。还可以将上述设置"加入我的报表",以备今后随时查阅。

图 8-2-9　日用电器店铺取数/选择数据选项

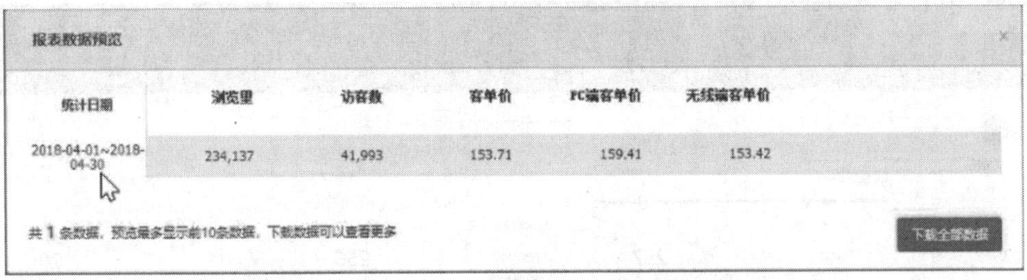

图 8-2-10　日用电器店铺取数/报表数据预览

案例归纳："改善首页与详情页关系+重点区域付费推广+报表发现细微问题"方式。

第三节　生活用品店铺案例

一、店铺数据情况

这是一个企业店铺。查看生意参谋首页获知,支付金额 331 元,订单数 27 个,表明客单价偏低,如图 8-3-1 所示。

二、店铺流量分析

继续点选并查看"流量分析"数据,访客数较前日同期下降 10.45%,呈现异常波动,值得查找原因,如图 8-3-2 所示。

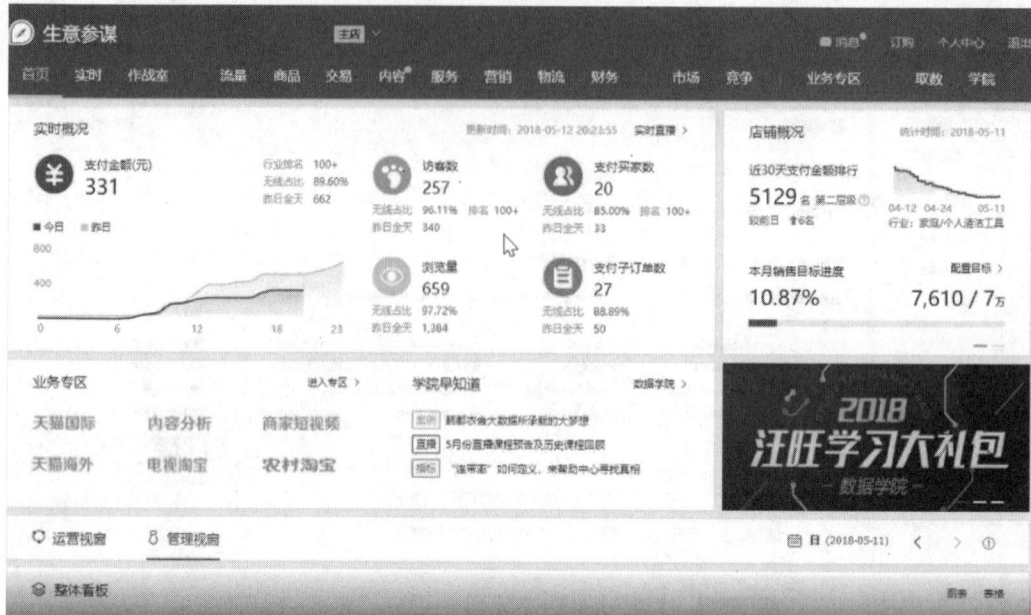

图 8-3-1 生活用品店铺生意参谋首页

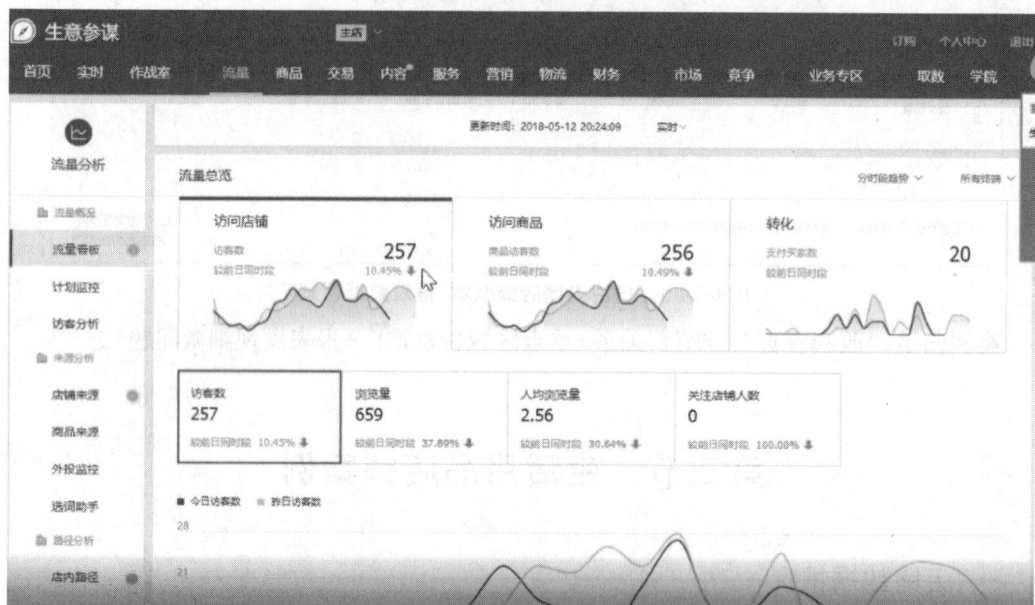

图 8-3-2 生活用品店铺生意参谋首页

接着下拉页面至"流量来源排行 TOP 10",如图 8-3-3 所示,进行下列操作:

①点击手淘搜索的"趋势",得到其流量趋势图,如图 8-3-4 所示。昨日访客数与今日访客数比较,并没有出现异常。

②继续向下查看购物车,获得其趋势图,如图 8-3-5 所示。表明今日访客数一直低于昨日访客数。

流量来源排行TOP10   无线 ∨   店铺来源 ›

访问

排名	来源名称	访客数	(占比)	操作
1	手淘搜索	205	(69.73%)	详情 趋势
2	购物车	26	(8.84%)	趋势
3	淘内免费其他	19	(6.46%)	详情 趋势
4	我的淘宝	19	(6.46%)	趋势
5	手淘问大家	6	(2.04%)	趋势
6	每日好店	4	(1.36%)	趋势
7	手淘其他店铺	4	(1.36%)	详情 趋势
8	手淘其他店铺商品详情	3	(1.02%)	详情 趋势
9	手淘微淘	2	(0.68%)	趋势
10	手淘旺信	2	(0.68%)	趋势

图 8-3-3 生活用品店铺流量来源排行 TOP 10

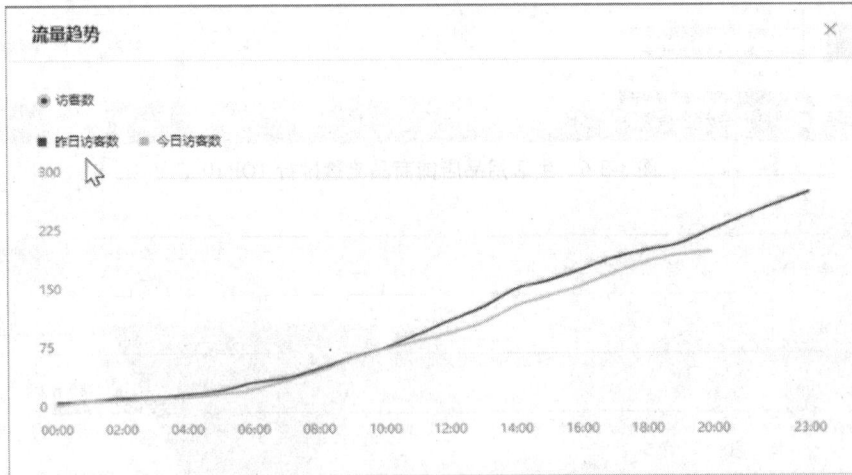

图 8-3-4 生活用品店铺手淘搜索访客数趋势图

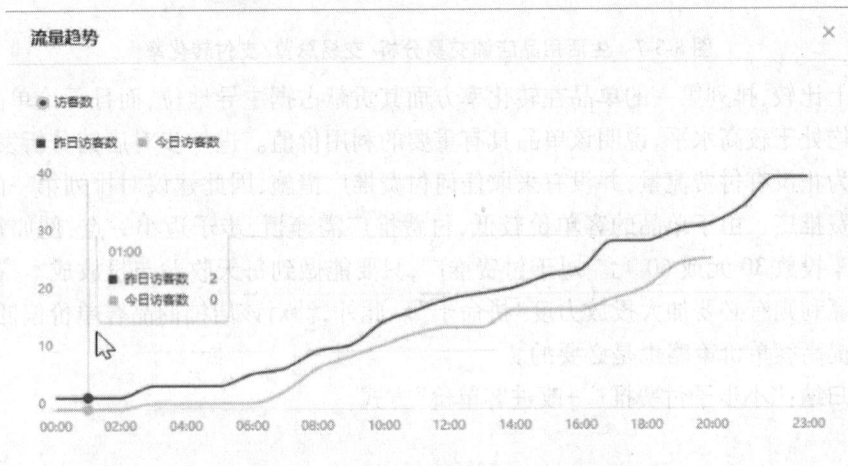

图 8-3-5 生活用品店铺购物车访客数趋势图

再往下拉页面至"商品流量排行 TOP 10",如图 8-3-6 所示,表明如下情况:

①排列第一的宝贝单品转化率为 7.74%。

②再与店铺转化率进行比较,转到"交易分析/交易总览",得知店铺支付转化率为 9.71%,如图 8-3-7 所示。

商品流量排行TOP10 　　　　　　　　　　　　　　　　　　　　无线 ∨　商品来源 ＞

排名	商品	访问		转化		
		访客数	(占比) ↓	支付买家数 ⓘ	支付转化率 ⓘ	操作
1	2个装日本软毛卫生间马桶刷子无死角便池清洁刷厕所坐便器洁厕刷	155	(54.20%)	12	7.74%	单品分析 商品来源
2	卫生间马桶刷加长柄厕所商双重马桶刷无死角便池清洁刷坐便器刷子	36	(12.59%)	2	5.56%	单品分析 商品来源
3	卫生间无痕置物架底宿舍墙面收纳神器厕所浴室床边床头收纳架子	15	(5.24%)	0	0.00%	单品分析 商品来源
4	美的海尔格力室内挂式空调罩保护套挂机1.5p匹卧室空调防尘罩全包	15	(5.24%)	1	6.67%	单品分析 商品来源
5	格力海尔美的挂式空调罩室内卧室挂机空调防尘罩1.5p匹空调内机罩	11	(3.85%)	0	0.00%	单品分析 商品来源
6	一体式简易鞋托架家用经济型双层可调节鞋托架宿舍宿舍鞋子收纳神器	7	(2.45%)	0	0.00%	单品分析 商品来源

图 8-3-6　生活用品店铺商品流量排行 TOP 10

图 8-3-7　生活用品店铺交易分析/交易总览/支付转化率

据以上比较,排列第一的单品在转化率方面其贡献占据主导地位,而且无论单品还是店铺的转化均处于较高水平,说明该单品具有重要的利用价值。进一步对店铺分析发现,该店铺到当前为止没有付费流量,并没有采取任何付费推广措施,因此建议对排列第一的单品适当开展付费推广。由于单品的客单价较低,付费推广需谨慎,步子迈小一点,例如每天可尝试在直通车投放 30 元或 60 元。对于付费推广,只要能做到每天收益与投放成本持平即可,如果还能赢利则有必要加大投放力度"拼命干"。此外,针对该店铺商品客单价偏低的问题,合理采取提高客单价策略也是必要的。

案例归纳:"小步子付费推广+改进客单价"方式。

第四节　日用百货店铺案例

一、店铺首页及手机端页面

主要宝贝是便携式旅行套装,其店铺首页及手机端首页如图 8-4-1 所示。

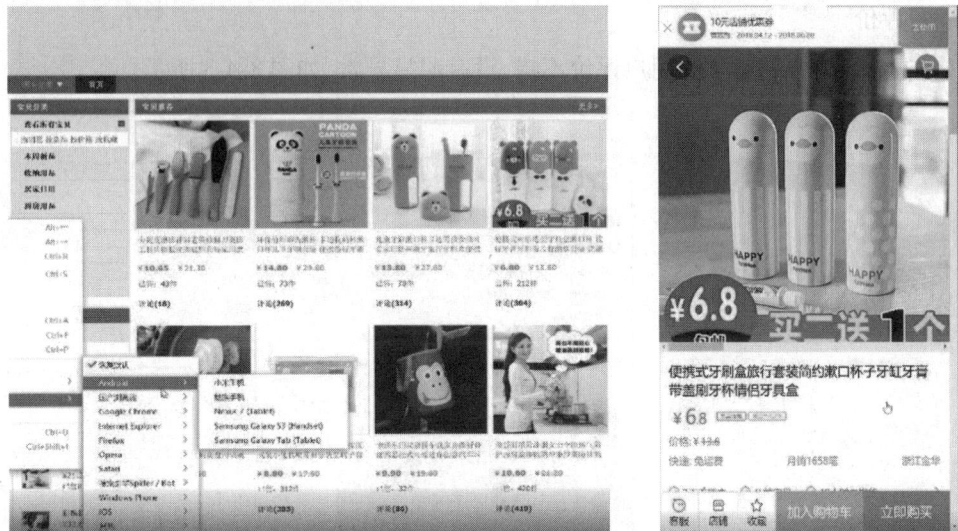

图 8-4-1　日用百货店铺首页及手机端首页

二、手机端主图分析

营销点即卖点,从该店铺手机端主图看,每一幅主图承载着不同的营销点和场景元素,如图 8-4-2 所示,主图之间具有一定程度的互补性,表明店主在商品表达上是经过逻辑思考的,列举如下:

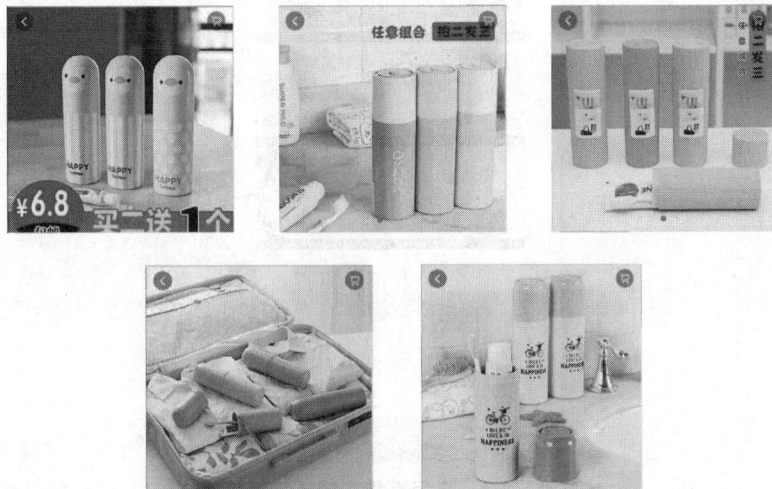

图 8-4-2　日用百货店铺手机端首页分析

①营销点1：买二送一。

②营销点2：组合拍二发三。

③场景展示1：旅行箱。

④场景展示2：洗漱台。

三、看评价与详情页

1. 看评价

总体上，日用百货当时的用户评价不错，没有明显异常，如图8-4-3所示。

图8-4-3　日用百货店铺用户评价页面

2. 看详情页

详情页突出关联匹配，略显繁杂，容易让消费者视觉错乱，反而无所适从，如图8-4-4所示。

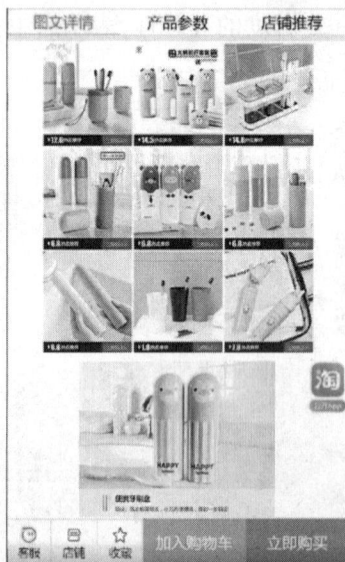

图8-4-4　日用百货店铺详情页面

总体上,详情页内的图片做得不错,如图 8-4-5 所示,但是图片和文字都比较小,不易看清,有必要增加细节展示内容。

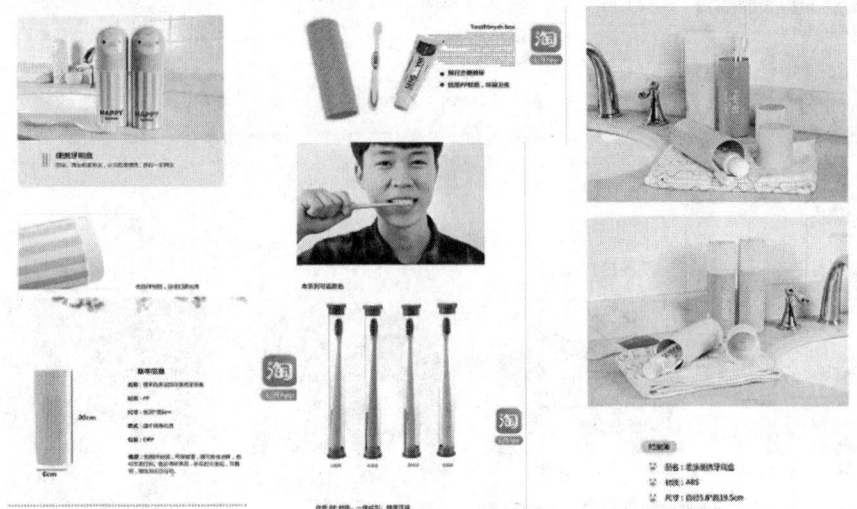

图 8-4-5　日用百货店铺详情页商品图片分析

实战讲师试着将其中一张场景图放大,并进行裁剪,立见商品的细节效果,如图 8-4-6 所示。如果将放大图替换一张场景图,还可避免场景图重复无效的情况。

图 8-4-6　日用百货店铺商品放大细节示范

案例归纳:"详情页宝贝关联+文字体例+图片远近搭配"方式。

第五节　儿童短裤店铺案例

一、儿童短裤主图分析

该店铺主要卖童装类商品,查看所有宝贝后,选择销量最好的儿童短裤进行分析,儿童短裤的手机端首页如图 8-5-1 所示。

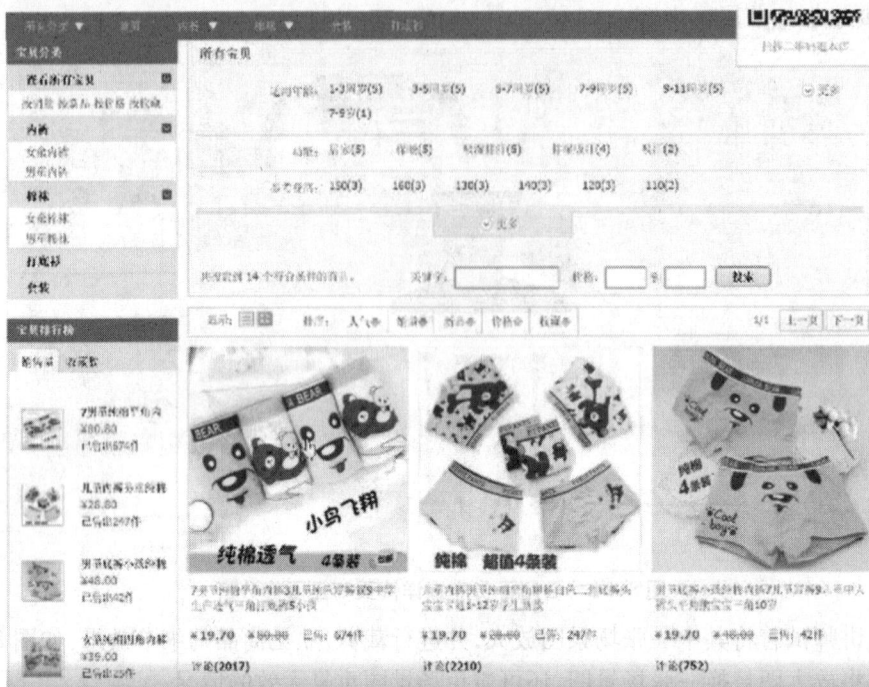

图 8-5-1　儿童短裤店铺首页

从首页中截取儿童短裤的主图 4 幅,它们均呈现 3∶4 的比例,这种比例是比较流行的主图格式,具有可展示面积较大的特点(图 8-5-2)。

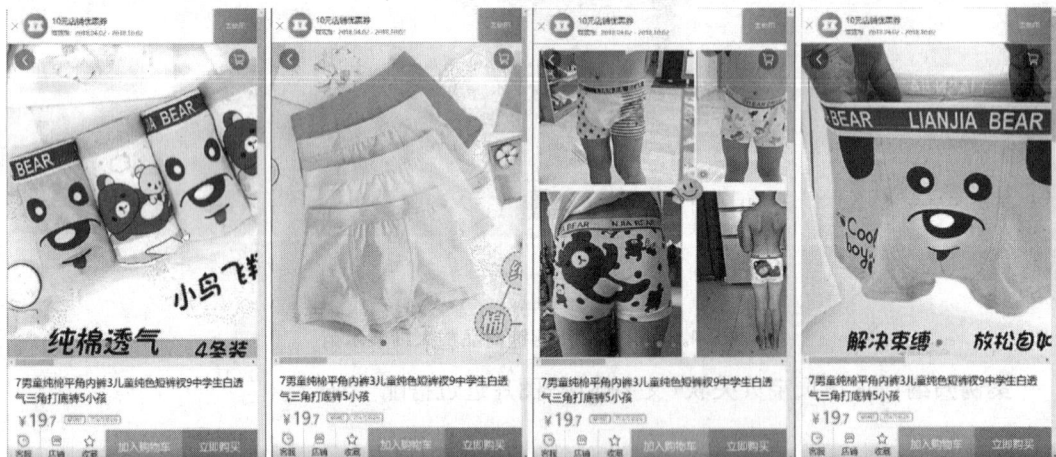

图 8-5-2　儿童短裤主图系列

主图问题分析:第一张图片的信息稍显杂乱,卖点不突出;短裤的图案显得花俏,背景则应该选择纯色,更具有反差效果,而第一张主图的背景却采用带花纹的浅色,不太搭配;第一张主图中描述的几个卖点摆放比较分散,最好集中在一起,例如把三个卖点写成一句连贯的话——"纯棉透气、小鸟飞翔和 4 条装",或者再提炼得更简练一些。

二、详情页面分析

儿童短裤手机端详情页如图 8-5-3 所示,其中各个信息段落的图片都沿用了 PC 端的呈现方式,除中间有两张放大图片外,其他图片都显得比较小,不容易让客户看清短裤的质量等细节,有必要专门为手机端制作更加清晰的详情页图片。

图 8-5-3　儿童短裤详情页

在中间的放大图片中,放大的目的究竟是什么不够明确。这里需要运营者站在消费者的立场,尽可能细致地体会这时消费者还需要进一步看到什么,例如在短裤平面图上,消费者还需要看清楚的就是那几条缝线了,如果把缝线表现出来还能体现商品的缝纫质量,找到致密、结实的新卖点。因此,应当对这个新卖点加以放大呈现,如图 8-5-4 所示。

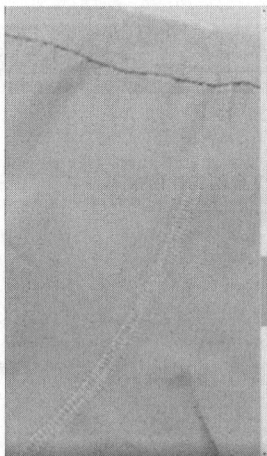

图 8-5-4　儿童短裤平面缝纫线放大图

案例归纳:"宝贝主图花俏搭纯色+卖点整合""详情页细节表达+提炼新卖点"方式。

第六节 汽车配件店铺案例

一、店铺生意参谋首页

需要对店铺的访客数、浏览量、支付买家数和支付子订单数进行比较,才能发现更多、更细微的问题。这时,可以点击"取数"标签,查看相应报表,如图8-6-1红圈处所示。

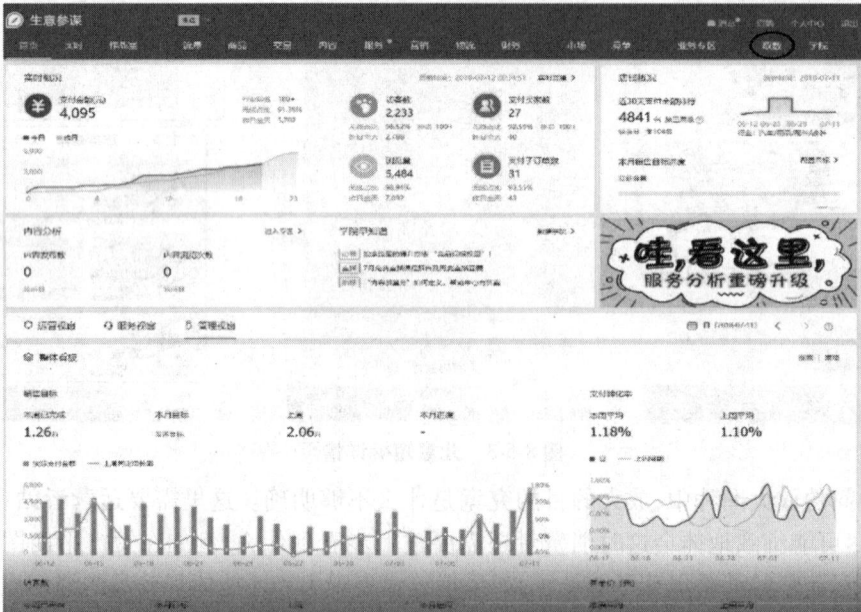

图 8-6-1 汽车配件店铺生意参谋首页

图 8-6-2 汽车配件店铺生意参谋/取数标签页面

进入"取数"标签页面,如图8-6-2所示,看见"您还没有创建任何报表"的提示,说明这个店铺还没有对数据作长期观察。这时有必要通过"新建报表"链接去建立数据报表,以便定期观察店铺的数据变化情况。

进入"新建报表"界面,从建立报表过程中可以有针对性地抓取更长期的数据,便于找到常规数据不易暴露的问题。图中表明生意参谋提供报表可选的数据如图8-6-3所示。

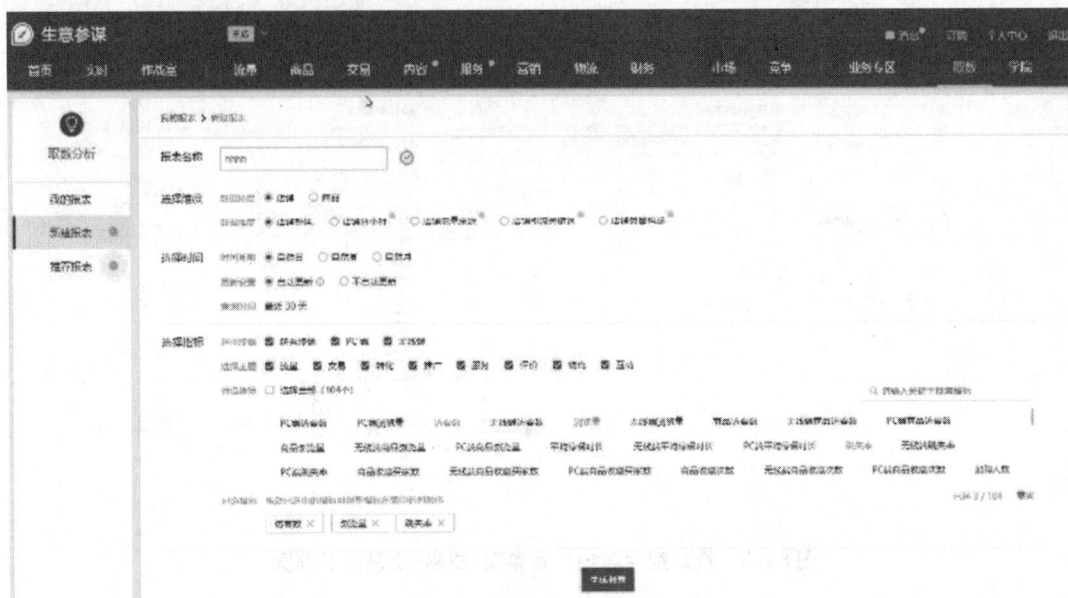

图8-6-3 汽车配件店铺生意参谋/新建报表页面

经验提示:在常规数据正常的情况下,可能隐藏着更细小的问题,这时需要对店铺的长期表现进行深入分析,建立数据报表是一种可行的方法。

二、支付转化率分析

跳转到"交易"标签下的"交易概况"界面,如图8-6-4所示,可见关于支付转化率的数据及图示,包括交易趋势图。

该店铺的支付转化率1.43%,略显较低。再看下面的趋势图,在复选框选项中点选"支付转化率",得到其趋势图。趋势图中显示波动很大,在0.5%~1.5%,这种现象值得关注,应当仔细查验经营中可能引起支付转化率波动的原因。

经验提示:在常规数据正常的情况下,观察支付转化率趋势图可以进一步发现问题。

三、同行支付转化率对比

再看"同行对比",先选同行转化率平均水平趋势,然后选同行转化率优秀水平趋势,如图8-6-5所示。同行转化率平均值是5%,行业优秀水平可以达到12.82%,而该店铺的转化率只有1.0%左右。这种情况下,该店铺短期内不宜付费拉流量,而要潜心做好转化提升工作。

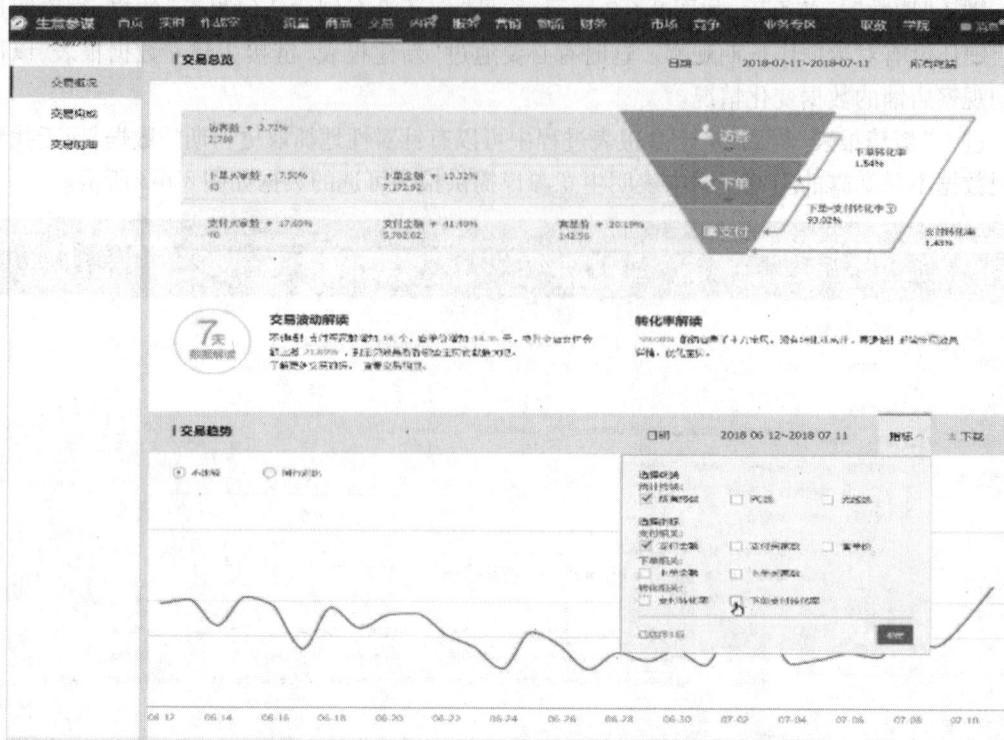

图 8-6-4　汽车配件店铺生意参谋/交易/交易概况界面

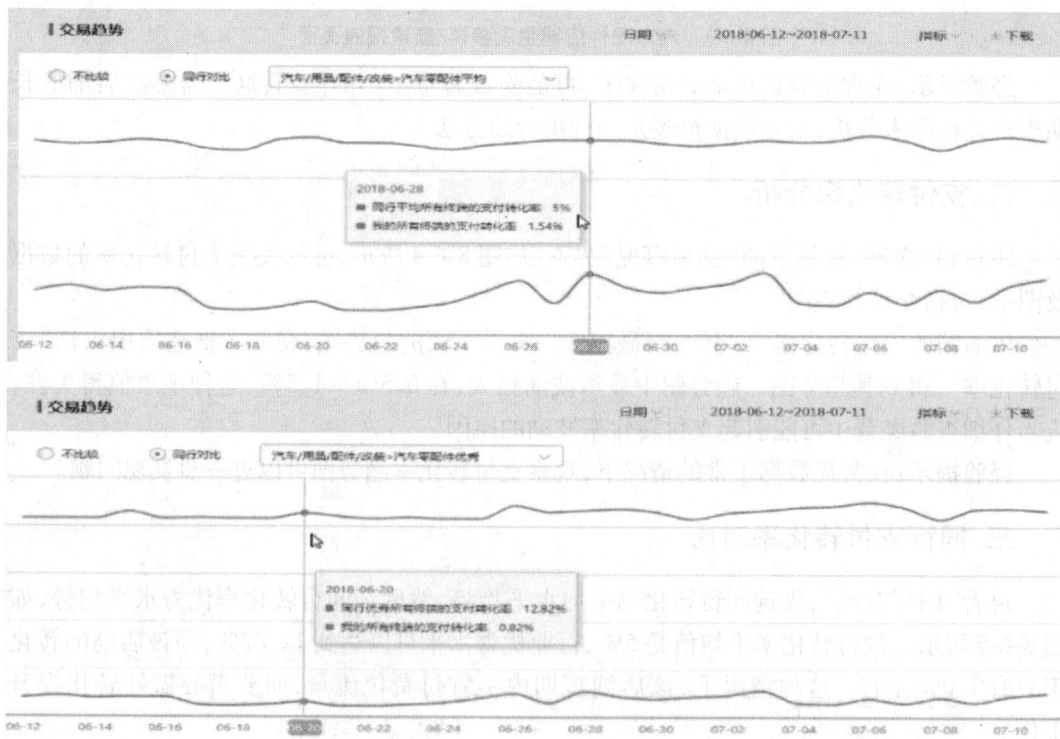

图 8-6-5　汽车配件店铺生意参谋/交易/交易概况/交易趋势/同行对比界面

经验提示：汽车零配件类目的行业内转化率是相当高的，如果转化波动大，需要进一步对具体商品作分析。

四、异常商品分析

进入生意参谋→商品→异常商品：包含流量下跌、支付转化率低、高跳出率、支付下跌、零支付、低库存等标签，如图 8-6-6 所示。

图 8-6-6　汽车配件店铺生意参谋/商品/商品概况界面

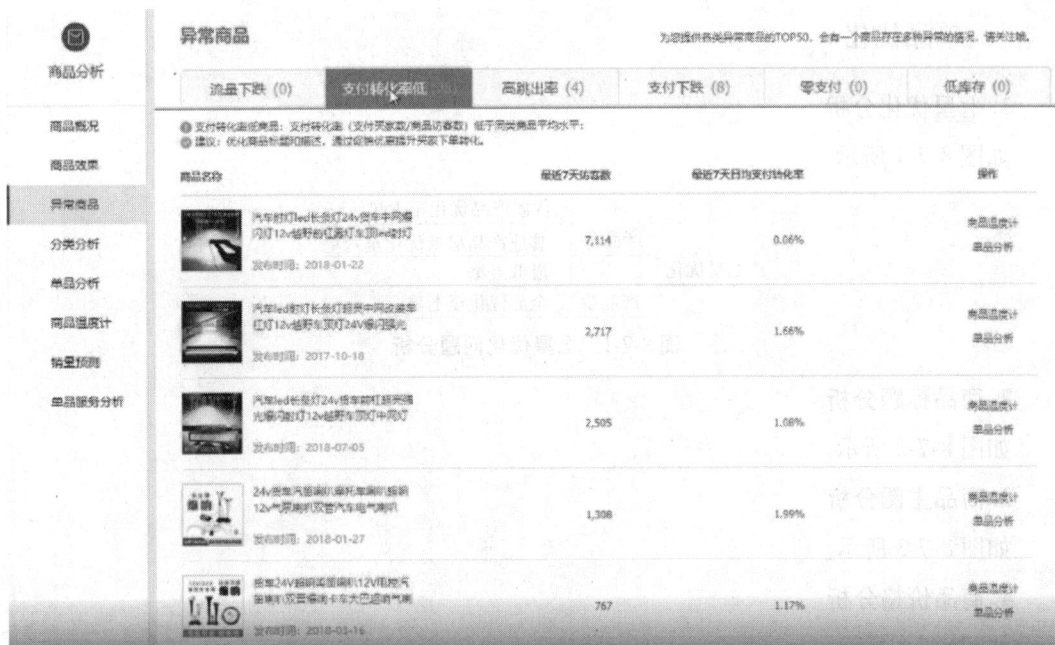

图 8-6-7　汽车配件店铺生意参谋/商品/异常商品/支付转化率低界面

根据上面对该案例的诊断,主要问题是支付转化率偏低,因此这里查看"支付转化率低"标签,如图8-6-7所示。图中标明,第一个宝贝问题最突出,7 114个访客,只有0.06%的转化率,应当重点考虑如何提升这个宝贝的转化率问题。一般而言,影响支付转化率的因素有以下几方面,供找原因时参考:

①宝贝的性价比是不是够高?

②客户询单转化好不好?

③宝贝页面与同行相比是不是具有优势?

④营销方案是否重点针对了这个宝贝?

对以上问题查找原因,可以借鉴管理学中关于全面质量管理的PDCA循环方法(可另行查阅相关资料),循序渐进地解决。

案例归纳:"基本面良好+报表数据细分""支付转化低+交易波动+具体商品优化"方式。

第七节　1688店铺运营复盘案例

这是在校学生们对一个1688企业店铺进行复盘的记录,主要围绕单品优化、首页优化、流量状况和老客户唤醒四个方面问题做了细致解析,为此后确定运营思路提供重要依据。企业负责人高度认可该解析,并采纳了学生的运营建议。下面仅将复盘记录的思维导图进行分解呈现,供读者参考,并体现思维导图在运营诊断中的使用情况。思维导图的详细内容见图中说明文字,不再赘述。

一、单品优化

1.七星优化分析

如图8-7-1所示。

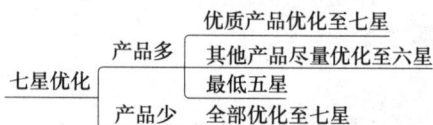

图8-7-1　七星优化问题分析

2.商品标题分析

如图8-7-2所示。

3.商品主图分析

如图8-7-3所示。

4.商品价格分析

如图8-7-4所示。

商品标题
- 查违禁词
  - 根据广告法 查看店铺标题是否存在违禁词
  - 看同行大家是否在使用这个违禁词
  - 同行没有使用这个违禁词 将违禁词替换为其他词 正品—优质
- 标题优化
  - 先整理店铺销量好或同行优秀商品进行优化（生意参谋—商品排行选取10~20个产品）
  - 标题
    - 标题尽量写满60个字符
    - 找词来源
      - 生意参谋
      - 阿里指数 https://index.1688.com 🔗
      - 百度指数
      - 下拉框
      - 产品属性
        - 厂家直销
        - 礼盒包装
      - 网销宝—热词（通过词的付费出价选词） 流量越高 词越贵
    - 标题关键词
      - 标题会带来曝光量
      - 促销词带来点击

图 8-7-2 商品标题问题分析

商品主图
- 以商品为主 卖点为辅原则
  - 找主图案例给老板展示说明修改后的效果好在哪里
  - 优化需要有结果图或方案 具体实施方案
  - 可根据评价及旺旺询单问题进行优化
  - 看同行主图设计
- 主图
  - 突出卖点 吸引点击
  - 主图+logo
    - 新品应该留更多的位置突出卖点
    - 分销商会不想要logo标志 而不选择我们的店铺

产品特性 卖点图

细节图

重复率高 浪费展现 少了一个顾客对店铺产品全面了解的机会 五张主图=一个详情页（五张主图内容）

产地
公司实力 增加消费者的信任

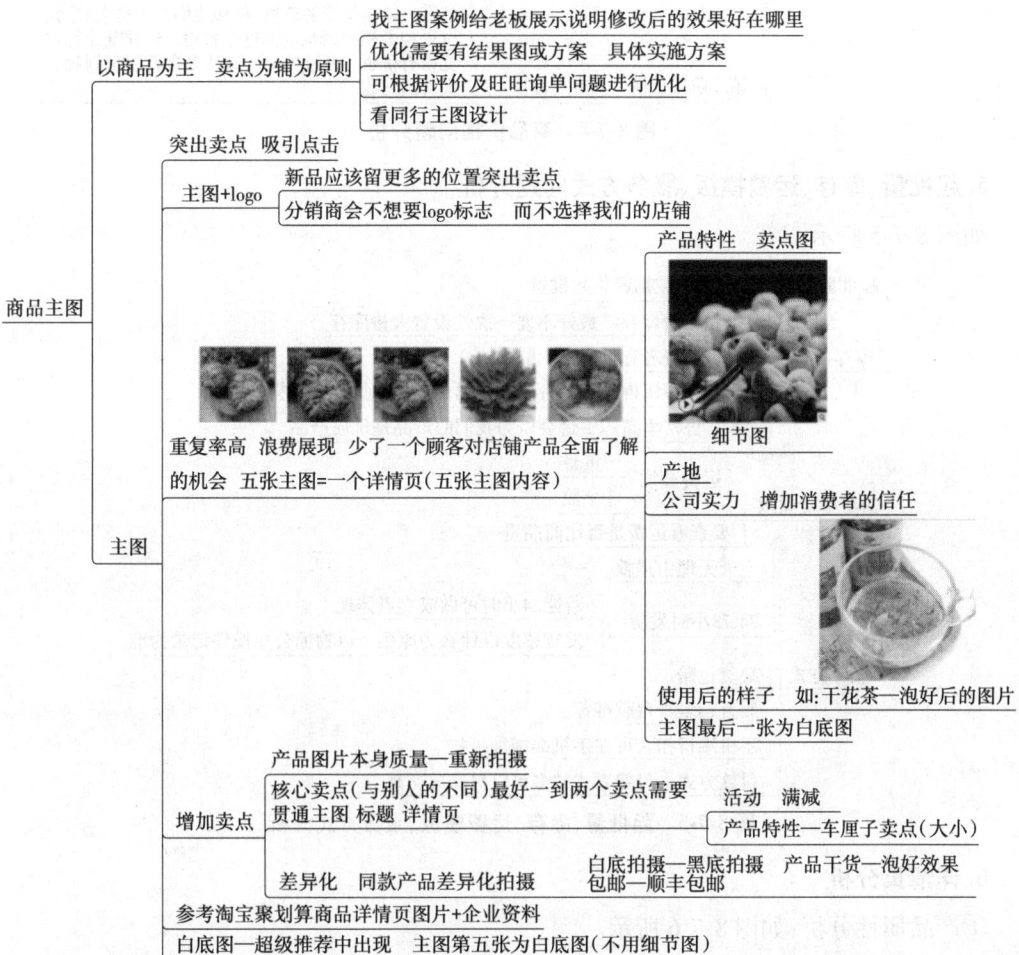

使用后的样子 如:干花茶—泡好后的图片
主图最后一张为白底图

  - 增加卖点
    - 产品图片本身质量—重新拍摄
    - 核心卖点（与别人的不同）最好一到两个卖点需要贯通主图 标题 详情页
      - 活动 满减
      - 产品特性—车厘子卖点（大小）
    - 差异化 同款产品差异化拍摄
      - 白底拍摄—黑底拍摄 产品干货—泡好效果
      - 包邮—顺丰包邮
  - 参考淘宝聚划算商品详情页图片+企业资料
  - 白底图—超级推荐中出现 主图第五张为白底图（不用细节图）

图 8-7-3 商品主图问题分析

先询问老板我们的毛利率可以控制在多少,询问进货价
(如果方便)询问老板有无商品价格数据,自己拉出同行
数据向老板提出价格是否可以做出适当调整

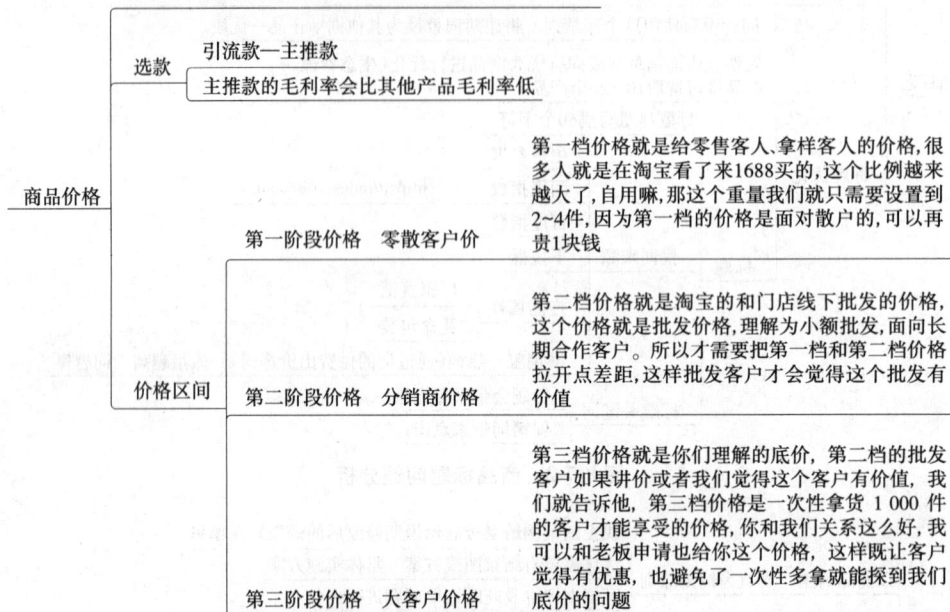

商品价格
选款
引流款—主推款
主推款的毛利率会比其他产品毛利率低

价格区间

第一阶段价格　零散客户价
第一档价格就是给零售客人、拿样客人的价格,很多人就是在淘宝看了来1688买的,这个比例越来越大了,自用嘛,那这个重量我们只需要设置到2~4件,因为第一档的价格是面对散户的,可以再贵1块钱

第二阶段价格　分销商价格
第二档价格就是淘宝的和门店线下批发的价格,这个价格就是批发价格,理解为小额批发,面向长期合作客户。所以才需要把第一档和第二档价格拉开点差距,这样批发客户才会觉得这个批发有价值

第三阶段价格　大客户价格
第三档价格就是你们理解的底价,第二档的批发客户如果讲价或者我们觉得这个客户有价值,我们就告诉他,第三档价格是一次性拿货1 000件的客户才能享受的价格,你和我们关系这么好,我可以和老板申请也给你这个价格,这样既让客户觉得有优惠,也避免了一次性多拿就能探到我们底价的问题

图 8-7-4　商品价格问题分析

5.起批量、库存、运费模板、服务方式问题分析

如图 8-7-5 所示。

起批量　根据历史成交数据调整起批量

库存
通过月销量设置库存　最好不要一次性设置大量库存
消费者有紧迫感
库存快售完时平台会发送消息提醒上货　提高售罄率
售罄率高　平台会以为我们的产品是优质产品

运费模板问题
运费叠加
重量
个数
要查看运费是否比商品贵

服务方式
七天无理由退款
24、78小时发货
若能24小时可做成卖点体现
发货速度以什么为原则　以物流公司揽件记录为准
缺货包赔
服务越多平台越推荐
手机端折扣　可在手机端增加折扣
付款方式　付费方式越多可以提高成交量

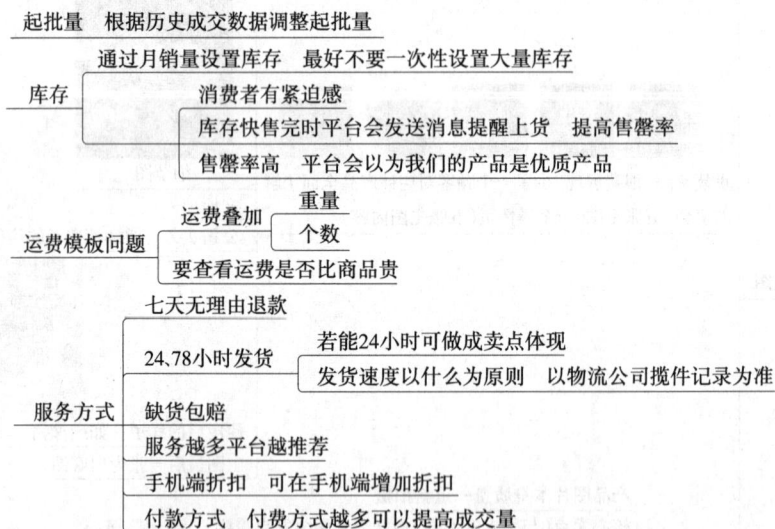

图 8-7-5　起批量、库存、运费模板、服务方式分析

6.详情页分析

①产品属性分析:如图 8-7-6 所示。

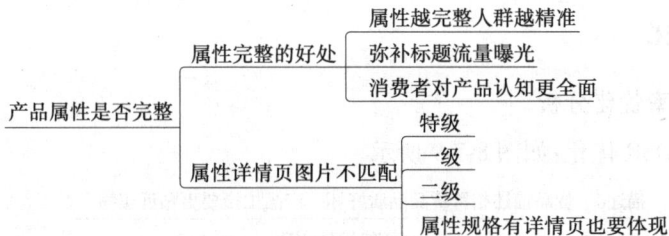

图 8-7-6　产品属性问题分析

②爆款关联分析：如图 8-7-7 所示。

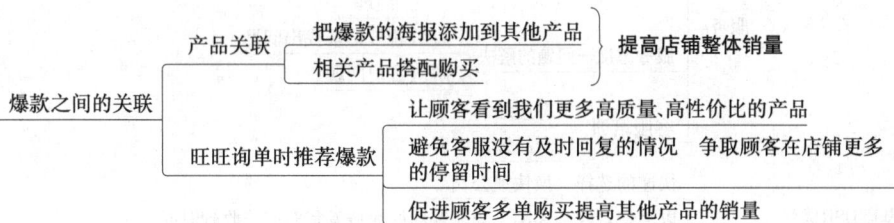

图 8-7-7　爆款关联问题分析

③详情页属性分析：如图 8-7-8 所示。

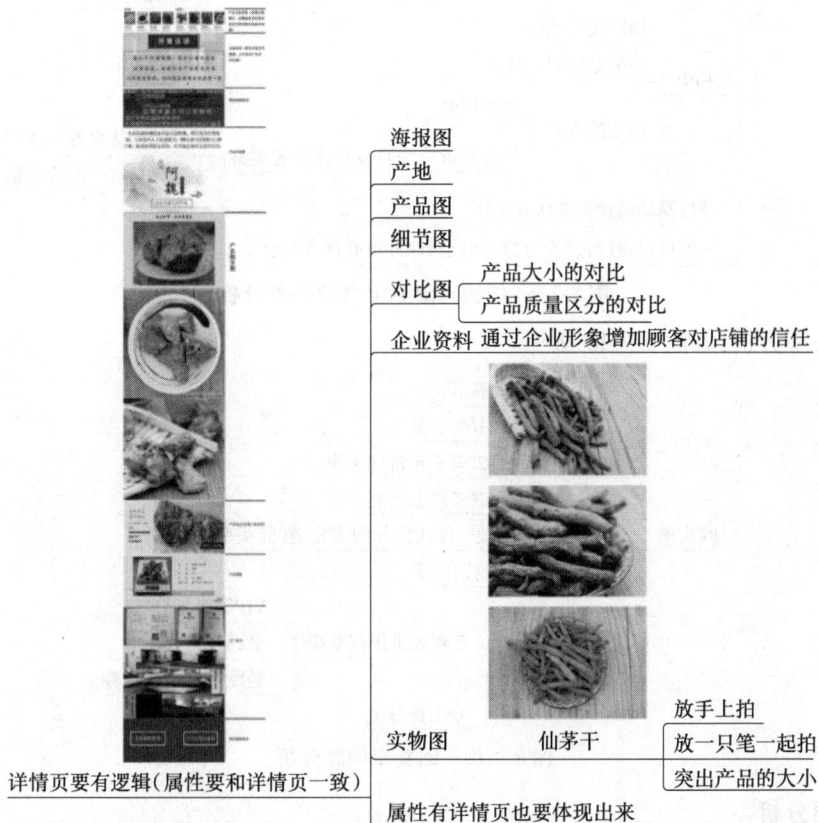

图 8-7-8　详情页属性问题分析

二、首页优化

1. DSR、回头率优化分析

①店铺基础 DSR 优化：如图 8-7-9 所示。

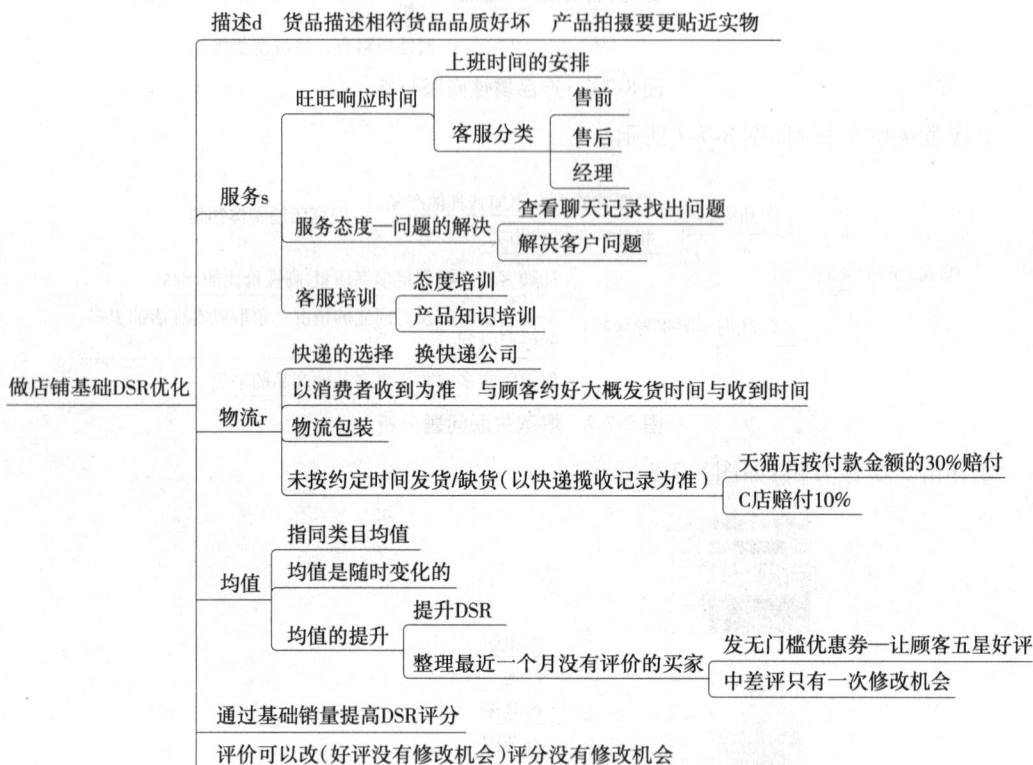

```
                          描述d ── 货品描述相符货品品质好坏  产品拍摄要更贴近实物
                                                    ┌── 上班时间的安排
                              旺旺响应时间 ─┤              ┌── 售前
                                            └── 客服分类 ─┤── 售后
                                                          └── 经理
                  服务s ─┤
                          服务态度—问题的解决 ─┬── 查看聊天记录找出问题
                                                └── 解决客户问题
                          客服培训 ─┬── 态度培训
                                    └── 产品知识培训
                          快递的选择 ── 换快递公司
                          以消费者收到为准  与顾客约好大概发货时间与收到时间
  做店铺基础DSR优化 ─┤  物流r ─┤  物流包装
                          未按约定时间发货/缺货（以快递揽收记录为准）─┬── 天猫店按付款金额的30%赔付
                                                                      └── C店赔付10%
                          指同类目均值
                          均值是随时变化的
                  均值 ─┤
                          均值的提升 ─┬── 提升DSR
                                      └── 整理最近一个月没有评价的买家 ─┬── 发无门槛优惠券—让顾客五星好评
                                                                        └── 中差评只有一次修改机会
                          通过基础销量提高DSR评分
                          评价可以改（好评没有修改机会）评分没有修改机会
```

图 8-7-9　店铺基础 DSR 优化问题分析

②回头率分析：如图 8-7-10 所示。

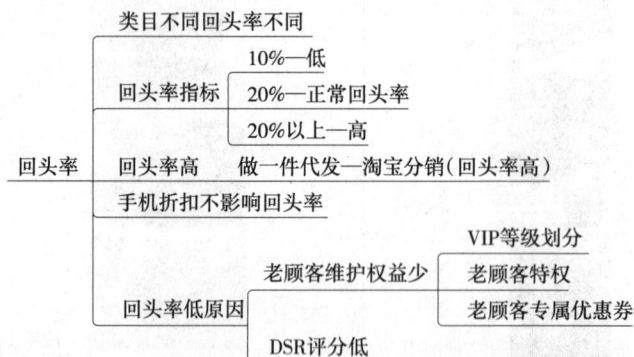

```
                        类目不同回头率不同
                                        ┌── 10%—低
                        回头率指标 ─┤── 20%—正常回头率
                                        └── 20%以上—高
          回头率 ─┤  回头率高  做一件代发—淘宝分销（回头率高）
                        手机折扣不影响回头率
                                            ┌── VIP等级划分
                        老顾客维护权益少 ─┤── 老顾客特权
                        回头率低原因 ─┤      └── 老顾客专属优惠券
                                        └── DSR评分低
```

图 8-7-10　回头率问题分析

2. 店招分析

如图 8-7-11 所示。

仅有的版面应该放真实的卖点

导航栏应该多放产品的分类（让消费者更快的找到自己想要的产品）

按功效分

按价格分

图 8-7-11　店招问题分析

3.轮播图、活动等分析

如图 8-7-12 所示。

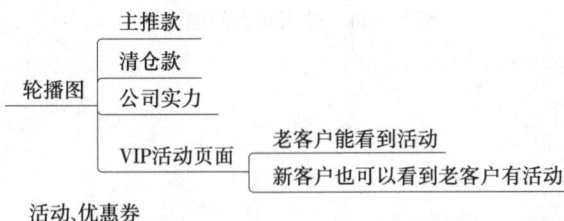

图 8-7-12　轮播图、活动等问题分析

4.店铺产品分析

如图 8-7-13 所示。

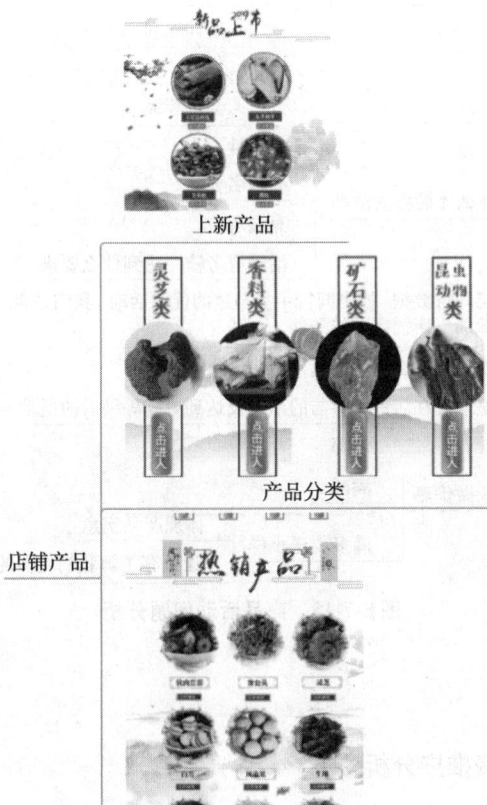

图 8-7-13　店铺产品问题分析

5. 公司实力分析

如图 8-7-14 所示。

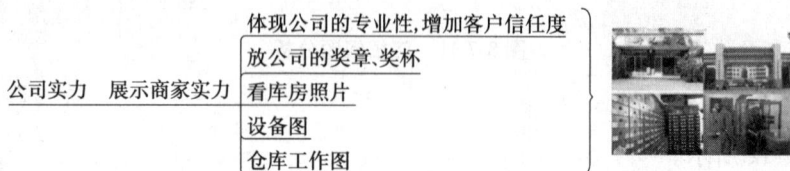

公司实力　展示商家实力
- 体现公司的专业性,增加客户信任度
- 放公司的奖章、奖杯
- 看库房照片
- 设备图
- 仓库工作图

图 8-7-14　公司实力问题分析

三、流量优化

1. 商品活动分析

如图 8-7-15 所示。

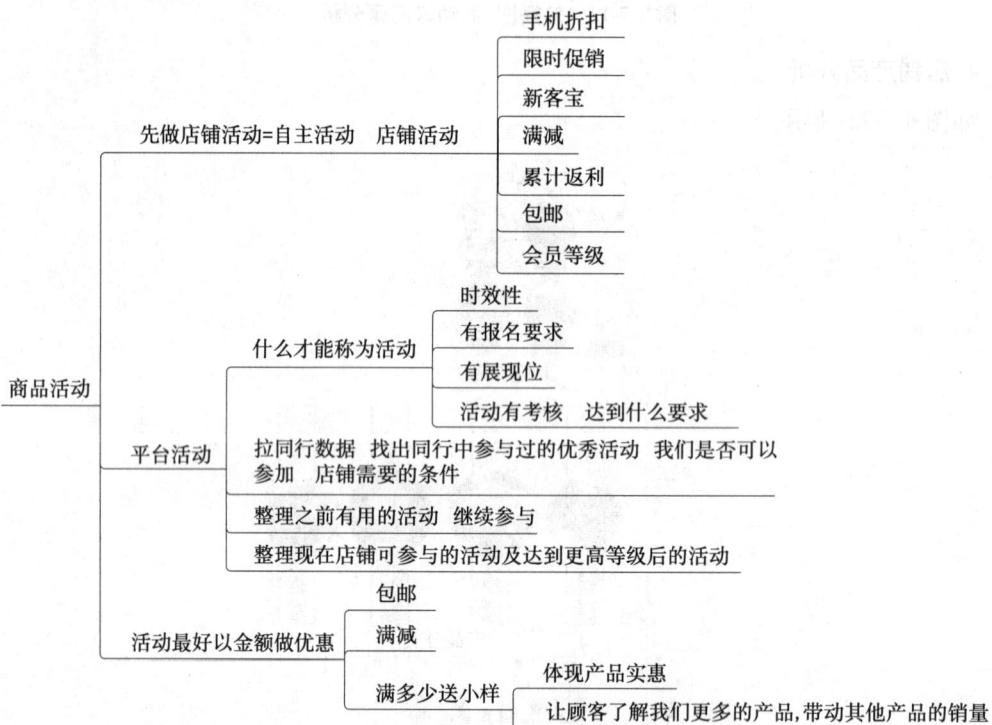

商品活动
- 先做店铺活动=自主活动　店铺活动
  - 手机折扣
  - 限时促销
  - 新客宝
  - 满减
  - 累计返利
  - 包邮
  - 会员等级
- 平台活动
  - 什么才能称为活动
    - 时效性
    - 有报名要求
    - 有展现位
    - 活动有考核　达到什么要求
  - 拉同行数据　找出同行中参与过的优秀活动　我们是否可以参加　店铺需要的条件
  - 整理之前有用的活动　继续参与
  - 整理现在店铺可参与的活动及达到更高等级后的活动
- 活动最好以金额做优惠
  - 包邮
  - 满减
  - 满多少送小样
    - 体现产品实惠
    - 让顾客了解我们更多的产品,带动其他产品的销量

图 8-7-15　商品活动问题分析

2. 店铺流量来源分析

如图 8-7-16 所示。

3. 商品重发流量、付费推广分析

如图 8-7-17 所示。

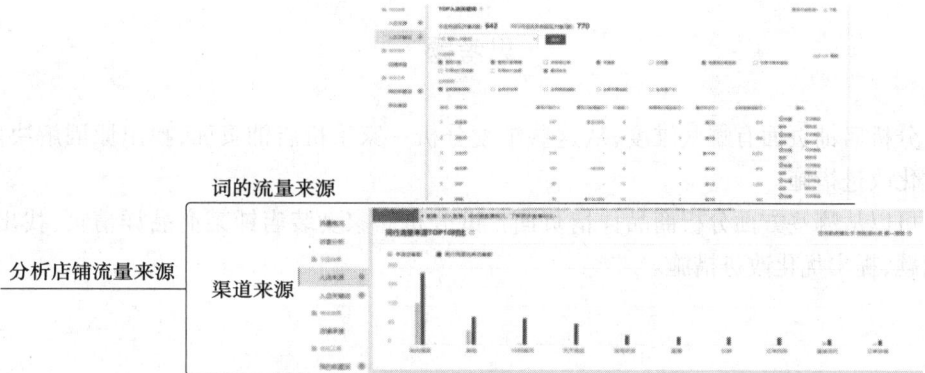

图 8-7-16　店铺流量来源问题分析

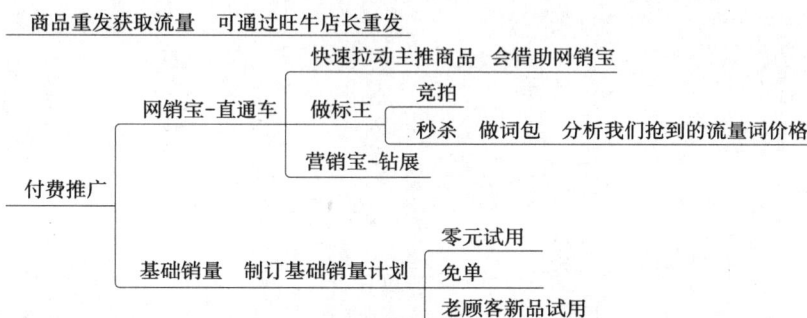

图 8-7-17　商品重发流量、付费推广问题分析

四、老客户唤醒

老客户唤醒、老客户特权和老客户资料整理三个方面的问题分析如图 8-7-18 所示。

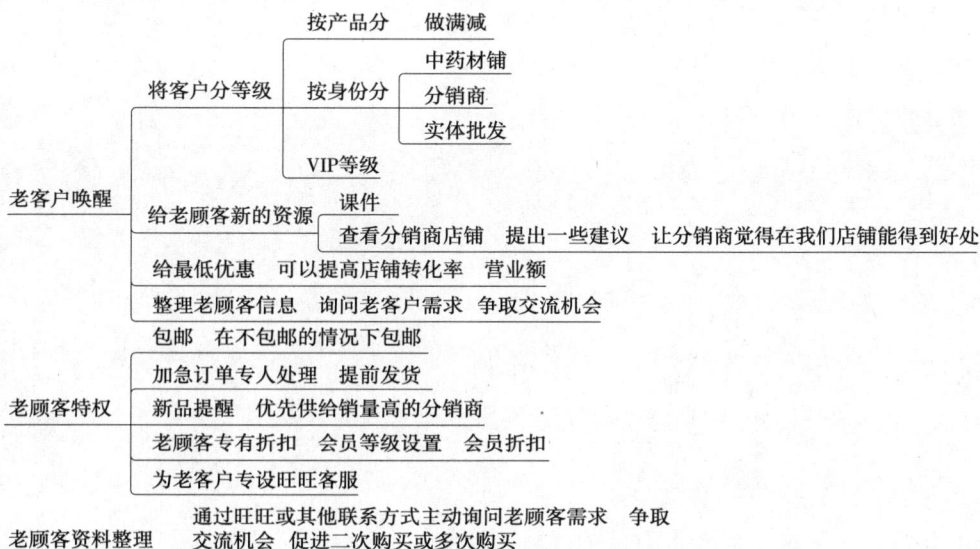

图 8-7-18　老客户唤醒等问题分析

思考题

1. 分析店铺页面有哪些维度，从这些维度分析一家手机店铺页面，找出原因解决问题，提出优化改进措施。

2. 可以从哪些方面分析商品详情页面？试分析一家女装店铺某商品详情页，找出原因解决问题，提出优化改进措施。

第九章
网店引流推广方式与策略

第一节　直通车引流

一、直通车官方定义

直通车在卖家中心里的位置是:卖家中心>营销中心>我要推广>直通车,如图 9-1-1 所示。

图 9-1-1　淘宝直通车首页

在新店铺的直通车首页,能够看到"新人常见问题"栏目(图中红圈处),点击进入"了解更多",即可观看"一分钟了解直通车"短视频。该视频对直通车作了官方定义,它是按点击付费的营销推广工具,在买家搜索页通过关键词展现相匹配宝贝的推广方式,实现宝贝的精准推广。百度百科对直通车作了进一步说明,它是由阿里巴巴集团旗下的雅虎中国和淘宝网进行资源整合后,推出的一种全新的搜索竞价模式。淘宝直通车的竞价结果不仅在淘宝网上以"图片+文字"的形式充分展示,还可以在雅虎搜索引擎上显示。2014年6月5日,淘宝直通车推出"个性化搜索"服务,即搜索同一关键词,搜索结果将根据消费者的特征,将商品进行个性化投放展示。

二、直通车推广展示位

直通车推广展现位置在PC端和手机端分别都有特殊的标识,以便大家识别。PC端搜索结果页中以"掌柜热卖"红色标识凸显直通车推广商品,手机端则以"HOT"红色标识显现。

PC端展现位置是:关键词搜索结果页左侧1~3个(第1页为1个,第2页以后为3个),右侧从上往下16个,以及底部5个,如图9-1-2所示。

图9-1-2　淘宝直通车推广商品PC端展现位置

手机端展现位置是:手淘关键词搜索结果页中,每隔5~10个宝贝有一个带"HOT"标识的直通车商品展示位,如图9-1-3所示。具体排列间隔示意如下:

$$HOT+5+HOT+5+HOT+10+HOT+10+\cdots\cdots$$

其中,HOT即指直通车推广商品的展现位置。

图 9-1-3　手淘直通车推广商品展现位

三、直通车展现逻辑及扣费原理

1. 展现逻辑

直通车根据关键词质量分和出价获取综合得分,并根据综合得分确定宝贝的排名。该逻辑公式示意如下:

$$综合得分 = 出价 × 质量分$$

2. 扣费原理

直通车按点击扣费,扣费金额不高于商家的最终出价。该原理公式如下:

$$单次点击扣费 = \frac{下一名出价 × 下一名质量得分}{自己的质量得分} + 0.01 \text{ 元}$$

其中,质量分是衡量关键词与推广宝贝和淘宝用户搜索意向三者之间相关性的综合指标,为1—10 分制。影响质量分的因素包含创意质量、相关性及买家体验三个方面。

四、直通车的用途和目的

淘宝/天猫直通车是一款帮助商家推广商品/店铺的营销工具。通过对买家搜索的关键词或淘内、淘外的展现位置出价,从而将宝贝展现在高流量的直通车展位上,也可在直通车上自行选择在哪些买家眼前进行展现,让宝贝在众多商品中脱颖而出找到其买家。直通车是一个店铺的引流工具,主要通过关键词来增加商品搜索流量,但并不能取代首页、详情页等页面的自然浏览量。

从实战的角度讲,直通车是精准引流、精准转化、带动搜索的有力武器,如图 9-1-4 所示。商家们常常对店铺里销量最好的商品采用直通车推广以打造爆款。

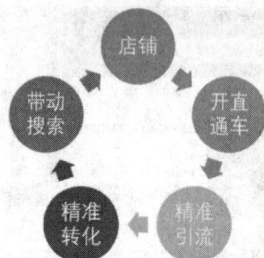

图 9-1-4　直通车的实战作用示意图

总体上讲,直通车的常用目的主要有以下 3 个:

1. 主动引流

自主增加产品搜索曝光的机会,主要采用低价引流方式或以 ROI 为导向的引流方式。当推广目的是提高支付转化时,应当尽可能做到店铺产品可实现的流量上限。所谓流量上限是指宝贝能够转化部分关键词和部分人群的最大限度,如果超出这个限度继续增加额外投入,就会出现盈亏不平衡。此时应当及时从低价引流转变为以 ROI 为导向引流的策略,避免推广投入过大,扭转盈亏不平衡状况。

2. 测款测图

直通车最核心的作用是发现值得推广的宝贝和测图以提高曝光价值(即提高搜索点击率)。最简单的测款方法是直接选择直通车的智能计划。

3. 带动搜索

通过做好选词、人群和创意的设置,用直通车带动搜索。使用直通车总是以结果为导向的,而不拘泥于推广过程中的某个环节或追求一个有限的目标,例如强调较低点击付费(ppc)、高点击率、高转化或高投入等。因为直通车一方面能够帮助店铺放大人群范围,却同时会使点击率、转化率、投产比相应下降,因此仅看直通车对某些单个指标的影响并非全面,而另一方面直通车放大人群范围后带来的是更多精准人群,对于提升自然流量有更大益处。

五、直通车基本运营方法

1. 直通车的推广方式

进入直通车的"推广设置"界面,如图 9-1-5 所示,可以直接看到"选择推广方式"下面有两个大类方式,即"智能推广"和"标准推广"。图中显示的是进入界面的默认选择状态——智能推广(呈红色方框状),继续往下看,智能推广又分为三种推广方式,即"选货推广""选词推广—趋势明星"和"周期精准投"。

当点选"标准推广"时,即可进入其界面,如图 9-1-6 所示,它是一种自定义推广方式,一般在具有一定经验的运营者对智能推广计划进行调整时使用。因此,直通车常用的推广方式主要是智能推广之下的选货推广、选词推广和周期精准投。

图 9-1-5　直通车的推广设置界面及智能推广方式默认选择状态

图 9-1-6　直通车的推广设置/标准推广方式界面

2. 认清直通车的计费特点

直通车是一种展示型广告且通过点击计费,虽然展示型广告有很多,如钻展、超级推荐(即手淘推荐)、淘客等,但是通过点击收费是直通车独有的特点。下面两图清楚地说明直通车的计费效果。

图 9-1-7 显示直通车在仅有展现却没有点击情况下的计费结果，是“零”花费，说明它是一种“不见鬼子不挂玄儿”的投入推广，不必担心展现是否有转化而成本无限增加。图 9-1-8 则显示直通车在既有展现又有点击情况下的计费结果，根据每次点击出价的标准计算花销费用，每次点击代表一次精准流量，而花在精准流量上的成本是可控且值得的。

汇总 | 计算机 | 移动设备 | 细分条件：全部

状态	关键词	质量分		今天14:00-15:00平均排名		出价		展现量	点击量	点击率	花费
		计算机	移动	计算机	移动	计算机	移动				
推广中	双面羊绒大衣女 高端	-	10分	无展现	移动16~20条	0.05元	0.18元	10	0	0%	¥0
推广中	反季双面羊绒大衣	-	10分	无展现	20条以后	0.05元	0.18元	17	0	0%	¥0
推广中	双面羊绒大衣女小个子	-	8分	无展现	移动前三	0.05元	0.18元	18	0	0%	¥0
推广中	大衣冬女 加厚	-	10分	无展现	无展现	0.05元	0.18元	19	0	0%	¥0
推广中	大衣女中长款冬季	-	10分	无展现	无展现	0.05元	0.18元	9	0	0%	¥0
推广中	呢大衣	-	10分	无展现	无展现	0.05元	0.18元	8	0	0%	¥0

图 9-1-7　直通车仅有展现而没有点击的计费结果

状态	关键词	质量分		今天15:00-16:00平均排名		出价		展现量	点击量	点击率	花费
		计算机	移动	计算机	移动	计算机	移动				
未开启	流量智选词包	-	-	-	-	≤0.05元	≤0.05元	-	-	-	-
推广中	[illegible]呢大衣女反季清仓	-	7分	无展现	移动11~15条	0.05元	0.18元	2,987	254	8.50%	¥63.85
推广中	双面绒大衣女	-	-	无展现	移动前三	0.05元	0.18元	1,038	64	6.17%	¥11.15
推广中	女毛羊羔外套	-	6分	无展现	移动16~20条	0.05元	0.18元	1,019	30	2.94%	¥7.08
推广中	黑色大衣女赫本风	-	-	无展现	移动11~15条	0.05元	0.18元	564	29	5.14%	¥5.73
推广中	姜黄色大衣女	-	-	无展现	移动7~10条	0.05元	0.18元	287	23	8.01%	¥5.76

图 9-1-8　直通车既有展现又有点击的计费结果

在实际运营中，如果自己的质量得分较高，往往最后点击付费的成本将比自己原有的出价还偏低一些，如图 9-1-9 所示。因此，努力提高自身商品的质量得分是降低直通车成本最好的方法。

实际情况举例：（得分后台显示时做了标准化处理）							
掌柜	关键词	出价（元）	质量得分(原始分)	质量得分(直通车后台中标准化处理后的得分)	最后综合排名得分	综合排名	最终扣费(元)
A	雪纺 连衣裙	0.68	1358	10	92344	1	0.64
B	雪纺 连衣裙	0.70	1221	10	85470	2	0.67
C	雪纺 连衣裙	0.80	1009	9	80720	3	0.74
D	雪纺 连衣裙	1.20	613	7	73560	4	1.20

图 9-1-9　直通车在商品质量得分良好情况下的点击付费与出价比较

经验分享：直通车上每件商品可以设置 200 个关键字，卖家可以针对每个竞价词自由定价，并且可以看到在雅虎和淘宝网上的排名位置，排名位置可用淘大搜查询，并按实际被点击次数付费（每个关键词最低出价 0.05 元　最高出价是 99 元，每次加价最低为 0.01 元）。

3. 智能推广三种方式应用场景

（1）选货推广

一般在商品产生确定性绩效（如有较高的转化率等）的情况下采用，分为日常销售、均衡测款、活动引流三种应用场景。不管哪一种应用场景均需要做投放等设置，包括计划名称、日限额、高级设置（投放平台/地域/时间）、添加宝贝（一次可添加 30 个）、开启智能创意（默认使用主图创意）、设置出价（系统默认基准出价）、添加自选词（希望关注的核心词），如图 9-1-10 所示。

图 9-1-10　直通车智能推广/选货推广计划设置界面

经验分享：凡是有销量的商品都可以添加推广，投放的商品越多，获取的流量越多，并且成本越低。出价越高（如超级推荐价格），越容易获得流量；按照行业基准出价，可以获得相应的流量;低于行业基准出价,一般不能获得流量,不如不做。

（2）选词推广——趋势明星

2020年"双十一"之前,趋势明星进行升级,通过大数据挖掘当下消费趋势,可以预估店铺某一宝贝在大促期间的引流、加购收藏、成交效果,找到搜索热度飙升的流量,帮助商家抢占趋势市场"洼地"（意为出价较低的关键词领地）。再通过建立若干个宝贝趋势明星计划,实现多目标转化,如以获取更多次成交为目标的计划（以成交为目标进行趋势流量选择）、以获取更多访客为目标的计划（以"拉丝"为目标进行趋势流量选择）和以覆盖更多新品为目标的计划（以新品成长为目标进行趋势流量选择）,弯道超车。

多目标转化计划具体说明如下:

①获取更多次成交:大数据优选趋势词包,以最大化店铺成交为目标进行优化。

②覆盖更多新用户:大数据优选趋势词包,以覆盖店铺更多的新用户（未成交用户）为目标进行优化,助力店铺拉新。

③覆盖更多新品:大数据优选趋势词包,以覆盖更多对店铺新商品有兴趣的消费者为目标进行优化,助力上新测款。

④周期精准投:周期精准投是在全店托管的能力基础上做了进一步迭代升级,除全店托管原有的全店商品优选、周期预算投放特点外,新增"点击积累→投产提升"过程中的阶段目标及重点宝贝算法识别功能。原来已经设立全店托管计划的,无须重新建一个周期精准投计划,系统会自动将原有全店托管计划转成周期精准投计划。

周期精准投计划基本功能说明如下:

——阶段性优化:一旦推广开始,系统根据"点击量积累—投产优化"的逻辑先积累点击数据,然后逐步优化投产效果。或者说,商家设定好周期预算和投放地域,系统会自动进行阶梯式优化提效,初期先获得一定点击量（点击量积累期）,成熟后开始持续稳定提升ROI（投产比提升期）,坚持投放时间越长,整体计划效果越好。

——周期预算:设置好周期预算后,系统会自动显示出价策略。

——全店选品:无须手动选品,系统每日刷新货品选择策略,针对重点TOP品会做突出标识。

——算法识别重点宝贝,自动分配更多预算:当系统选品时,基于商品现有数据和未来效果预估,在全店范围进行筛选,并结合商品类目核心搜索词及店铺核心人群画像再作动态匹配,生成算法优化词包;优化词投放过程中,系统按周期目标自动进行优化,首先获取稳定流量进行探测,即处于"点击量积累期"阶段,当获得一定流量后,再自动转入"投产比提升期"阶段,不断优化计划ROI。

经验分享:周期精准投（或全店托管）一般适宜在新店铺还没有产生交易量,或全店各个商品业绩比较均衡的情况下采用。

六、直通车标准计划推广案例

1.推广计划的用途及名称

一般情况,一个店铺可以免费建立8个推广计划。如果付费,可以增加到20个推广计划。推广计划可以用于测图、测款、养分、打爆款、优化投入产出比等,因此制订推广计划时,要填写计划名称,可根据推广计划的用途命名,如图9-1-11计划列表所示。

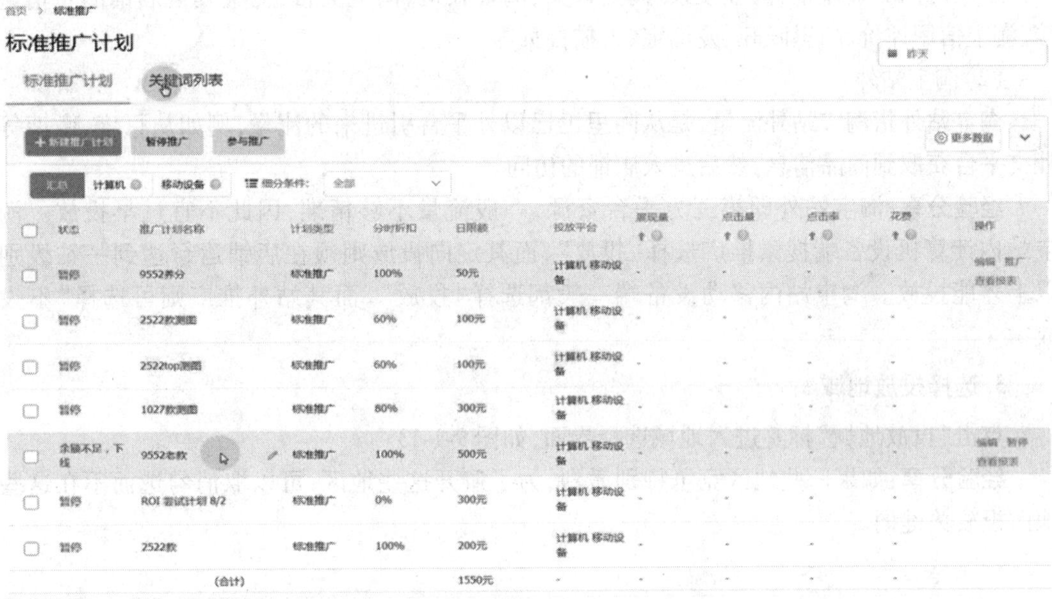

图9-1-11 直通车推广计划列表示例

2. 选择投放平台

直通车"投放平台"设置主要包括四个维度,即计算机设备端淘宝站内、站外,以及移动设备端淘宝站内、站外,如图9-1-12所示。

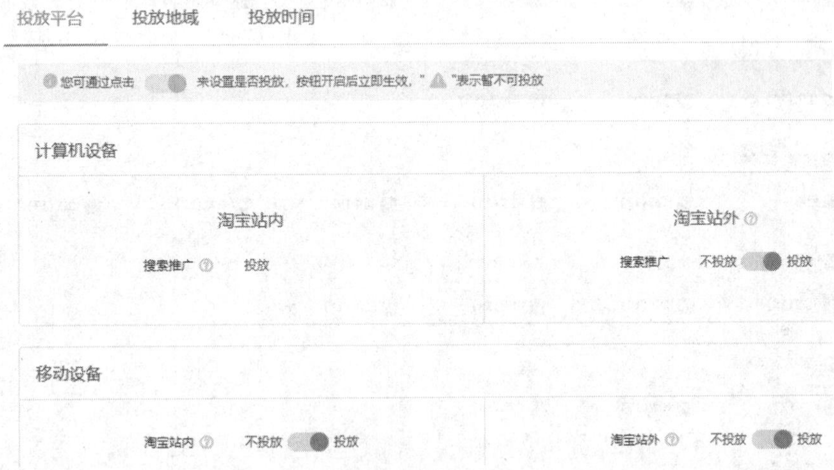

图9-1-12 直通车推广计划的投放平台设置界面

(1)淘宝站内

淘宝站内指淘宝站内流量,是整个阿里巴巴平台体系带来的流量,包括通过各种免费、付费的方式得来的流量。淘宝站内流量主要入口如下:

——自主访问:店铺收藏、宝贝收藏、我的淘宝首页、已买到商品、直接访问、购物车。

——付费流量:淘宝客、直通车、钻石展位、聚划算。

——淘内免费流量:淘宝搜索、淘宝首页、淘宝频道、淘宝类目、淘宝其他店铺的友情链接、淘宝信用评价、阿里旺旺、爱淘宝、天猫首页等。

（2）淘宝站外

淘宝站外指淘宝站外流量,是从阿里巴巴以外平台引进来的流量,例如从百度、微博等社交平台获取到商品信息,然后进入店铺的访问。

经验分享:淘宝站外即第三方平台资源,一般流量不够精准,因此不宜过早投放。淘宝站内计算机设备端搜索推广选择"投放",而其定向投放则须在店铺运行达到一钻级别以上才能投放。淘宝站内移动设备端一般都选择"投放",而其站外推广则可选择"不投放"。

3.选择投放地域

点击"投放地域"标签进入地域选择界面,如图9-1-13。

经验分享:如果一些地区竞争特别激烈,为了避开这些地区,可以取消勾选而不在这些地区投放关键词。

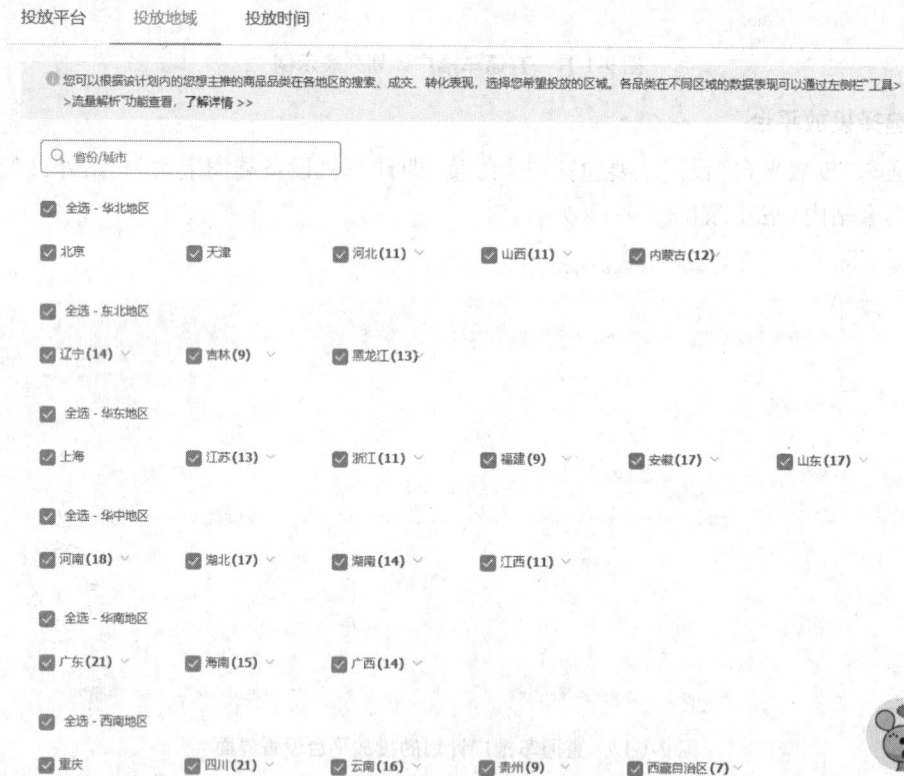

图9-1-13 直通车推广计划的投放地域设置界面

4. 选择投放时间

选择投放时间就是根据行业推广节奏,设置自己应该在什么时候投放关键词,以求在最有效的时间范围内争抢关键词排名,同时在各个投放时段设置出价的折扣或比例。

如果对投放时间不确定,设置投放时间之前可以参考"行业模板",例如在行业模板的下拉列表中选择"女装/女士精品"类,即可见一天之内各个时间区域行业投放出价的比例,并分别以蓝色表示30% ~100%、橘黄色表示100% ~200%、粉色表示200% ~250%的出价比例,如图9-1-14所示。

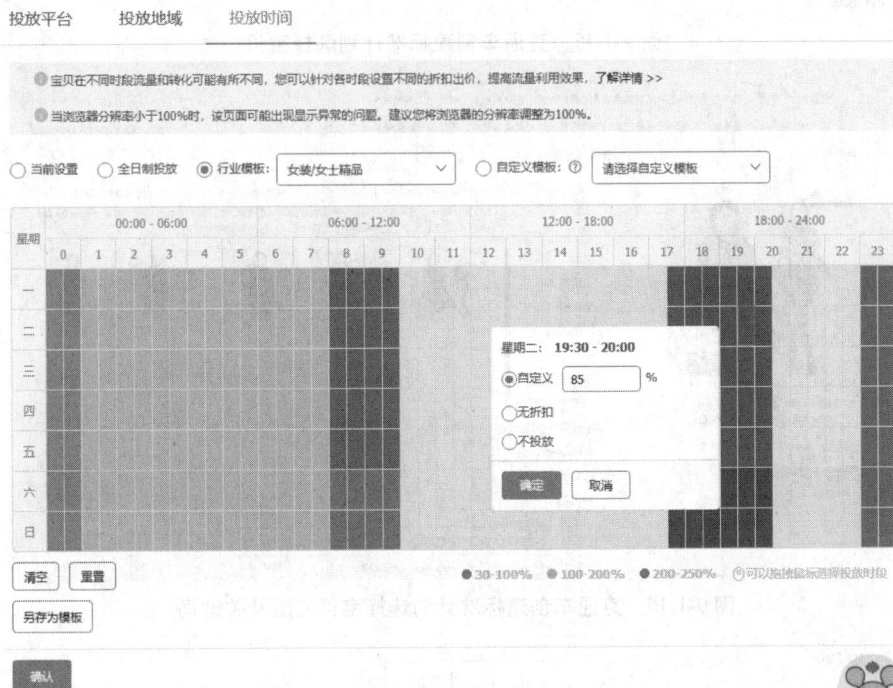

图9-1-14 直通车推广计划的投放时间设置界面

经验分享:如果在行业模板上选择高于100%折扣的时间区域投放关键词,可能会尽快产生效果,因为这些区域内的议价比较高,说明大家都在以高价位方式争抢流量,转化率也相对较高。

5. 创建标准推广计划

①选择一个宝贝作为推广对象,对这个宝贝做一个投放计划,如图9-1-15所示。

②选择一张宝贝主图,并在宝贝标题框内删除一些相对次要的关键词,如图9-1-16所示。

③点击进入"添加关键词"界面,为宝贝选择推词,即在行业推荐的关键词列表中选择排名在前的几个关键词,确定添加到宝贝推广计划中,如图9-1-17红色箭头所示操作过程。

④进入"关键词推广"界面,对宝贝推词在计算机端和移动端的出价进行编辑,如图9-1-18所示。确定关键词出价时,要注意与质量分相匹配。

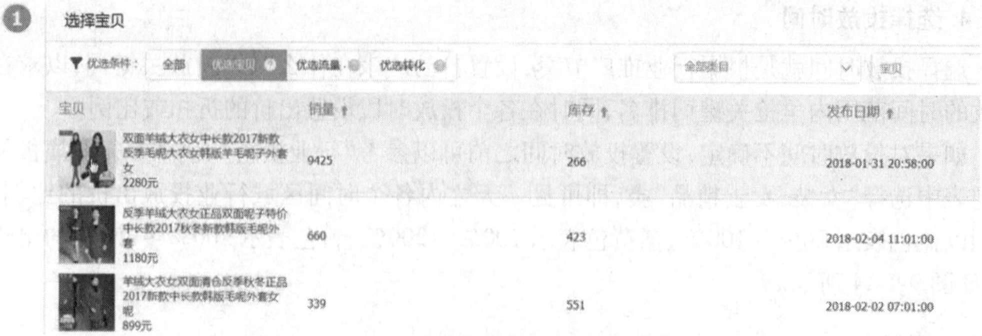

① 选择宝贝

图 9-1-15　直通车创建标准计划选择宝贝

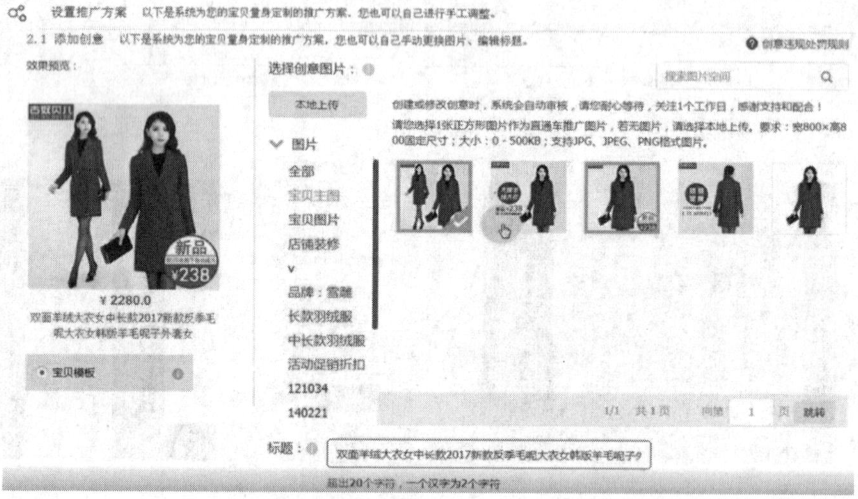

图 9-1-16　直通车创建标准计划选择宝贝主图及关键词

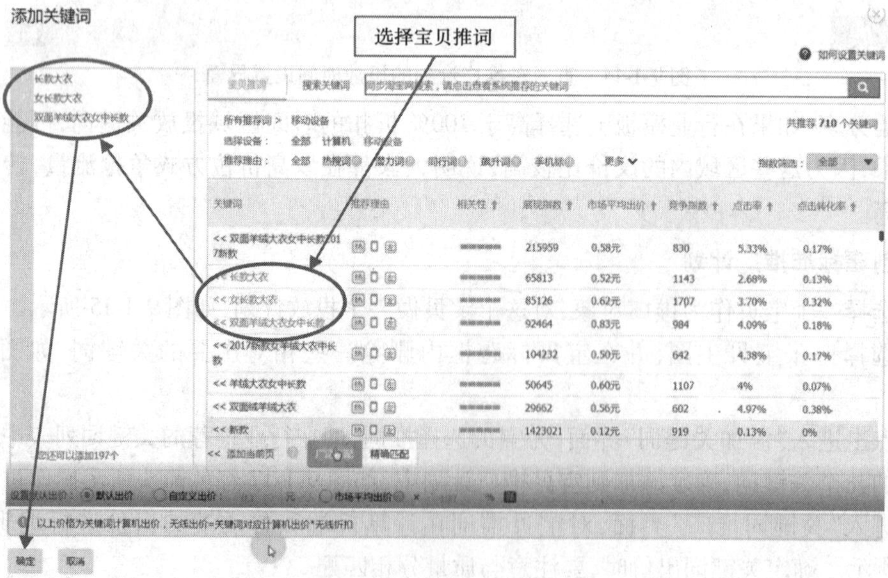

图 9-1-17　直通车创建标准计划选择宝贝推词

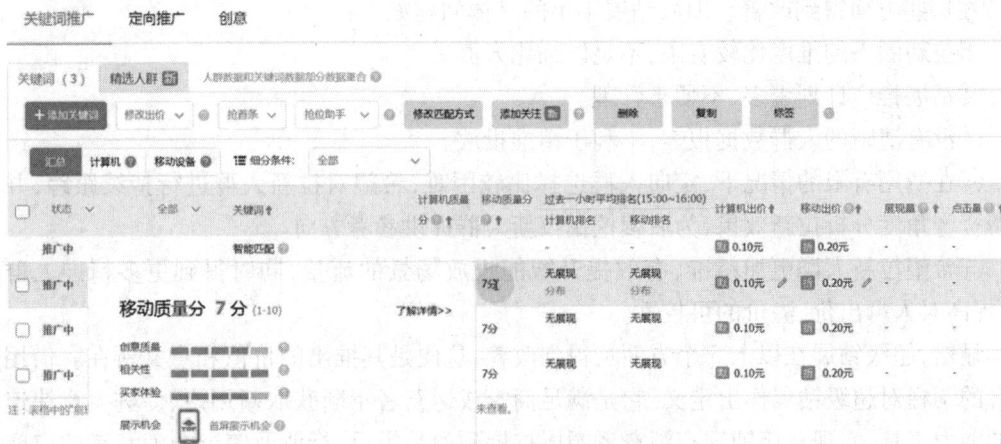

图 9-1-18　直通车创建标准计划编辑宝贝推词

第二节　超级钻展引流

一、超级钻展的定义

2020 年"618"活动前,淘宝网举行了一次"超级钻展产品发布会",正式将原来的"钻石展位"(简称"钻展")升级为"超级钻展"。由于"超级钻展"源自"钻展",且其基本功能并未发生根本性变化,因此有必要从"钻展"开始认识它。

1.钻石展位概念

据淘宝大学相关视频课程及互联网资料的介绍,钻石展位定义可以描述为:钻石展位(简称"钻展")是淘宝网图片类广告位竞价投放平台,为淘宝卖家提供一种付费推广营销工具,并按照流量竞价为卖家商品提供淘宝或手淘首页等大规格凸显的广告展示位,计费单位为 CPM(每千次浏览单价),依靠图片创意吸引买家点击而获取巨大流量,卖家可以根据群体(地域和人群)、访客、兴趣点三个维度设置定向展现。

对于上述定义重点理解如下 3 个特点:

①重要展示位:淘宝网或手淘首页等页面的凸显位置,详见下面介绍。

②大规格图像:钻展展位尺寸大小规定比较多样化,且较商品首图或主图尺寸更大,例如 PC 端淘宝首页图尺寸为 520×280 像素,图片大小不超过 80 KB,右侧小图尺寸为 170×200 像素,不超过 26 KB;手淘首页图尺寸为 640×200 像素,不超过 72 KB。

③多人群投放:能够按照商家设置的地域、时段要求向不同的人群进行投放,实现人群定向展示功能,即在用户面前所呈现的淘宝或手淘首页等的钻展位,是根据买家访问行为而进行的组合推荐结果,可用于"日常销售""认知转化""拉新"和"老客召回"等场合。

2.超级钻展新内涵

在超级钻展发布会上,几位商家道出旧版钻展(钻展 2.0)的不足,希望新钻展(钻展

3.0）在这些方面得到改善。旧版钻展不足的具体问题如下：

①拉新圈人的维度比较有限，不足以细化人群。

②钻展推广计划繁多，不便于管理。

③没有清晰的人群数据报表，不利于精准投放。

④在费用有限的情况下，定向人群选择比较困难，希望对拉新人群进行持续跟踪，并从消费资产角度分析拉新效果，为后续挖掘拉新人群提供参考方向。

⑤希望拉新人群更加精准，有效提升智能投放场景的流量，同时得到更多精准人群推荐，提高对人群出价、溢价的可控性。

显然，超级钻展在以上5个方面均得到改善，这便是其推出的价值和意义所在。借用发布者的阐释对超级钻展作出定义：它是满足商家或运营者不断获取新用户、促进生意快速增长的助力工具，实现从店铺现有消费者圈层扩展到商品类目、行业及跨行业消费者的广阔范围，即所谓"摒弃'固店'拉新，实现营销拉新'破圈>>守圈'的有效联动"。

如果说钻展2.0重点在于提供更多、更显眼的广告展示位，那么钻展3.0则强调在更大的人群范围获取新用户。从运营实战的角度看，店铺的持久发展和生意的快速增长，必须依赖不断增长的新用户，或者说"主要动力来自新客户的增长"。毫无疑问，超级钻展（钻展3.0）已经演变为店铺运营者拉新的专用工具。

二、超级钻展的特征

从钻展2.0升级到超级钻展（钻展3.0），后者被赋予更强的功能特征，主要有以下4个方面：

1. 人群更清晰

将用户人群分为四大类，分别是购买人群、兴趣人群、泛兴趣人群和未知人群，为店铺运营者提供由近及远的递进拉新推广模式。通过"系统算法优化+个性化标签"技术，达到双重助力人群精准定向的目的。具体操作包括三种设置方法，即智能托管、自定义人群/兴趣—意图—主题、自定义人群/个性化标签，具有洞察追踪策略化和圈层效果可视化的便捷功效。

2. 场景更丰富

提供更多触达新客户的营销场景，形成可在淘内外媒体投放广告的矩阵资源，覆盖消费者生活全场景，实现广告配置的全域化。消费者生活全场景主要分为六个维度，包括支付场景、娱乐场景、咨询场景、出行场景、社交场景、消费场景。其中，支付场景对应支付宝；娱乐场景对应优酷、抖音、火山小视频；咨询场景对应今日头条、手机浏览器；出行场景对应高德地图；社交场景对应微博；消费场景或购前场景则对应手淘/淘宝、天猫。

3. 玩法更多元

为运营者提供丰富的多样化组合素材，称为创意组件，便于运营者突破常规的创意能力，快速完成多种形式的投放内容，匹配千人千面的营销要求，实现多重刺激消费者互动点击的效果。信息呈现方式的组件主要分为三类，即动态类组件，包括视频创意、动态倒计时、

PK & 微动效;图文效果类,包括信息透出、静态倒计时、PK 组件;行动强化类,包括店铺/商品优惠券组件、直播、预定到货。创意制作类组件有两类,即静态图片创意、视频创意。

4. 操作更提效

利用阿里大数据和深度强化学习技术,各种功能的使用更加便捷,显著降低商家运营操作的门槛。主要表现在以下四个方面:一是使竞价能力更加智能化,能够在设定预算(成本/出价)情况下,每天为每一个投放计划进行上万次测算并决策;二是支持多种营销目标的选择,例如可以在出价约束、成本约束和营销目标最大化之间进行选择,实现对营销目标结果最大化的支持;三是通过成本保险机制,确保客户对投放成本的有效掌控;四是创意图文和视频可以自适应相近资源位的尺寸要求,实现按比例伸缩,大大拓宽创意内容自动适应各种展现场景的推广范围。

阿里妈妈万堂书院的吉聪讲师对超级钻展作用的归纳更能体现其本质特征,即"制作适合的创意,选择合适的资源位,投放给合适的人群"。总之,超级钻展追求以尽量少的创意去适应尽量多的场景,更加高效地获取新客户。

三、钻石展位资源位分布

超级钻展广告投放在手机淘宝和淘宝网(电脑端)均占有最为突出的展现位置,图 9-2-1 中红色边框圈定之处,分别代表手机端超级钻展首页焦点图(简称"首焦图")和电脑端首焦图的位置。由此可以理解"超级钻石展位"名称的真正内涵和价值所在,其展现位置的重要性不言而喻。

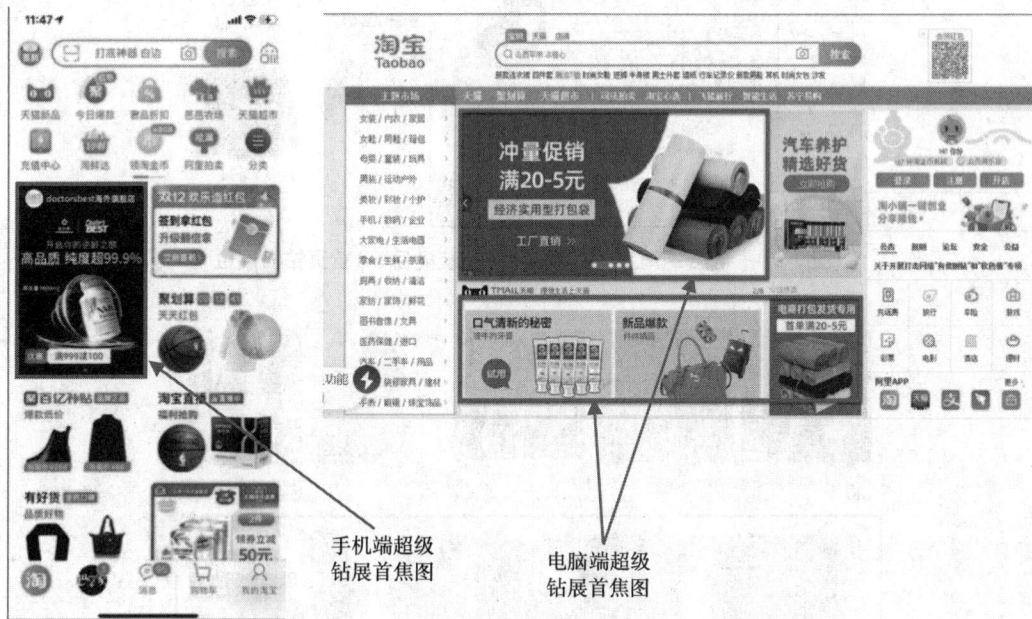

图 9-2-1　超级钻展在手机端及电脑端投放的资源位

除此之外,钻石展位还包括以下一些重要展示位置,如电脑端淘宝首页第一屏右侧横幅位置(图 9-2-2)、电脑端淘宝底部通栏小图位置(图 9-2-3)、电脑端淘宝垂直频道(如女装类目等)首页位置(图9-2-4)和电脑端淘宝收藏夹底部小图和通栏位置(图9-2-5)等。天猫首页及其各频道大尺寸展位,以及淘宝站外如新浪微博、腾讯、优酷等优势媒体平台上都有钻展的显示位置,如图9-2-6所示。

图 9-2-2　电脑端淘宝首页第一屏右侧横幅钻石展位

图 9-2-3　电脑端淘宝底部通栏小图钻石展位

图 9-2-4　电脑端淘宝垂直频道(如女装类目等)首页钻石展位

图 9-2-5　电脑端淘宝收藏夹底部小图和通栏钻石展位

图 9-2-6　淘宝站内外钻石展位可投放的主要平台资源

据实战讲师的介绍,目前淘宝网为钻展提供 511 个资源位。在钻展后台"资源位列表"中,将这些资源分为 19 个行业,其中"网上购物"行业选项属于淘宝站内的资源位,其他行业选项中的资源位均为全网资源。运营者还可以在钻展后台按照日均访问量、可裂变尺寸、资源位尺寸、创意类型和设备平台的分类,对上述资源位作进一步筛选,以便提高钻展广告投放的精准度。

自 2020 年 3 月起,钻石展位的资源位增加了"积分任务资源位"。这是一种互动型资源位,即利用获取积分的方式,鼓励消费者参与浏览商品或逛店铺的活动任务,以达到商品展现的目的。在"钻展首页"或新建计划时,可见"淘内互动推广"选项信息框,进入后即可设置该项活动任务。设置活动任务时,自行选择需要透出的任务形式,然后上传对应的品牌Logo 及文案。积分任务资源位的入口在【我的淘宝/天猫积分】里,可以在消费者购中和购后的链路中有效触达。实际运行时,同一个品牌的任务只会在消费者面前出现一次,如果消费者完成一次浏览或逛店任务,在两天内不会重复推荐给该消费者。扣费方式按照 CPA(cost per action,即每次行动成本)计价方式进行竞价,即当消费者完成该品牌的活动任务后,才扣除品牌的出价费用。浏览型任务(浏览商品页面)和动作型任务(逛店铺)可以分别设定不同的出价标准。

四、钻石展位展现逻辑

钻展 2.0 和超级钻展(钻展 3.0)的展现逻辑是相同的,即按照出价高低顺序进行展现,其竞价展现过程是:系统将各时间段的出价,按照竞价高低进行排名,价高者优先展现。当出价最高者的投放预算消耗完时,则轮到下一排名的宝贝展现,以此类推,直到在某一单位小时时段内访客流量全部使用完为止,此后排名的宝贝将不在本轮竞价过程中获得展现机会。

钻展是一种"展现付费"(英文缩写为 CPM)的推广工具,即按照展现次数进行收费,而不以点击次数收费,这一点与直通车有明显区别。意味着,如果展现之后进一步发生点击次数,则后续点击量不在钻展收费之列。钻展收费的标准是按每千次展现后计费一次,计价单位就是"千次展现",例如展现 1 000 次,扣费 30 元,如果用 CPM 代表"千次展现"单价,则CPM 为 30 元/千次展现。

实际运营中,希望预知投入钻展推广的总经费究竟能够获得多大的展现流量,为此,常用下面公式对总费用下可能获得的展现流量进行计算：

$$展现流量(次) = \frac{总费用(元)}{CPM(元/1\,000\,次)} \times 1\,000$$

可见，总费用与展现流量成正比，而出价（CPM）则与展现流量成反比，后者意味着出价越高并不一定获得更多的展现量。因此，一般采取的策略是，当出价 CPM 达到行业平均水平（即系统推荐的出价标准）时，在保证有基本展现的前提下，尽量控制 CPM 不再随意提高。

五、钻石展位使用规范

钻石展位的使用是有一定条件要求的，当店铺没有达到规定的条件时，会在钻展首页进入后台的入口处出现提示语："尊敬的客户，您暂不符合智钻的开通标准，点击查看具体信息。"入口按钮面上标示为"查看准入条件"，点击进入后则可看见《钻石展位广告服务使用规范》。该规范第三章用户管理中以列表方式详细说明钻展的准入条件，其中对淘宝、天猫/飞猪、口碑的商家作了分类规定。

1. 淘宝网卖家

——商家店铺信用等级四星级及以上。

——店铺每项 DSR 在 4.4 及以上（特殊类目无 DSR 要求或者可相应放宽，由阿里妈妈根据特殊类目的具体情况另行确定）。

——店铺如因违反《淘宝规则》中相关规定而被处罚扣分的，还需符合以下条件：（略）。

——在使用阿里妈妈营销产品或淘宝服务时未因违规而被暂停或终止服务的（阿里妈妈营销产品包括钻石展位服务、淘宝直通车、天猫直通车和淘宝客等业务，下同）。

2. 天猫卖家和飞猪商家、飞猪国际商家

——店铺每项 DSR 在 4.4 及以上（特殊类目无 DSR 要求或者可相应放宽，由阿里妈妈根据特殊类目的具体情况另行确定）。

——店铺如因违反《天猫规则》《飞猪规则》《飞猪国际服务条款规则》中相关规定而被处罚扣分的，还需符合以下条件：（略）。

——在使用阿里妈妈营销产品或淘宝服务时未因违规而被暂停或终止服务的。

3. 口碑网商家

商户准入标准：

——商户所关联的门店整体达标率大于或等于 80%。

门店达标标准：

——在淘宝有开店并展示的口碑商户。

——门店符合"主营类目"要求。

——店铺评分大于等于 4 分。

——店铺综合排名（指阿里妈妈通过多个维度对商家进行排名，排名的维度包括但不限于商家的类型、门店主营类目、门店的历史违规情况、门店纠纷率以及阿里妈妈认为不适宜加入直通车的因素。店铺综合排名仅适用于淘宝/天猫直通车/钻展准入，阿里妈妈不

对外公示具体的排名结果)。

其他条件:

——未在使用阿里妈妈或其关联公司其他营销产品(包括但不限于直通车、淘宝客、网销宝全网版\1688 版等)服务时因严重违规被中止或终止服务;

——经阿里妈妈排查认定,该账户实际控制的其他阿里平台账户未被阿里平台处以特定严重违规行为处罚或发生过严重危及交易安全,且结合大数据判断该店铺经营情况不易产生风险。

六、创建超级钻展计划

超级钻展(钻展 3.0)与钻展 2.0 的计划创建流程有所不同,主要有三个步骤:"创建计划组"、创建"分计划"和"计划细项设置"。其中,"计划组"可以理解为与钻展 2.0 的"计划"有相对应的功能,"分计划"则基本上与原来的"定向"功能相对应。当店铺具备上述准入条件后,可以从卖家中心>营销中心>超级钻展进入其首页,如图 9-2-7 所示。

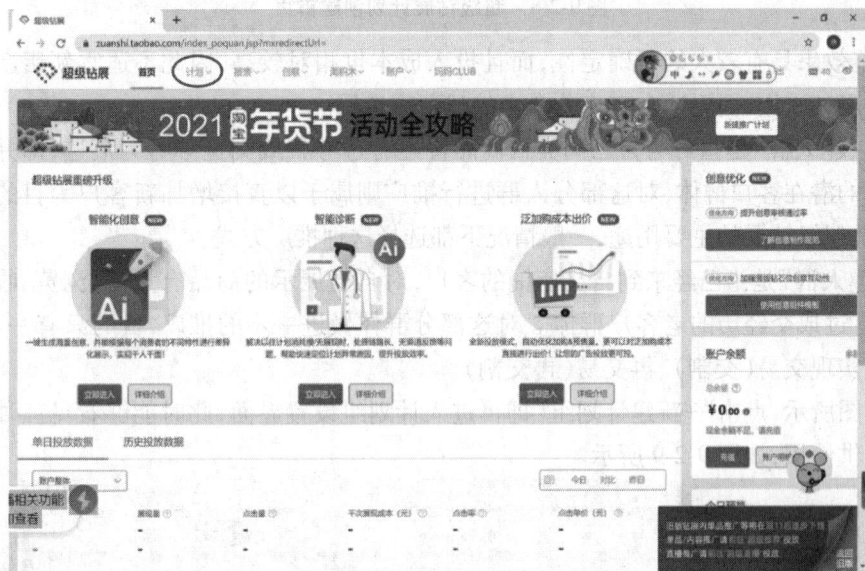

图 9-2-7　超级钻展首页

1.创建计划组

切换到如上图红圈框所示的"计划"标签,其界面如图 9-2-8 所示。这时可以清楚地看到下面排列三个子标签,即"计划组""计划"和"创意",同时在左边栏目录栏中包括消费者圈层运营的三种人群分类,即"未知人群探索""泛兴趣人群拉新"和"兴趣人群收割"。可以说计划标签里从上述六个维度展示了超级钻展最重要的功能。其中,关于人群的分类,在名称上添加了不一样的动词,用以说明面对某类人群推广的目的是什么。

例如,"未知人群"是指对自己同类目商品从未发生搜寻或查看等行为的消费者,他们也许对这类商品根本没有需求,也许有潜在需求但还不知道这类商品的任何信息。对于高级运营者而言,这类人群仍然值得进行深入挖掘,适合做探索性的推广。显然,这种探索性推

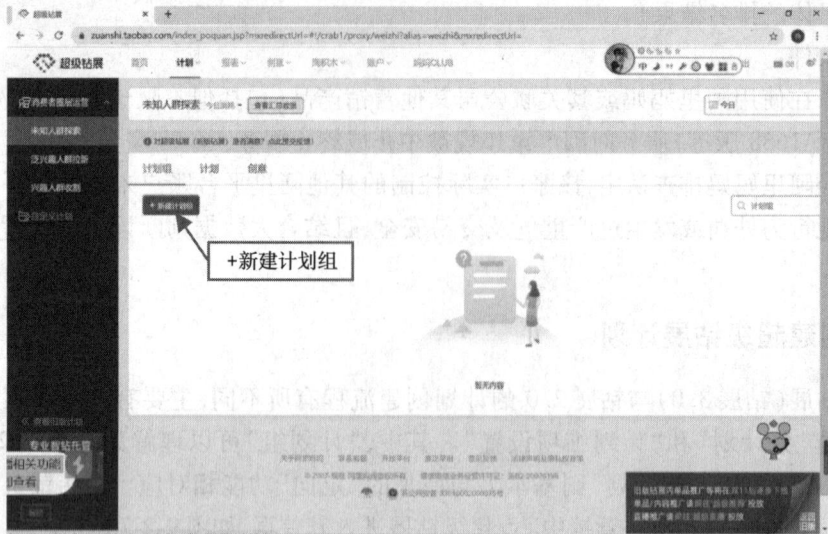

图 9-2-8　超级钻展计划创建首页

广,其实施效果具有较大的不确定性,而且投入成本也相对较高,因此不适宜新店新手或层级不高的店铺采用,而更适合有充分余力的运营商选用。

"泛兴趣人群"是指对与自己同类目商品曾经有过寻找或浏览等行为痕迹,却并未来到自己店铺的潜在客户群体,对这部分人群进行推广则属于以直接增加新客户为目的的运作方式,这是超级钻展的主要用途,一般情况下都选择这种推广方式。

"兴趣人群"是指已经来到自己店铺的客户,对自己展示的商品有点击、浏览、收藏等行为,甚至有过成交经历的老客户群体。对这部分群体做进一步的推广,目的只有一个,就是激励他们实现交易(交割)、再交易(再交割)。

如上图所示,点击"+新建计划组"即可进入计划组设置界面,此时能够看见三种人群点选信息框供使用,如图 9-2-9 所示。

图 9-2-9　超级钻展计划组设置页面

当选择超级钻展最常用的"泛兴趣人群拉新"信息框后,则呈现该类人群拉新计划组设置界面,主要完成对计划组名称的设置。系统已经对三类人群的推广目的作出默认命名,可以自行修改,亦可保留默认名称继续往下创建计划。计划组名称设置好后,则意味着已经创建了一个新的计划组。一个计划组之下可以创建多个供执行的具体计划。

2. 建立计划

接着"下一步",进入计划的设置页面,如图 9-2-10 所示。

图 9-2-10　超级钻展计划组/计划设置页面

如同计划组设置一样,计划也首先确定名称,系统给出默认名称,自己可以修改。紧接着就是投放日期、投放时间和投放地域,这些项目的设置一般情况下使用默认推荐的即可,开始使用超级钻展时都不必过多地进行设置。

同一页面往下滚动看,还有"定向人群""资源位"和"预算和出价"设置板块。其中,"定向人群"分为"AI 优选"和"自定义人群"两个单选信息框,一般情况使用"AI 优选",由平台系统根据运营者的投放计划,智能化匹配到相应人群中。"资源位"也分为"优质资源位"和"自定义资源位"两个单选信息框,一般情况使用"优质资源位",由平台系统根据运营者的投放计划,智能化匹配到相应的钻石展位上。"预算和出价"设置内容包括选择"营销目标"(加购量、曝光量、点击量、关注量、成交量),以及"竞价方式"(成本控制、预算控制、出价控制),一般情况推荐使用"加购量"的营销目标和"成本控制"竞价方式,如图 9-2-11 所示。当熟悉钻展的运营特点后,再考虑使用其他营销目标和竞价方式的组合策略。

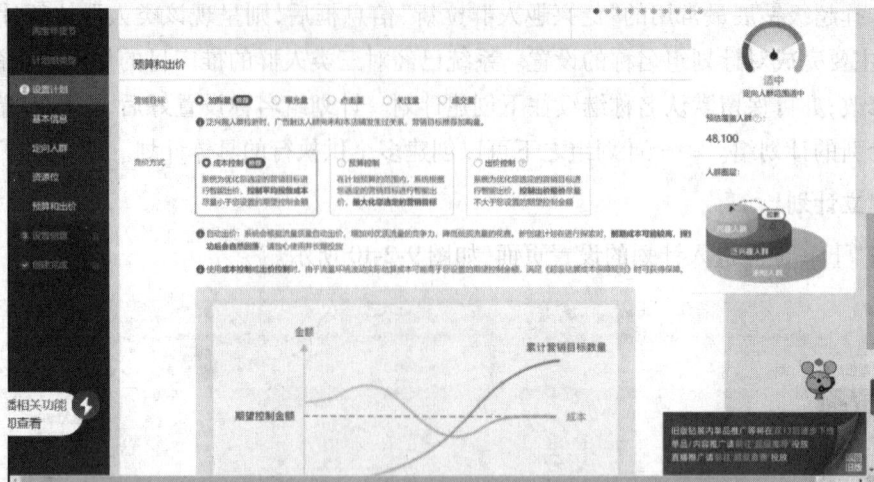

图 9-2-11　超级钻展计划组/计划/预算和出价板块设置页面

七、钻石展位实战经验

这里选用两条实战讲师的经验分享：

①当店铺运营进入到一定层级水平时,付费推广必不可少。这是店铺引流的第二阶段,需要花钱买流量、提升展示位置、抢夺竞争对手的流量,从被动引流转为主动进攻。第二阶段付费引流的常用方法是直通车,钻石展位推广亦可跟上使用。或者说,如果将店铺引流过程分为三个阶段,那么第一阶段主要是自然搜索引流,配合数据分析;第二阶段可以采用关键词精准付费引流,即直通车推广;第三阶段则应当扩大对新人群精准引流的范围,超级钻展为必选之法。

②直通车引流的局限在于,它主要依靠关键词搜索下的被动展现(仅有很少部分主动争取流量的能力),对于四层级到六层级店铺而言,它们需要保持稳定增长,这种被动展现模式表现出"力不从心"。即便对于初级店铺,这种被动性会表现在受大卖家在同类关键词的"卡位"截流上。钻石展位既可以被动搜索展现,也可以主动争夺竞争对手的流量,且后者是主要的。因此,钻展推广是获取超大流量的特有方法,无论低层级还是高层级的店铺,特别是高层级店铺,"玩"钻展的不在少数。据估计,目前会使用钻展推广的店铺仅占5%左右,说明钻石展位竞争仍然处于蓝海阶段,又据实战事例,钻展推广的投入产出率可以到15.52%,这是直通车难以企及的。

第三节　淘宝客引流

一、淘宝客内涵

淘宝客是淘宝网建立的一种按成交计费的推广模式,也指在这种推广模式下帮助店铺卖家推介商品并引流成交而赚取佣金收益的一类人。在淘宝客模式中,包含4个重要主体,即淘宝客平台、店铺卖家、淘客及买家。

1. 淘宝客平台

淘宝客平台为店铺卖家提供推广计划的创建与管理功能,便于卖家寻找合适的淘客并与其建立合作关系,通过淘客推广并实现交易后自动按设定的比例分配佣金。

2. 店铺卖家

店铺卖家是佣金支出者,他们提供自己需要推广的商品到淘宝联盟,并设置每卖出一个商品愿意支付的佣金。

3. 淘宝客(简称"淘客")

淘宝客是佣金赚取者,他们在淘宝联盟中找到卖家的商品,并且在自己熟悉的渠道中进行推广,当有买家通过推广链接成交后,即可获得相应的佣金(含一部分平台服务费)。

4. 买家

买家是指经过淘客推广所采用的链接、个人网站、博客或社区发帖等渠道进入卖家店铺并完成购买的一般消费者。

二、淘宝客历程

2007 年 8 月 1 日,"淘宝联盟"成立,属于阿里巴巴旗下的一个网络广告交易平台。

2009 年 1 月 12 日,原网络营销平台"淘客推广平台"正式更名为"淘宝客",意味着阿里巴巴集团实施大淘宝战略后,"淘客推广平台"与淘宝网完成进一步整合。

2010 年 3 月 19 日,基于淘宝客的"淘宝联盟"悄然成型,淘宝网面向中小站长及网络合作伙伴创建这个联盟,鼓励他们通过注册申请,成为该联盟的一名正式成员——"淘宝客",为淘宝客推广模式的广泛应用奠定了前期网络人群基础。

2012 年 11 月 22 日,淘宝官方宣布,禁止淘宝客现金返利。

三、淘宝客佣金

淘宝客佣金的计价方式是按交易完成后根据卖家事先设定的比例进行折算提取的,即按成交计价,英文缩写 CPS(Cost Per Sales)。重点在于成交计费,如果没有成交则不能提取佣金,这与直通车(按点击收费)和钻展(按展现收费)都不相同。实际中,淘宝客广告通过购物、导购、网址导航、App、微博、社群类等淘系以外的平台渠道获得流量,如果售后发生退货并按规范的退货流程操作完毕,则针对该商品已经提取的佣金将如数返还给卖家。

淘宝客佣金计算公式如下:

$$支付佣金 = 实际成交金额 × 佣金比例$$

举例:A 商品价格 100 元,设置 20% 佣金比例,淘宝客推广成交一单的佣金是多少?

根据公式: $100×20\% = 20$ 元

接着上例:以上情况不变,若店铺有 20 元的优惠券,满 100 元配发一张,则实际成交价格为 80 元,此时淘宝客推广成交一单的佣金是多少?

根据公式: $80×20\% = 16$ 元

以上举例表明，实际成交金额不包含优惠券等折扣在内，区分淘宝客和卖家所做推广的不同贡献。

四、淘宝客使用条件

首次使用淘宝客时，在其入口处有一个"了解开通条件"的按钮图标，点击进入即可见《淘宝客商家用户准入规范》。该规范分为通用准入条件和特殊准入条件两部分内容，这里主要介绍通用准入条件（各类型用户均须符合）：

①店铺状态正常（店铺可正常访问）。

②用户状态正常（店铺账户可正常登录使用）。

③近 30 天内成交金额大于 0。

④淘宝店铺掌柜信用≥300 分；天猫店铺、淘宝特价版店铺无此要求。

⑤淘宝店铺近 365 天内未存在修改商品如类目、品牌、型号、价格等重要属性，使其成为另外一种宝贝继续出售而被淘宝处罚的记录；天猫店铺无此要求。

⑥店铺账户实际控制人的其他阿里平台账户（以淘宝排查认定为准）未有被阿里平台处以特定严重违规行为的处罚，未发生过严重危及交易安全的情形。

⑦店铺综合排名良好。店铺综合排名指阿里妈妈通过多个维度对用户进行排名，排名维度包括但不限于用户类型、店铺主营类目、店铺服务等级、店铺历史违规情况等。

经验分享：只要做到个人店铺一星级，加入消费保障计划；企业店铺有评分，即使有一个人打 5 分；个人店铺或企业店铺的商品数均为 10 件以上的，则可达到淘宝客的使用条件。

五、淘宝客推广渠道

据实战讲师的介绍，淘宝客常见淘客类型有 4 种，他们是主要推广渠道：

1. 官方淘客

——计划推广：通用、营销，如意投、定向等。

——活动推广：团长、内容库，一淘，爆品库。

2. 活动淘客

——平台活动：返利网、淘粉吧、折 800、卷皮网。

——联盟站群：QQ、微信群、花生日记等。

3. 达人淘客

——站内达人：淘宝直播、有好货、每日好店、每日好货、哇哦视频、淘宝头条、手淘 CARD、必买清单。

——站外达人：博客、微博、抖音、快手、小红书、哔哩哔哩、什么值得买、B 站、知乎、豆瓣。

4. 媒体淘客

——媒体工具：网址导航、新闻、视频、搜狗输入法、浏览器、hao 123、小米、360、淘客插件、返利网。

经验分享：虽然淘宝客推广模式的合作形式多样，但最终都是通过淘宝客平台成交的，因此各种主体之间的关系、活动轨迹及收益分配等数据均保留在平台上，各方责任和权益能够透过平台数据得以保障。上述 4 种渠道中,达人类是目前淘宝客里成长最快的资源,商家应当特别加以关注。相比而言,一般情况下媒体淘客不便分析和掌控,商家应谨慎使用,而主要采用官方淘客、达人淘客和活动淘客开展推广。"官方淘客计划要早,活动要棒;低价走活动,高价走达人"。

六、淘宝客推广计划

淘宝客提供常用的 5 种推广计划,分别是通用计划、活动计划、如意投计划、定向计划和营销计划。

1. 通用计划

通用计划是淘宝客的默认计划,既可针对全店商品进行推广,又适用于全体淘宝客参与推广,是淘宝客中最基本、最稳妥的一种被动推广方式。创建通用计划时,只需设置类目和店铺的佣金比例,且无须审核,但不能针对单品做设置。通用计划不必经过复制链接的转化过程,而可直接将商品复制粘贴到淘客的渠道中。自 2018 年起,通用计划与新推出的营销计划进行整合,不同于以往有 30 个商品的限定,所有商品均可设置营销推广计划,并且支持不同时段设定不同佣金比例。

经验分享:通用计划适合导购网站推广,如返利网、折八百、超级返等,如果佣金比例低于推荐标准,淘客们则不会去采集参与。实际应用中,通用计划的佣金比例一般设置在1% ~5%,确定启用之后该计划还可以修改佣金比例,但一般不要轻易关闭,否则需要再等15 天才能开通。佣金比例最高可以设置到 50%,或者说在 50% 以内的佣金比例都是有效的。通用计划适用于各种等级的店铺及其所有商品的推广,如果是新开店铺,佣金使用最低水平为宜,建议 2% ~5% 。

2. 活动计划

在活动计划的活动广场里,可以找到"鹊桥活动",若要参加这个活动,需要注意它的两大特点,一是佣金完全公开,二是上桥容易下桥难。具体是指,在鹊桥活动中,阿里巴巴会扣淘宝客 5% 的手续费,这是公开的规则;活动的有效时间可延长到活动结束之后十五天之内。

3. 如意投计划

如意投是淘宝客一种偏重卖家自主意愿投放商品广告的推广模式或展示渠道。淘宝客平台根据卖家商品转化率、成交量、浏览量,以及所设定佣金比例等状况,自动在淘宝网上固有的渠道(如"爱淘宝"搜索展现等)进行展示,卖家无须再找淘客帮助推广。商品的质量评价和搜索排名对如意投计划的推广效果有较大影响。

4. 定向计划

定向计划是依托于通用计划的,或者说是手动设置的 DIY 计划。在淘宝客设置界面里,选择点击"新建定向计划"后,便可设置定向计划的名称、简介、持续时间和佣金。其中,定向计划的佣金比例可以突破行业类目限制,例如设置到 70%,这对淘客们更具备吸引力。定向计划多一个审核机制环节,当设置为手动审核时,所有淘宝客都须经过卖家审核才能开展推广。定向计划推广相对于前面几种计划,其引流规模较小一些,但却是所有计划中流量最精准的。

经验分享：定向计划招募到的淘宝客，需要经过较长时期的合作与维护，才可能会引来源源不断的流量，由于精准度较高，转化率也高于其他淘宝客计划。前一两个月做高佣金吸引，当吸引到一批固定的淘宝客之后，再逐渐降低佣金水平，以控制推广成本，使淘宝客最终具有持续赢利的能力。

5. 营销计划

如上所述，该项计划是 2018 年推出的，并与通用计划实现功能相通。它专门用于单品推广，故只能对单品作公开推广，主要设置内容有添加主推商品，以及设置佣金或优惠券。添加主推商品最多可达 1 万个，且不可重复添加。佣金、优惠券和时段的设置往往组合成日常策略，最多可设置 3 个不同佣金和不同优惠券的组合，推广时段可以重叠，或者说同一商品同一时段可设置不同佣金比率和优惠券。

经验分享：营销计划的日常佣金比例建议设定在 20%，特殊节日可提高佣金比例至 30%。

七、通用计划设置流程

①进入千牛卖家后台，选择"营销中心/我要推广/淘宝客"（图9-3-1）。

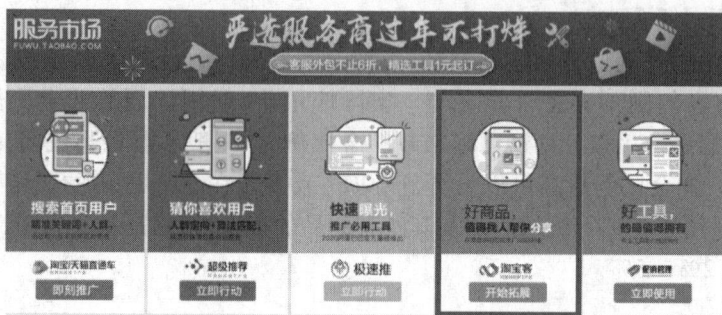

图 9-3-1 千牛卖家中心>营销中心>我要推广>淘宝客入口（方框内）

②点击进入淘宝客首页界面（图9-3-2）。

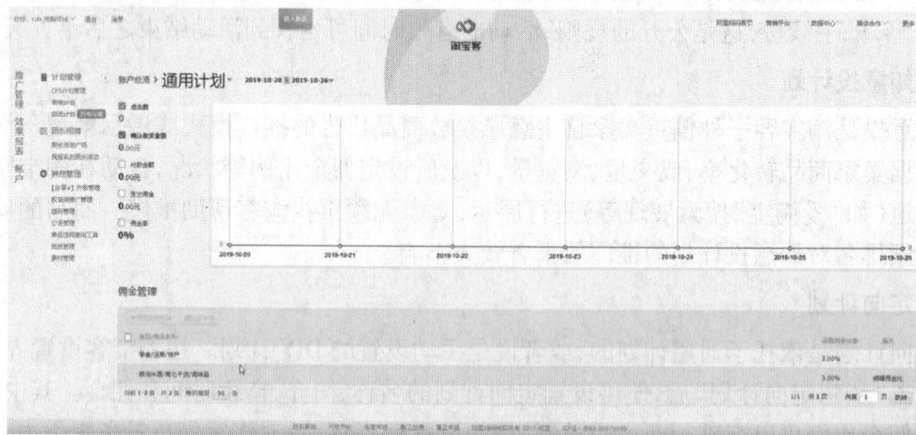

图 9-3-2 淘宝客首页界面

③选择"营销计划"进入如图9-3-3 所示界面，先添加主推商品，设置单个商品的佣金比率，然后在右侧选项列表中找到"通用计划"，点击进入其设置页面。

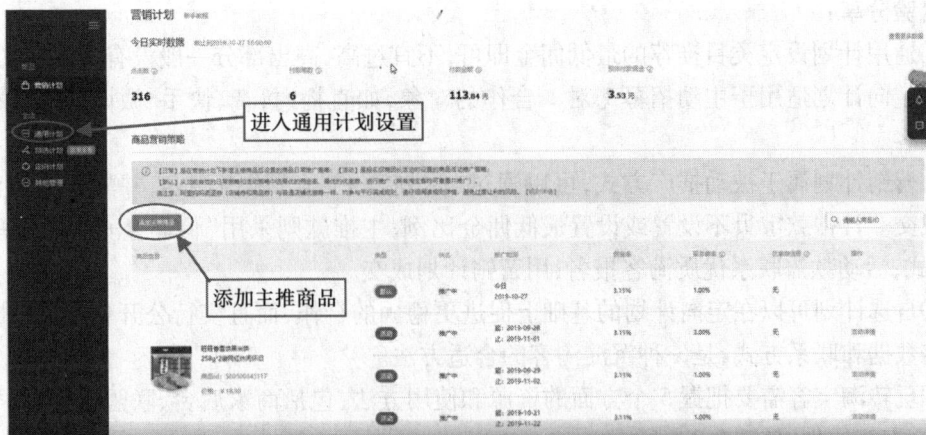

图 9-3-3　淘宝客营销计划设置界面

④进入"通用计划"设置页面,如图9-3-4所示,只需设置佣金比例。

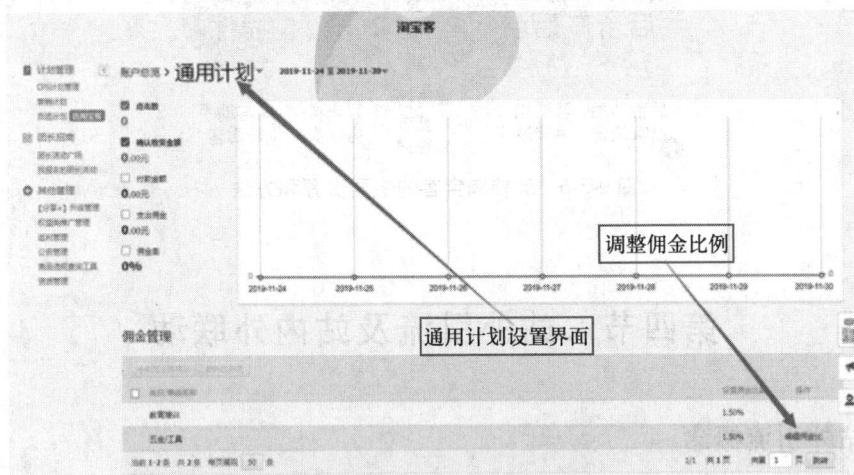

图 9-3-4　淘宝客通用计划设置界面

至此,一个通用计划设置完成,并在设置界面下部可查看到这个计划。

八、淘宝客各种计划对比

实战讲师介绍,淘宝客的各种推广计划在应用上有不同特点,如图9-3-5所示:

计划类目	佣金设置	计划特点	设置建议
通用计划	只能设置类目佣金	全店保底推广	最低
如意投	类目+100单品	官方推广 橱窗+爱淘宝	类目平均值 主推稍高
团长招商	单品报名	团长招商 淘客推广	参考同行 沟通报名
定向计划	类目+30单品	隐藏推广 1对1合作	主播/平台私聊
营销计划	单品佣金	公开 同步团长效果	可不设
自选计划	类目+30单品	公开推广 可见联系方式	可不设

图 9-3-5　淘宝客各种推广计划应用特点对比

经验分享：

①通用计划设定类目推荐的最低佣金即可，不宜过高，高出部分一般没有实际意义。

②定向计划适用于主动招募 1 对 1 合作的对象，如直播、抖音、快手、微博、小红书等平台的淘客。

③营销计划属于被动推广方式，可以通过"聚划算+佣金"吸引淘客，并配合各类活动，实现成交。日常款宝贝不设置或设置最低佣金比例；主推款则采用"低佣金+阿里妈妈优惠券"方式；活动款需联系优质淘客报名，用营销计划成交。

④自选计划可以在定向计划的基础上促进更稳固的合作，而且实行公开化推广，能够看到淘客数据和联系方式，是一种沉淀淘客的合适方法。

⑤玩转淘宝客需要把握 5 个方面的资源和使用方法，包括商家后台、联盟后台、内容库、优惠券、淘客插件，如图 9-3-6 所示。

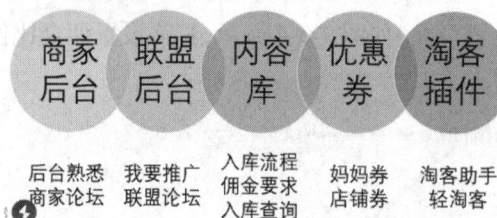

商家后台	联盟后台	内容库	优惠券	淘客插件
后台熟悉 商家论坛	我要推广 联盟论坛	入库流程 佣金要求 入库查询	妈妈券 店铺券	淘客助手 轻淘客

图 9-3-6　玩转淘宝客的主要资源和方法

第四节　站外引流及站内外联动

一、站外引流概念

站外引流是指将淘宝平台外的流量引入到自己店铺中的推广方式。它是相对于站内引流而言的，本章前面介绍的直通车、钻展和淘宝客均属于站内引流方式。由于站内流量日渐趋于饱和，并且其获取成本越来越高，积极拓展站外流量则成为中高层级店铺运营中不可忽视的途径之一。

这里对淘宝客的站内属性加以特别说明。长期以来，人们对淘宝客引流方式究竟属于站内还是站外资源，说法不一。如前所诉，淘宝客平台是建立在淘宝联盟基础上的，淘客们属于联盟内的成员，他们均通过淘宝客平台与店铺商家建立合作关系，从这个意义上说淘宝客是站内推广方式。但是，淘客们各自的推广渠道大多数却都在淘系以外的其他平台上，并且由此引来的流量一直未被淘宝网计入商家店铺的权重中，或者说淘宝客流量对店铺或商品的自然搜索权重和销量权重没有提升作用，这样看来，淘宝客又不能算作正式的站内方式，反倒像站外的。值得注意的是，2021 年 2 月 3 日，淘宝商家透露，以及亿邦动力有关人士询问淘宝相关负责人获悉，淘系平台已经调整推荐规则，原本由淘宝客所带来的销售成交不计入搜索权重的规则，已经作出改变，今后其销售成交将加入淘宝搜索统计之中。商家还称,近期使用淘宝客推广期间,其店铺的自然搜索流量出现同步增加。从发展趋势看,淘宝客应当成为典型的站内推广方式之一。

二、站外引流利弊

站外引流的方式很多,凡是在互联网上能够借以宣传自己店铺和商品的资源、渠道或工具等,并可能直接或间接引来访客的,都应划为站外引流之列,例如博客网站、微博平台、导购网站、返利网站、社交网群、团购网站、视频网站、音乐网站、导航网站、自媒体网站,甚至电子邮件等。可见,站外流量种类繁多、来源广泛,如果运用得当,可引流的范围不受限制,流量规模亦难以估量。当然,这种引流也存在明显的弊端,即人群精准度较低,如果出现站外访客在全店访客数量中占比过高的情况,可能因其转化率低而导致店铺的权重降低。因此,站外引流一般应当在基础流量较好的情况下加以采用,既能扩展客户范围,又不至于让低转化率人群陡然冲淡原有的转化率,从而避免降低权重。

三、站外引流主要渠道

据实战讲师的介绍以及资料调查,按照它们受强调的程度大致排序,常用站外引流的渠道或方式如下:

①新媒体:新浪微博、新浪博客、网易轻博客、搜狐博客、今日头条、QQ 空间、百度空间、搜狐空间。

②导购网站:小红书、美丽说、蘑菇街、猪八戒、威客网。

③B2B 平台:阿里巴巴生意经、1688、摇篮网,以及各大城市级二手买卖市场、财经频道、跳蚤市场等。

④社交平台:qq、微信、微博、贴吧、博客、论坛、阿里商友圈。

⑤视频网站:快手、抖音、趣头条。

⑥返利网站:返利网、花生日记、给惠网、淘粉吧、易购网。

⑦团购平台:美团、饿了么、拉手网、糯米团、折 800、58 团购。

⑧搜索平台:百度、搜狐、搜狗搜搜、中国 YAHOO。

⑨互动网站:百度知道、好搜问答、搜狗问问、爱互踩、天涯问答,爱问知识人、有道、奇虎360。

四、站外引流操作方法

1. 导购网站分享

导购类网站通过分享人们的一些穿搭技巧,或通过软文分享吸引人群,达到站外引流的目的。

2. 博客推广

无论是新浪博客,还是网易轻博客,以及专业对口网站(如淘宝格子铺),都可以以店铺名或商品名作为个人昵称发布软文,文章标题要醒目,内容要丰富,以易于被搜索引擎收录。

3. 问答类推广

在百度、天涯、搜搜、有道、奇虎360等各大问答网站搜索与自己商品有关的问题,如"购买""便宜""价格""功能"一类问题,主动面向提问者耐心进行回答,积极提供帮助,最后留下QQ号,等待有人加。一旦提问者加入QQ,要细心提供帮助,必要时发放网店或商品链接,进一步采取导师型营销方式,一步步教他购买和使用,直到实现转化为止。

4. 论坛推广

这种推广方式首先要处理好两个常见问题:

①版主拒绝商务推广,见到购物信息即刻会删帖。

②一旦帖子内容不被排斥,却因自己未做好维护,推广效果甚微。

解决上述两个问题,要注意以下两点:

①写好软文,以原创为佳,保证文章质量较高,创意一个醒目的标题,内容中适当添加一些图片。

②当软文出现观后响应(点赞、评价、置顶等)时,自己要做好回复引导工作,例如多加解释和说明,与跟帖人互动等。

5. 间接网站推广

信息,利用发布店铺或商品链接,引导站外客户直接到访。

6. 邮件推广

①运用QQ群邮件推广,先加QQ群,再发群邮件,用心编写邮件内容。

②运用更多其他邮箱进行营销推广。

7. 图片打水印推广法

在其他B2B网站发布店铺或商品信息时,注意将店铺或商品图片加上网址水印,这样不仅不用担心别人偷用照片,相反,还鼓励其他人偷用到其他地方发布,起到间接推广的作用。

8. 无偿单向链接推广法

无偿给其他网店做友情链接,既能丰富自己网店的信息,而且当用户搜索到友情链接的店铺时,可能在搜索结果的后面把自己网店的信息作为相关性强的条目提取出来,大大增加站外曝光量。

9. 百科知识推广法

在百科知识词条里以网店或商品名称创建词条,或者在相关词条里添加其他项目信息并与网店名有所关联,尤以百度百科词条的效果为好。要求网店名称或其关联词符合百科词条规范,切忌使用任何广告性质的术语。这个方法的好处是,可能在参考资料里呈现网店链接,便于引导搜索该词条者进入网店。

10. 视频推广

把店铺或商品的卖点、品牌故事、使用方法等,按照影视场景呈现特点,编排制作为短视频,将其投放到各种视频平台,是目前站外引流效果最佳的方式之一。

五、站内外联动引流

1. 站内外联动引流意义

站内流量包括淘宝系内的"公域+私域"流量,例如千牛卖家工作台里的【用户运营/商家自运营中心】属于公域流量,只要建群而无须花钱即可获得,成为当前淘宝平台的主流推广方式。淘宝客等则属于私域流量范畴。

站外流量来源丰富,例如今日头条、抖音、快手等,会给我们带来更多的、不同的和陌生的流量,把具有不同平台使用习惯的客户引到店铺中来,可能带来成倍的流量增加和成交机会。

通过站内外联动,形成淘内流量与淘外流量之间的良性循环,获得大量"种草"和成交的机会,大大拓宽电商运营的资源范围,要求运营者树立全局化运营意识。

2. 站内外联动引流案例

李佳琦成功实现站外转入站内的联动引流。他最初从淘内转战到淘外的抖音上,发布了一个短视频,踩准短视频火爆起来的节奏,自己的粉丝量突然暴增,最后达到4 000多万粉丝、2.4亿个货站。然后,再将抖音上的粉丝转化到淘宝内进行成交,将淘外流量反哺到淘内,使淘内流量实现质的飞跃。淘内与淘外两者结合,不管是淘内账号还是抖音账号,其流量和粉丝都同步显著提升。

思考题

1. 淘宝站内引流推广方式主要有哪几种? 将其各自的展示位、展示逻辑、扣费原理、用途和目的、运营方式列表对比。

2. 寻找一篇公众号软文,分析其如何进行站外引流。

附　录

附录一　电子商务运营实践作业安排及要求

一、实践项目

项目名称:网店运营商品调查、分析及方案设计。

二、开展方式

分组开展网店商品行业与同行竞争调查,分析竞争特点,设计同类商品网店发布方案。

每一组可以自主选择或由教师指定一种具体商品进行调查、分析与设计(这里以药食同源或滋补营养品行业类目下的甘草片为例提供参考模板)。

三、作业内容

主要完成以下几部分的调查、分析与设计,成果形式是填制一套 Excel 表格,分别说明如下:

1. 行业类目市场调查与分析

(1)行业类目市场份额调查表

填表项目包括年、月、子类目名称、交易金额、交易增长幅度(%)、支付金额较父行业占比(%)、支付子订单数较父行业占比(%)。参考模板如附图 1 所示。

	年	月	子类目名称	交易金额	交易增长幅度(%)	支付金额父行业占比(%)	支付子订单数父行业占比
1							
2	2019	1	燕窝	147143745	-19.14	61.35	47.08
3	2019	1	即食燕窝	92078681	10.65	38.39	50.49
4	2019	1	燕窝制品	621862	-16.14	0.26	2.43
5	2019	2	燕窝	90756152	-38.32	68.03	54.71
6	2019	2	即食燕窝	42360277	-54	31.75	44.7
7	2019	2	燕窝制品	295505	-52.48	0.22	0.59
8	2019	3	燕窝	163997900	80.7	63.99	49.88
9	2019	3	即食燕窝	91768575	116.64	35.8	49.46
10	2019	3	燕窝制品	537320	81.83	0.21	0.66
11	2019	4	燕窝	145002558	-11.58	67.34	43.8
12	2019	4	即食燕窝	69592434	-24.17	32.32	56
13	2019	4	燕窝制品	723926	34.73	0.34	0.2
14	2019	5	燕窝	143391251	-1.11	67.14	56.78
15	2019	5	即食燕窝	69771770	0.26	32.67	42.84
16	2019	5	燕窝制品	402900	-44.35	0.19	0.38
17	2019	6	燕窝	179050517	24.87	53.78	44.65
18	2019	6	即食燕窝	153315883	119.74	46.05	54.97
19	2019	6	燕窝制品	564005	39.99	0.17	0.38
20	2019	7	燕窝	131406491	-26.61	58.99	48.91
21	2019	7	即食燕窝	91034502	-40.62	40.86	50.69
22	2019	7	燕窝制品	355419	-36.98	0.16	0.4
23	2019	8	燕窝	132530733	0.86	56.63	42.56
24	2019	8	即食燕窝	100900088	10.84	43.11	56.26
25	2019	8	燕窝制品	613075	72.49	0.26	1.18
26	2019	9	燕窝	135784337	2.45	53.32	35.15
27	2019	9	即食燕窝	118505804	17.45	46.53	64.47
28	2019	9	燕窝制品	375548	-38.74	0.15	0.38
29	2019	10	燕窝	120396143	-11.33	64.26	43.97
30	2019	10	即食燕窝	66742812	-43.68	35.62	55.74
31	2019	10	燕窝制品	229430		0.29	

附图1　行业类目市场份额调查表(仅载取部分数据)

(2)行业类目市场份额数据分析表

将类目市场份额数据按照不同父行业类目进行汇总,得到数据和图表,并分析各类市场大小,为自己的选择提供依据。参考模板如附图2所示。

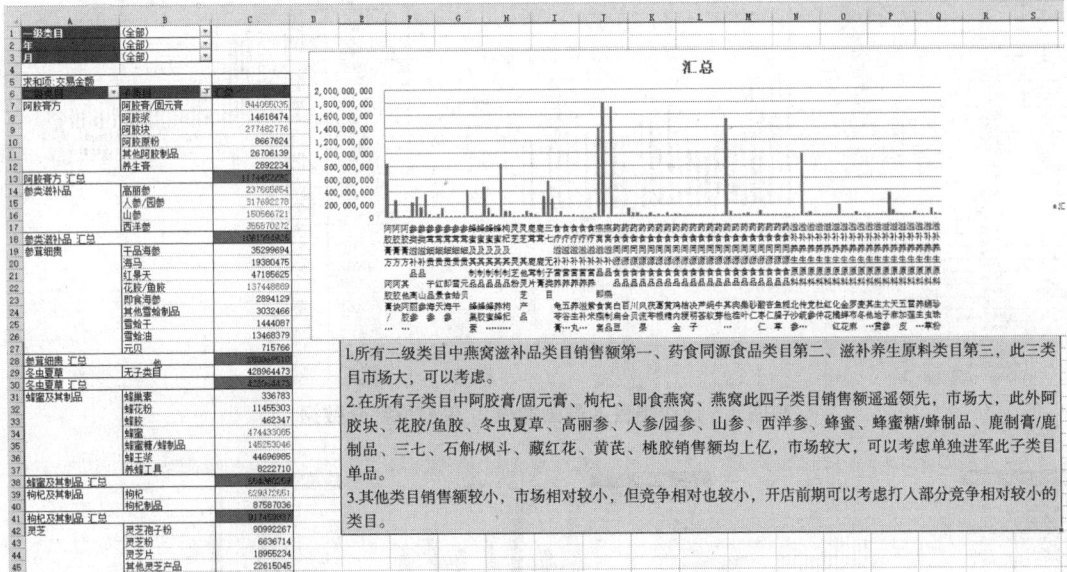

附图2　类目市场份额数据分析表(仅载取部分数据)

(3)行业类目人群画像表

行业类目人群画像表包括性别分析、年龄分析、职业分析、Top 省份分析、Top 城市分析、近30天下单及支付时段偏好、支付偏好、支付频次分布,以及对调查数据的综合分析,参考模板如附图3—附图5所示。

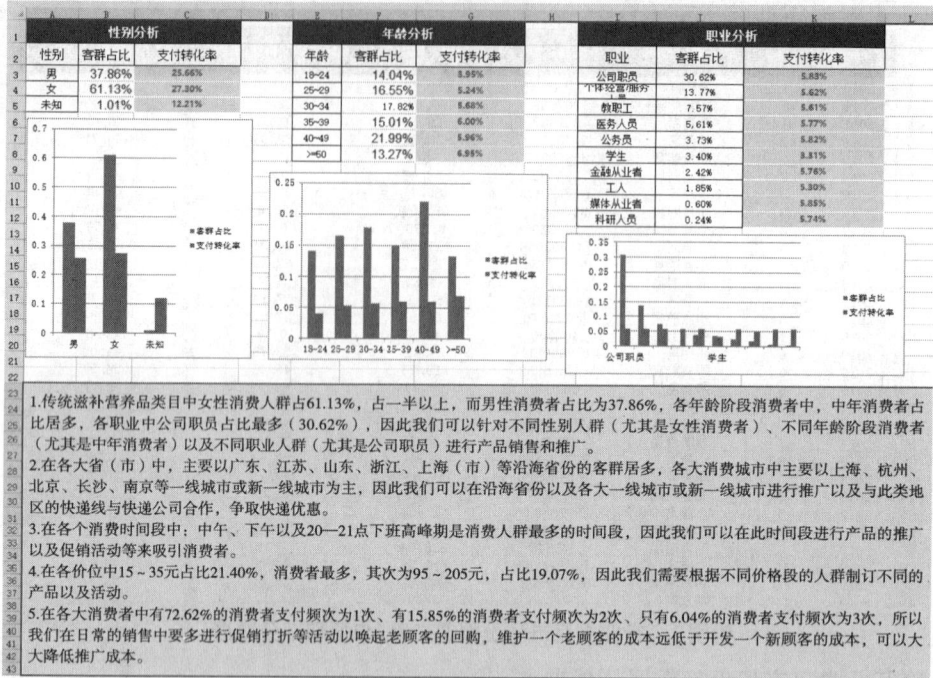

性别分析 | 年龄分析 | 职业分析

性别	客群占比	支付转化率
男	37.86%	25.66%
女	61.13%	27.30%
未知	1.01%	12.21%

年龄	客群占比	支付转化率
18~24	14.04%	3.99%
25~29	16.55%	5.24%
30~34	17.82%	5.68%
35~39	15.01%	6.00%
40~49	21.99%	5.96%
≥50	13.27%	6.95%

职业	客群占比	支付转化率
公司职员	30.62%	5.83%
个体经营/服务	13.77%	5.62%
教职工	7.57%	5.61%
医务人员	5.61%	5.77%
公务员	3.73%	5.82%
学生	3.40%	3.31%
金融从业者	2.42%	5.76%
工人	1.85%	5.30%
媒体从业者	0.60%	5.85%
科研人员	0.24%	5.74%

1.传统滋补营养品类目中女性消费人群占61.13%,占一半以上,而男性消费者占比为37.86%,各年龄阶段消费者中,中年消费者占比居多,各职业中公司职员占比最多(30.62%),因此我们可以针对不同性别人群(尤其是女性消费者)、不同年龄段消费者(尤其是中年消费者)以及不同职业人群(尤其是公司职员)进行产品销售和推广。

2.在各大省(市)中,主要以广东、江苏、山东、浙江、上海(市)等沿海省份的客群居多,各大消费城市中主要以上海、杭州、北京、长沙、南京等一线城市或新一线城市为主,因此我们可以在沿海省份以及各大一线城市或新一线城市进行推广以及与此类地区的快递线与快递公司合作,争取快递优惠。

3.在各个消费时间段中:中午、下午以及20—21点下班高峰期是消费人群最多的时间段,因此我们可以在此时间段进行产品的推广以及促销活动等来吸引消费者。

4.在各价位中15～35元占比21.40%,消费者最多,其次为95～205元,占比19.07%,因此我们需要根据不同价格段的人群制订不同的产品以及活动。

5.在各大消费者中有72.62%的消费者支付频次为1次、有15.85%的消费者支付频次为2次、只有6.04%的消费者支付频次为3次,所以我们在日常的销售中要多进行促销打折等活动以唤起老顾客的回购,维护一个老顾客的成本远低于开发一个新顾客的成本,可以大大降低推广成本。

附图3　行业类目人群画像表1

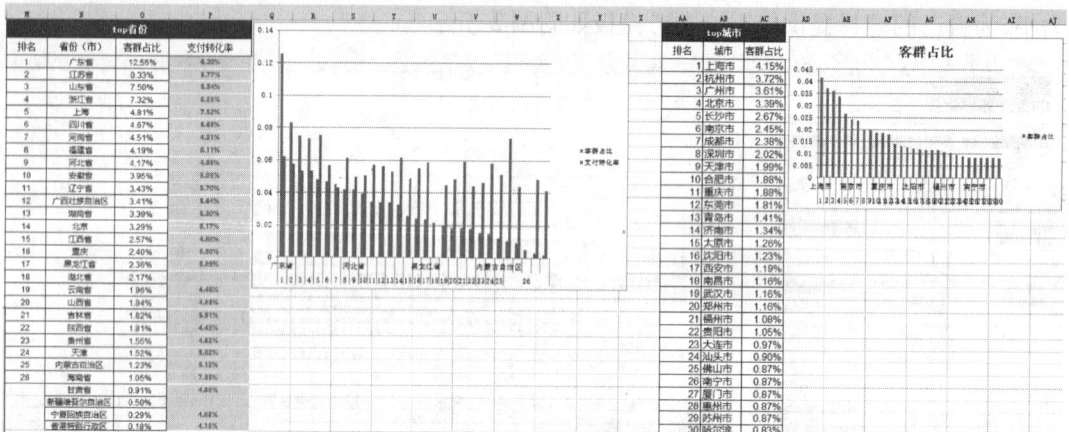

top省份

排名	省份(市)	客群占比	支付转化率
1	广东省	12.56%	
2	江苏省	8.33%	5.77%
3	山东省	7.50%	5.84%
4	浙江省	7.32%	6.11%
5	上海	4.81%	7.82%
6	四川省	4.67%	5.69%
7	河南省	4.51%	4.31%
8	福建省	4.19%	6.11%
9	河北省	4.17%	4.88%
10	安徽省	3.95%	5.03%
11	辽宁省	3.43%	5.70%
12	广西壮族自治区	3.41%	5.67%
13	湖南省	3.39%	5.80%
14	北京	3.29%	8.17%
15	江西省	2.57%	4.75%
16	重庆	2.40%	5.00%
17	黑龙江省	2.36%	5.95%
18	湖北省	2.17%	
19	云南省	1.96%	4.40%
20	山西省	1.84%	4.88%
21	吉林省	1.82%	5.91%
22	陕西省	1.82%	4.45%
23	贵州省	1.54%	5.40%
24	天津	1.52%	5.52%
25	内蒙古自治区	1.23%	5.53%
26	海南省	1.05%	7.38%
	甘肃省	0.91%	4.80%
	新疆维吾尔自治区	0.50%	
	宁夏回族自治区	0.29%	4.66%
	香港特别行政区	0.18%	4.18%

top城市

排名	城市	客群占比
1	上海市	4.15%
2	杭州市	3.72%
3	广州市	3.61%
4	北京市	3.39%
5	长沙市	2.67%
6	南京市	2.45%
7	成都市	2.38%
8	深圳市	2.02%
9	天津市	1.99%
10	合肥市	1.88%
11	重庆市	1.88%
12	东莞市	1.81%
13	青岛市	1.41%
14	太原市	1.34%
15	大连市	1.25%
16	沈阳市	1.23%
17	西安市	1.19%
18	南昌市	1.16%
19	武汉市	1.16%
20	郑州市	1.16%
21	福州市	1.08%
22	宁波市	1.05%
23	大连市	0.97%
24	汕头市	0.97%
25	佛山市	0.87%
26	南宁市	0.87%
27	厦门市	0.87%
28	惠州市	0.87%
29	苏州市	0.87%
30	石家庄市	0.83%

附图4　行业类目人群画像表2(仅截取部分数据)

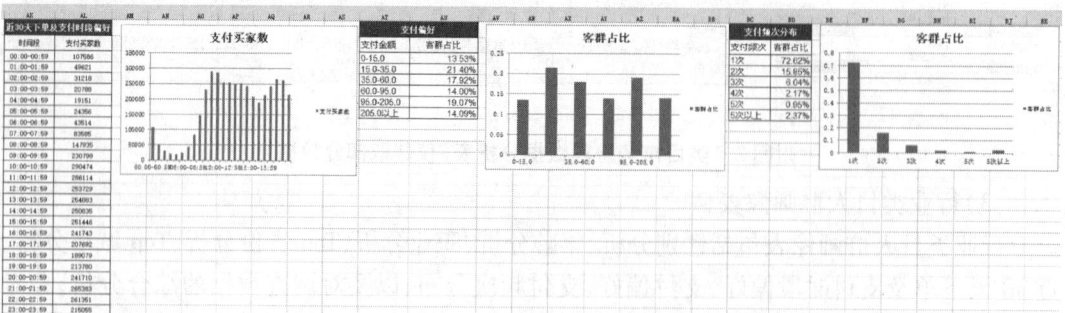

新30天下单及支付时段偏好	支付买家数
00:00-00:59	107586
01:00-01:59	49621
02:00-02:59	31218
03:00-03:59	20788
04:00-04:59	19151
05:00-05:59	24356
06:00-06:59	43814
07:00-07:59	83595
08:00-08:59	147936
09:00-09:59	230799
10:00-10:59	290474
11:00-11:59	288114
12:00-12:59	263729
13:00-13:59	254003
14:00-14:59	250036
15:00-15:59	261446
16:00-16:59	241743
17:00-17:59	207692
18:00-18:59	189079
19:00-19:59	213780
20:00-20:59	241710
21:00-21:59	285389
22:00-22:59	261361
23:00-23:59	216055

支付偏好

支付金额	客群占比
0-15.0	13.53%
15.0-35.0	21.40%
35.0-60.0	17.92%
60.0-95.0	14.00%
95.0-205.0	19.07%
205.0以上	14.09%

支付偏好分布

支付频次	客群占比
1次	72.62%
2次	15.85%
3次	6.04%
4次	2.17%
5次	0.96%
5次以上	2.37%

附图5　行业类目人群画像表3(仅截取部分数据)

2.行业竞争情况调查与分析

(1)商品品牌排行数据表

填表项目包括一级类目、二级类目、子类目、年、月、品牌名称、行业排行、交易金额、交易增长幅度、支付转化率,参考模板如附图6所示。

	A	B	C	D	E	F	G	H	I	J
1	一级类目	二级类目	子类目	年	月	品牌名称	行业排行	交易金额	交易增长幅度	支付转化率
2	传统滋补营养品	药食同源	甘草	2019	1	养庆堂	1	128636	-21.65%	17.66
3	传统滋补营养品	药食同源	甘草	2019	1	岷府人家	2	59807	-54.93%	18.62
4	传统滋补营养品	药食同源	甘草	2019	1	山男·经万线	3	28062	-12.99%	30.74
5	传统滋补营养品	药食同源	甘草	2019	1	燕麟庄	4	26014	-29.38%	12.41
6	传统滋补营养品	药食同源	甘草	2019	1	同仁堂	5	23232	-14.03%	11.89
7	传统滋补营养品	药食同源	甘草	2019	1	SINOTCM/中国药材	6	19161	-15.62%	11.74
8	传统滋补营养品	药食同源	甘草	2019	1	艺福堂	7	16481	-26.08%	14.41
9	传统滋补营养品	药食同源	甘草	2019	1	李良济	8	15642	-13.37%	15.44
10	传统滋补营养品	药食同源	甘草	2019	1	SHANYI WORK/善一坊	9	15399	-52.82%	24.93
11	传统滋补营养品	药食同源	甘草	2019	1	寻百草	10	12239	25.99%	10.06
12	传统滋补营养品	药食同源	甘草	2019	1	宁安堡	11	11669	22.07%	10.04
13	传统滋补营养品	药食同源	甘草	2019	1	盐池甘草	12	11214	6.42%	10.51
14	传统滋补营养品	药食同源	甘草	2019	1	迎辉堂	13	10954	-20.59%	13.9
15	传统滋补营养品	药食同源	甘草	2019	1	胡圆堂	14	10264	18.96%	16.63
16	传统滋补营养品	药食同源	甘草	2019	1	聚和泰	15	7134	-8.91%	13.88
17	传统滋补营养品	药食同源	甘草	2019	1	养生堂	16	6411	63.55%	18.47
18	传统滋补营养品	药食同源	甘草	2019	1	实在堂	17	5964	-16.01%	19.59
19	传统滋补营养品	药食同源	甘草	2019	1	轩庆	18	5493	33.41%	9.68
20	传统滋补营养品	药食同源	甘草	2019	1	天静 道源堂	19	5489	29.88%	13.79
21	传统滋补营养品	药食同源	甘草	2019	1	康美	20	5291	14.70%	3.3
22	传统滋补营养品	药食同源	甘草	2019	1	三九	21	5158	-36.09%	5.51
23	传统滋补营养品	药食同源	甘草	2019	1	丰凯园实业	22	5111	-10.17%	6.31
24	传统滋补营养品	药食同源	甘草	2019	1	丝路情	23	4796	0%	11.8
25	传统滋补营养品	药食同源	甘草	2019	1	弘强	24	4526	-38.62%	18.02
26	传统滋补营养品	药食同源	甘草	2019	1	CHEEZENTANG/奇珍堂	25	4365	-24.30%	19.89

附图 6　商品品牌排行数据表 4(仅截取部分数据)

(2)商品品牌排行数据透视分析表

将品牌排行数据进行汇总,得到品牌交易额竞争对比图,从中确定竞争同行品牌,以此对竞争同行进行剖析,一方面学习同行经验,另一方面找到差异化运营的切入点。参考模板如附图7所示。

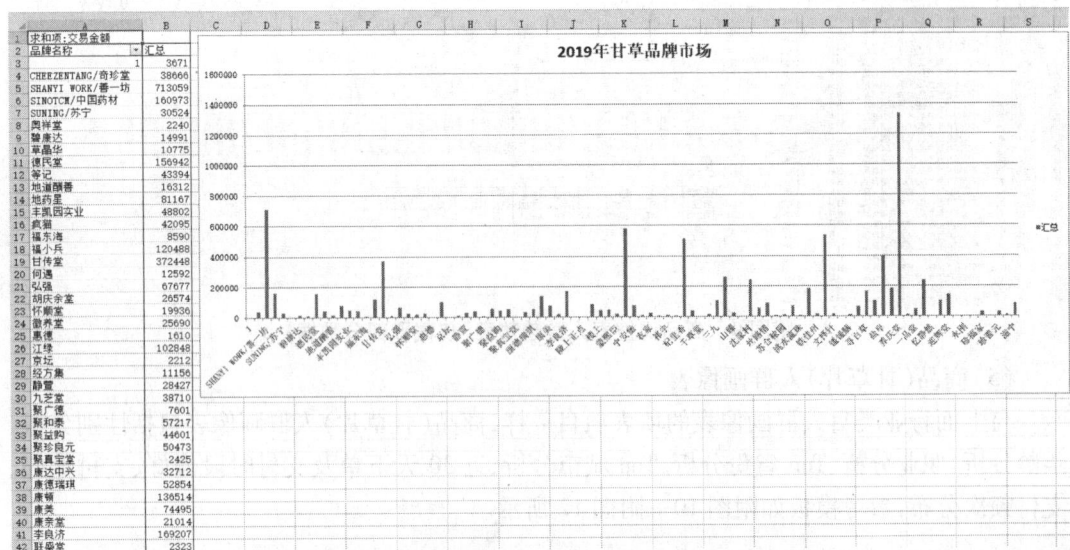

附图 7　商品品牌排行数据透视分析表(仅截取部分数据)

（3）商品类目（甘草）行业交易趋势表

商品类目（甘草）行业交易趋势表用于观察近两年商品销售额趋势，参考模板如附图8所示。

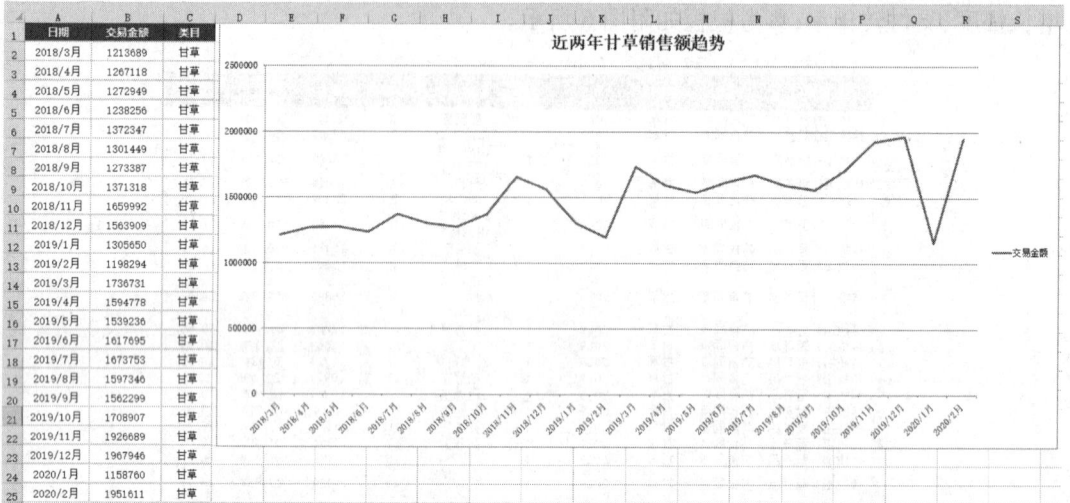

日期	交易金额	类目
2018/3月	1213689	甘草
2018/4月	1267118	甘草
2018/5月	1272949	甘草
2018/6月	1238256	甘草
2018/7月	1372347	甘草
2018/8月	1301449	甘草
2018/9月	1273387	甘草
2018/10月	1371318	甘草
2018/11月	1659992	甘草
2018/12月	1563909	甘草
2019/1月	1305650	甘草
2019/2月	1198294	甘草
2019/3月	1736731	甘草
2019/4月	1594778	甘草
2019/5月	1539236	甘草
2019/6月	1617695	甘草
2019/7月	1673753	甘草
2019/8月	1597346	甘草
2019/9月	1562299	甘草
2019/10月	1708907	甘草
2019/11月	1926689	甘草
2019/12月	1967946	甘草
2020/1月	1158760	甘草
2020/2月	1951611	甘草

近两年甘草销售额趋势

附图8　商品类目行业交易趋势表（仅截取部分数据）

（4）商品词（甘草片）搜索人数趋势表

商品词（甘草片）搜索人数趋势表用于观察一年内商品名的关键词搜索人数变化趋势，确定运营节奏，即起始点、爆发点和结束点，参考模板如附图9所示。

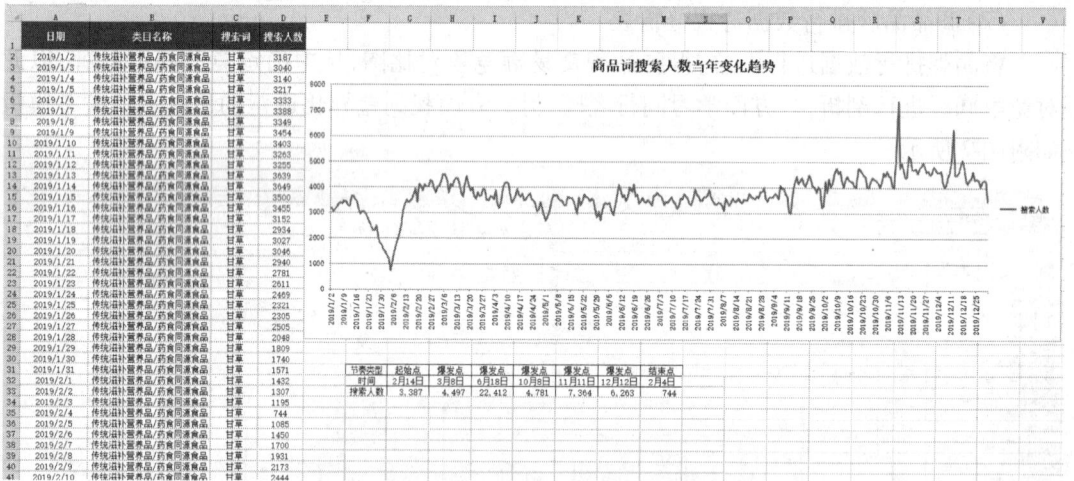

日期	类目名称	搜索词	搜索人数
2019/1/2	传统滋补营养品/药食同源滋补品	甘草	3167
2019/1/3	传统滋补营养品/药食同源滋补品	甘草	3040
2019/1/4	传统滋补营养品/药食同源滋补品	甘草	3140
2019/1/5	传统滋补营养品/药食同源滋补品	甘草	3217
2019/1/6	传统滋补营养品/药食同源滋补品	甘草	3333
2019/1/7	传统滋补营养品/药食同源滋补品	甘草	3388
2019/1/8	传统滋补营养品/药食同源滋补品	甘草	3349
2019/1/9	传统滋补营养品/药食同源滋补品	甘草	3454
2019/1/10	传统滋补营养品/药食同源滋补品	甘草	3403
2019/1/11	传统滋补营养品/药食同源滋补品	甘草	3263
2019/1/12	传统滋补营养品/药食同源滋补品	甘草	3252
2019/1/13	传统滋补营养品/药食同源滋补品	甘草	3639
2019/1/14	传统滋补营养品/药食同源滋补品	甘草	3649
2019/1/15	传统滋补营养品/药食同源滋补品	甘草	3500
2019/1/16	传统滋补营养品/药食同源滋补品	甘草	3455
2019/1/17	传统滋补营养品/药食同源滋补品	甘草	3152
2019/1/18	传统滋补营养品/药食同源滋补品	甘草	2934
2019/1/19	传统滋补营养品/药食同源滋补品	甘草	3027
2019/1/20	传统滋补营养品/药食同源滋补品	甘草	3046
2019/1/21	传统滋补营养品/药食同源滋补品	甘草	2940
2019/1/22	传统滋补营养品/药食同源滋补品	甘草	2781
2019/1/23	传统滋补营养品/药食同源滋补品	甘草	2611
2019/1/24	传统滋补营养品/药食同源滋补品	甘草	2459
2019/1/25	传统滋补营养品/药食同源滋补品	甘草	2321
2019/1/26	传统滋补营养品/药食同源滋补品	甘草	2305
2019/1/27	传统滋补营养品/药食同源滋补品	甘草	2505
2019/1/28	传统滋补营养品/药食同源滋补品	甘草	2048
2019/1/29	传统滋补营养品/药食同源滋补品	甘草	1809
2019/1/30	传统滋补营养品/药食同源滋补品	甘草	1740
2019/1/31	传统滋补营养品/药食同源滋补品	甘草	1571
2019/2/1	传统滋补营养品/药食同源滋补品	甘草	1432
2019/2/2	传统滋补营养品/药食同源滋补品	甘草	1307
2019/2/3	传统滋补营养品/药食同源滋补品	甘草	1195
2019/2/4	传统滋补营养品/药食同源滋补品	甘草	744
2019/2/5	传统滋补营养品/药食同源滋补品	甘草	1085
2019/2/6	传统滋补营养品/药食同源滋补品	甘草	1450
2019/2/7	传统滋补营养品/药食同源滋补品	甘草	1700
2019/2/8	传统滋补营养品/药食同源滋补品	甘草	1931
2019/2/9	传统滋补营养品/药食同源滋补品	甘草	2173
2019/2/10	传统滋补营养品/药食同源滋补品	甘草	2444

商品词搜索人数当年变化趋势

节奏类型	起始点	爆发点	爆发点	爆发点	爆发点	结束点
时间	2月14日	3月8日	6月18日	10月8日	11月11日	12月12日	2月4日
搜索人数	3,387	4,497	22,412	4,781	7,364	6,263	744

附图9　商品词搜索人数趋势表（仅截取部分数据）

（5）商品（甘草片）人群画像表

与上面行业类目人群画像表的填表项目一样，商品（甘草片）人群画像表包括性别分析、年龄分析、职业分析、Top 省份分析、Top 城市分析、近30天下单及支付时段偏好、支付偏好、支付频次分布，参考模板如附图10—附图12所示。

性别分析

性别	交易金额	交易金额占比
男	943,407	47.97%
女	987,864	50.23%
未知	35,367	1.80%
	1,966,638	

年龄分析

年龄	交易金额	交易金额占比
18-24	161,816	8.31%
25-29	276,893	14.22%
30-34	322,892	16.58%
35-39	313,802	16.12%
40-49	526,855	27.06%
≥50	344,732	17.71%
	1,946,990	

职业分析

职业	人数	占比
公司职员	130673	28.63%
个体经营/服务人员	80571	17.65%
教职工	54282	11.89%
医务人员	51707	11.33%
公务员	36801	8.06%
金融从业者	29453	6.45%
学生	27048	5.93%
工人	24208	5.30%
媒体从业人员	12164	2.67%
科研人员	9472	2.08%

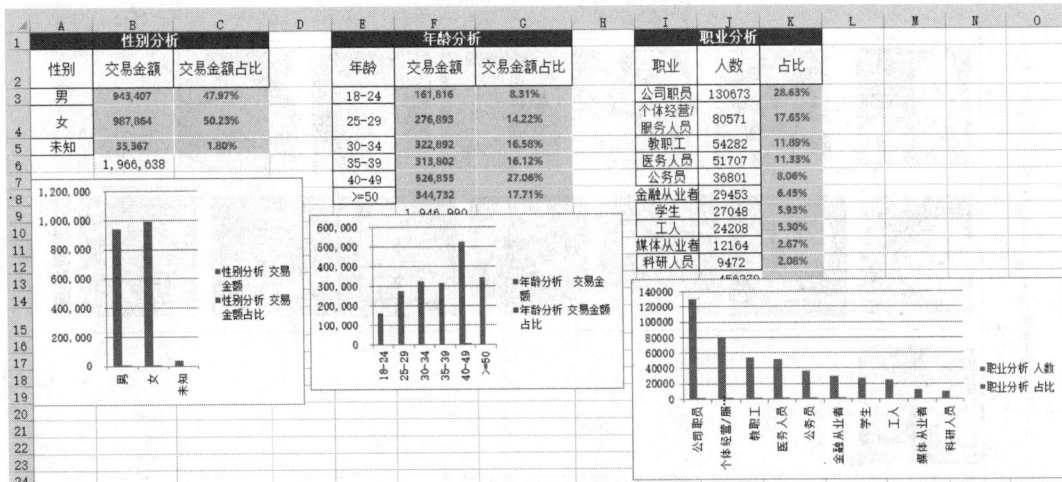

附图 10　商品人群画像表 1

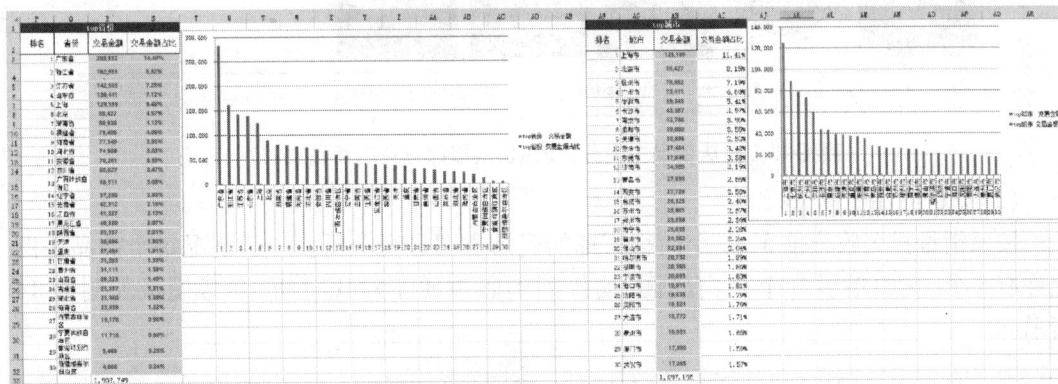

附图 11　商品人群画像表 2

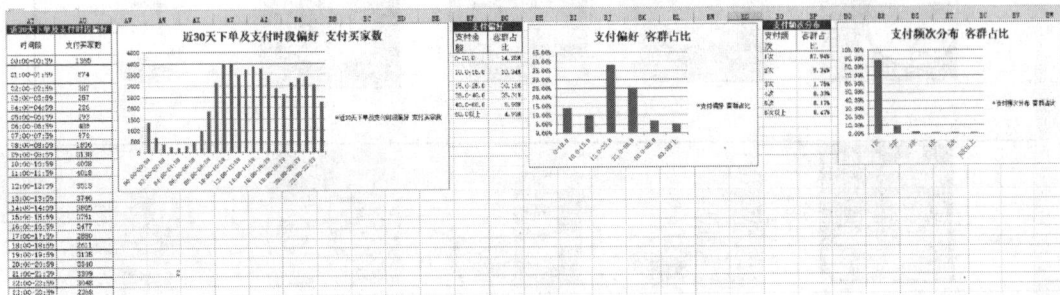

附图 12　商品人群画像表 3

3. 同行竞店调查与分析

（1）竞店商品首图分析表

按照销量排名收集前 44 个（经搜索后在电脑屏幕首屏呈现的最大数量）同行店铺的商品首图进行对比分析，并将它们分为不同的类型排列在一起，如促销创意、促销方案、人物结合、实物精修等类型。参考模板如附图 13 所示。

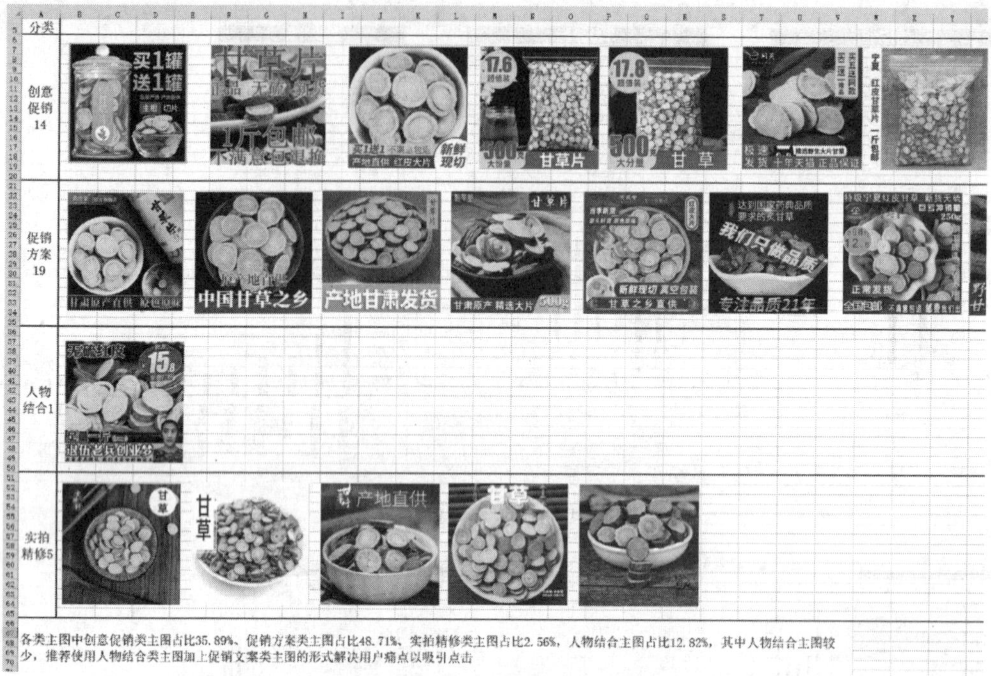
分类
创意促销14
促销方案19
人物结合1
实拍精修5
各类主图中创意促销类主图占比35.89%、促销方案类主图占比48.71%、实拍精修类主图占比2.56%，人物结合主图占比12.82%，其中人物结合主图较少，推荐使用人物结合类主图加上促销文案类主图的形式解决用户痛点以吸引点击

附图 13　竞店商品主图分析表(仅截取部分竞店商品主图)

(2)竞店商品主图分析表

按照销量排名收集前 5 ~6 个同行店铺的商品主图进行分析。一般情况每个商品主图允许有 5 个,其中最后一个是白底图,均排列到表中便于对比分析,参考模板如附图 14 所示。

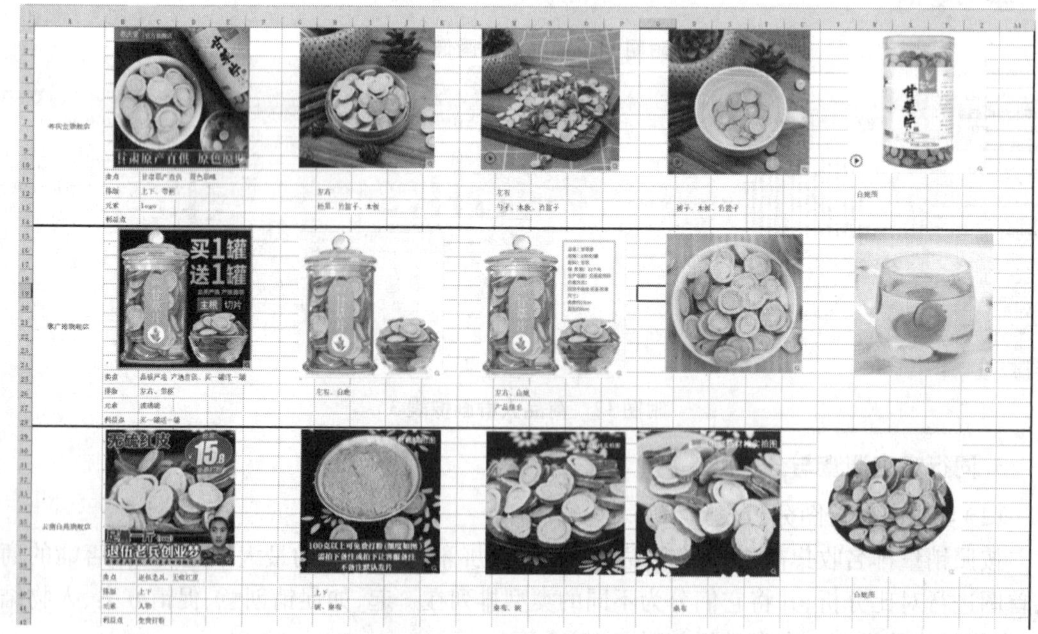

附图 14　竞店商品主图分析表(仅截取部分竞店商品主图)

(3)竞店商品详情页分析表

按照销量排名收集前5～6个同行店铺的商品详情页进行分析。将每一个详情页内容划分出不同板块,标明每一板块的内容类型,便于掌握同类商品详情页的常用结构。常见内容板块结构是"海报图+产品科普(提升顾客认知)+买家痛点+产品展示+产品源头+产品加工过程+产品细节"。详情页分析表的参考模板如附图15所示。

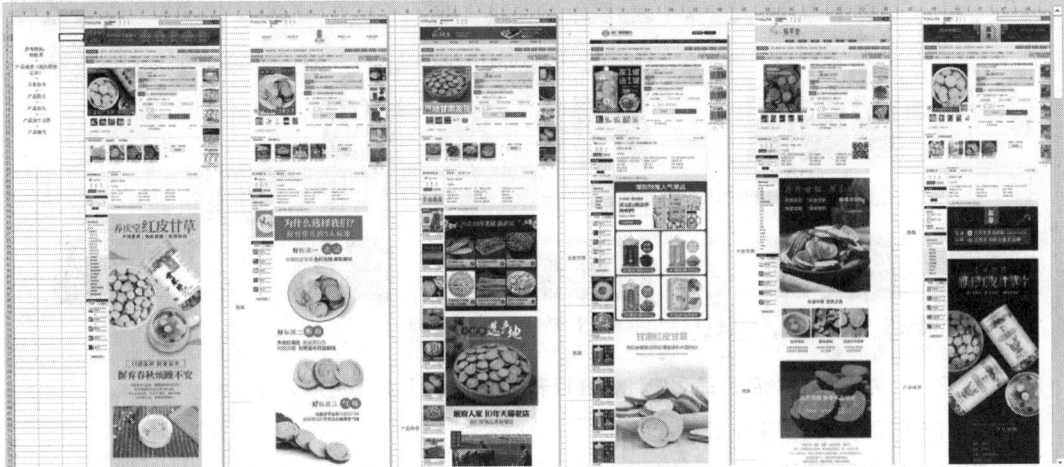

附图15　竞店商品详情页分析表(仅截取详情页上部分内容)

(4)竞店商品"问大家"分析表

按照销量排名收集前5～6个同行店铺的商品"问大家"信息进行对比分析,参考模板如附图16所示。

店铺	问题	次数
旗舰店	如何辨别硫磺处理过的	1
	质量如何	4
	是正品吗	1
	有没有烟熏味	2
	味道如何	1
	有止咳化痰的作用吗	3
旗舰店	有没有烟熏味	4
	质量如何	4
	有止咳化痰的作用吗	7
	可以直接口含吗	1
	微甜还是味苦	2
	有效吗	4
	产地是哪里	1
食品专营店	有没有烟熏味	4
	质量如何	3
	可以长期吃吗	1
	有没有烟熏味	5
	是正品吗	1
	有止咳化痰的作用吗	3
	有效果吗	3
中药材批发	质量如何	2
	有止咳化痰的作用吗	4
	发货快吗	1
	干净吗	3
	是新货吗	2
	片大吗	2
	价格合适吗	2
	有没有烟熏味	1
旗舰店	质量如何	10
	有效果吗	2
	新鲜吗	2
药材栈	有异味吗	2
	质量如何	3
	有没有黑心	3
	味道如何	2
	干净吗	4
	泡水甜不甜	4

问题排序与分析	
问题	次数
质量如何	26
有止咳化痰的作用吗	17
有没有烟熏味	16
干净吗	7
有效果吗	5
泡水甜不甜	4
味道如何	3
有没有黑心	3
有异味吗	2
新鲜吗	2
价格合适吗	2
片大吗	2
是新货吗	2
是正品吗	2
微甜还是味苦	2
发货快吗	1
可以长期吃吗	1
产地是哪里	1
如何辨别硫磺处理过的产品	1
可以直接口含吗	1
综合竞品"问大家"以及自身产品的卖点和用户诉求,自身产品暂设定以下问题	
1.质量如何?	
很好,是正宗的甘草片,很甘甜	
2.有止咳化痰的作用吗?	
有的,建议每天3-5克泡水喝,有止咳化痰的效果	
3.有没有烟熏味	
没有其他异味,一般淡淡的甘草的甘香	
4.干净吗	
很干净,没有掺加杂质在里面	

附图16　竞店商品"问大家"分析表

(5)竞店商品用户评价分析表

按照销量排名收集前5～6个同行店铺的商品用户评价信息,且每个店铺选3～4个具有代表性的用户评价进行分析,寻求用户的特殊爱好和需求,为提炼自己的卖点提供启发,并提出推广建议,参考模板如附图17所示。

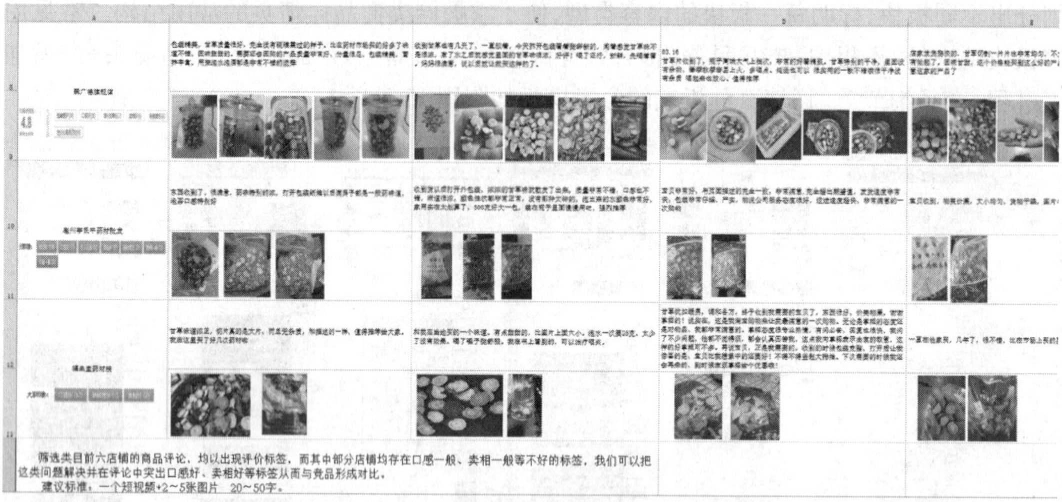

附图17 竞店商品用户评价分析表(仅截取部分竞店用户评价信息)

(6)竞店商品买家相册分析表

按照销量排名收集前5~6个同行店铺的商品买家相册进行对比分析,从中发现用户喜爱的展现方式,启发自己如何改进商品展示方式,参考模板如附图18所示。

附图18 竞店商品买家相册分析表(仅截取竞店的部分买家相册信息)

(7)竞店商品视频方案分析表

按照销量排名收集前5~6个同行店铺的商品视频进行对比分析,并将视频分解为不同的镜头场景,分析各个场景的内容,为自己拍摄制作商品视频提供参考。竞店商品视频方案分析表参考模板如附图19所示。

镜头板块	板块名称	解说	重点要点提示	建议时长	画面、动作、背景
镜头一	产品认知	有	产品功效好	10秒	百度百科等
镜头二	产品对比	有	好的甘草片是什么样	8秒	不同甘草片进行对比
镜头三	包装展示		包装精美	6秒	外包装、瓶身展示
镜头三	细节展示		产品现状直观展示	10秒	开瓶、取出展示
镜头四	食用展示		使用方法	10秒	现场展示产品食用方法(如泡茶等)

附图19　竞店商品视频方案分析表(仅截取部分竞店视频)

4. 网店自主运营设计方案

根据上述行业市场、同行竞争和竞店优势分析,最终为自己团队开展自主运营提供学习参考和差异化创意,提炼卖点等优势和特点,自主设计店铺首页方案、商品首图及主图方案、商品详情页设计方案和商品视频设计方案。

(1)店铺首页设计方案

根据行业类目和用户人群画像等调研,确定店铺及其色调定位,设计店铺首页装修方案,参考模板如附图20所示。

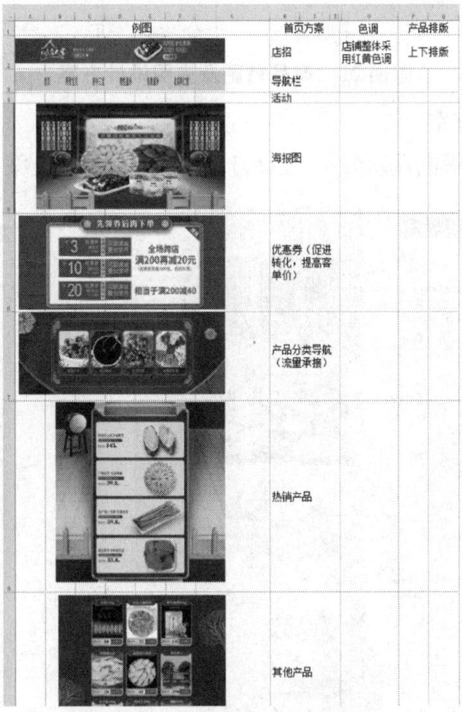

附图20　店铺首页设计方案

（2）商品首图及主图方案

根据对竞店商品首图及主图的调研分析，以及对卖点的提炼，设计自己的商品首图及主图方案，参考模板如附图 21 所示。

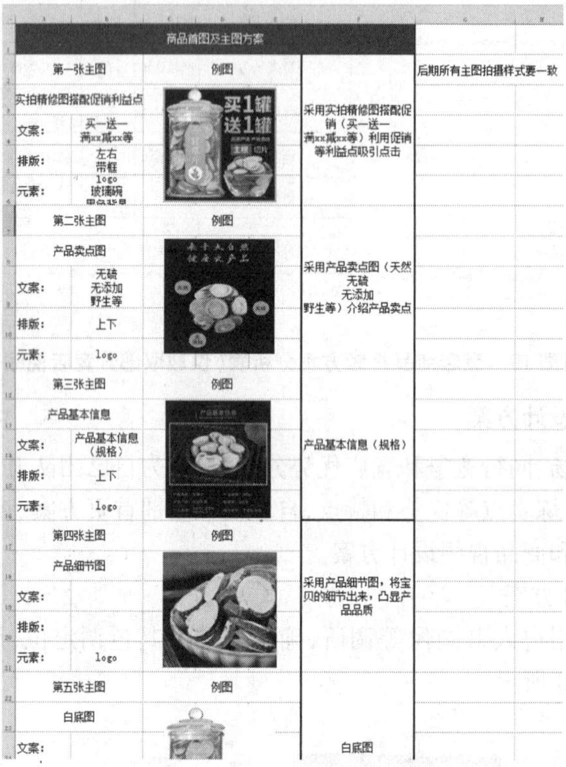

附图 21　商品首图及主图设计方案

（3）商品详情页设计方案

根据对竞店商品详情页等的调研分析，设计自己的商品详情页方案，参考模板如附图 22 所示。

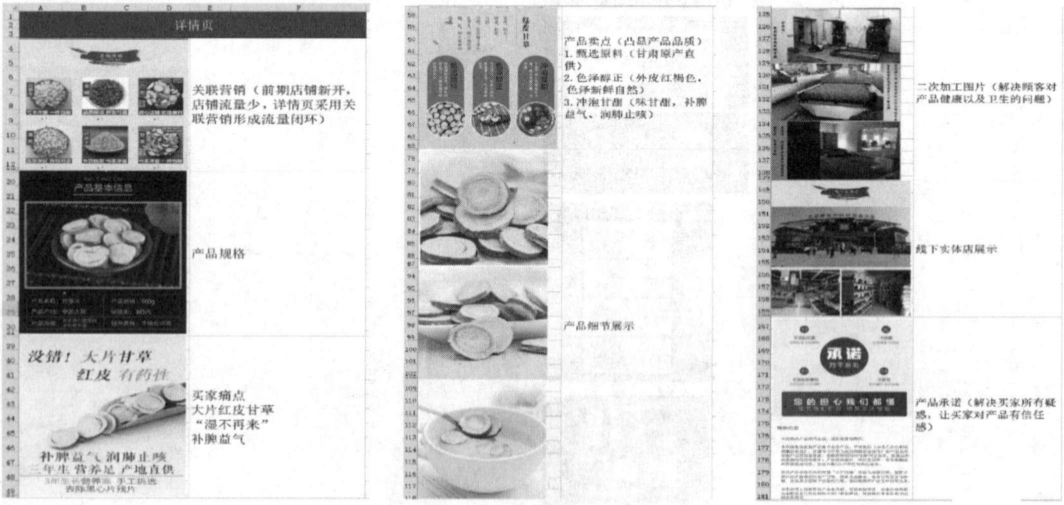

附图 22　商品详情页设计方案

（4）商品视频设计方案

根据竞店商品视频对比等分析,设计自己商品的视频方案,参考模板如附图23所示。

镜头板块	板块名称	解说	重点要点提示	建议时长	画面、动作、背景	拍摄工具	地点
			视频方案				
镜头一	产品认知	有	产品功效好	10秒	百度百科等	摄像机 打光灯 支架 产品碗等	学校 中药材市场 线下实体店 等
镜头二	产品对比	有	好的甘草片是什么样	8秒	不同甘草片进行对比		
镜头三	包装展示		包装精美	6秒	外包装、瓶身展示		
镜头三	细节展示		产品现状直观展示	10秒	开瓶、取出展示		
镜头四	食用展示		使用方法	10秒	现场展示产品食用方法(如泡茶等)		

附图23　商品视频设计方案

四、考核规则

①评分制:满分100分。

②团队成绩:首先根据实践作业的整体情况评定团队成绩,要求作业的各部分内容资料全面、数据充实、图像清晰、分析明确、表格附有说明、方案设计有依据,整体方案达到网店运营实战要求。

③个人成绩:在团队成绩之下,根据小组成员分工及其负责完成的作业部分,对个人进行评分。作业要求同上述团队成绩中描述一致。个人成绩得分不得高于团队成绩分数。

五、产品分配表

组别	组长	手机	指定商品
1组			
2组			
3组			
4组			
5组			
6组			
7组			
8组			
9组			
10组			

注:分组之后使用此表确定各组的指定商品,以后调查分析设计全过程不宜变动。

六、实践作业团队及个人成绩表

实践作业完成后,各小组应当填写一份"《电子商务运营基础》实践作业团队及个人成绩表"(见附录二),一方面方便学生全面检查作业是否完整、全面,另一方面便于教师对团队和个人评定成绩。如果要求以纸质形式提交作业,则此表应当装订在实践作业的第一面(即封面页)。

附录二 《电子商务运营基础》实践作业团队及个人成绩表

学期: 　　　　　　　　　　　　　　　　班级:

小组序号—团队名称	第　　组—××××团队		团队成绩	
小组成员分工与成绩				
姓名	学号	分工		成绩
团队作业自评(调查是否全面、详细,有无分析,方案有无依据、方案是否可行等)				
教师评语				
	年　　月　　日			

参考课程

[1] 雷老师. 新手开店流程—3分钟开通自己的淘宝店. 优伯乐电商学院

[2] 雷老师. 搜索权重解析/新店如何引流/什么产品好做/狠字打法流程. 优伯乐电商学院

[3] 简心. 新手店铺命名技巧/新手店铺定位—打造小而美赚钱店铺. 歆曼商学院

[4] 于青山. 新手店铺货源选择方法. 网淘巨人电商学院

[5] 豆莎. 物流的选择和设置. 天下网商飞鸟教育

[6] 王思佳. PC/手机端店铺基础设置技巧. 网淘巨人电商学院

[7] 空空. 手机淘宝店铺首页及活动设置. 金航线

[8] 余光. PC端店铺装修之全屏店招与导航条/自定义页面装修/海报装修. 振鑫商学院

[9] 芬达. 发布宝贝最新规则. 金航线

[10] 波多. PC端卖家中心发布宝贝流程. 宗盛教育

[11] 简心. 淘宝助理发布高权重宝贝. 歆曼商学院

[12] 大飞. 如何发布高质量宝贝. 天下网商飞鸟教育

[13] 芷若. 巧用卖点提炼, 高转化让你快速盈利. 网淘巨人电商学院

[14] 娜娜. 旺铺装修之色彩定位. 新网商教育

[15] 狐一刀. 旺铺装修风格定位. 网淘巨人电商学院

[16] 五记. 数据化分析店铺—生意参谋. 网淘巨人电商学院

[17] 九襄. 数据分析—蓄力助力爆发. 江南商学院

[18] 王小建. 玩转店铺数据. 淘宝大学精品课活动系列直播

[19] 王小建. 一学就会, 数据解析店铺人群. 淘宝大学精品课

[20] 远冲. 搜索权重提升的路径. 淘宝大学

[21] 大鹏. 认识直通车. 淘宝大学

[22] 子墨. 钻展推广助力产品快速爆发. 传奇电商学院

[23] 龚琳. 钻展知识体系. 淘宝大学

[24] 追风. 淘宝客. 金航线

[25] 欧阳追风. 站外引流. 网淘巨人电商学院

[26] 大松. 淘宝短视频站内外联动. 胡子叔叔电商教育

参考文献

［1］简易.让钻展更简易［M］.杭州:浙江人民出版社,2017.

［2］简易.电商4.0推荐式流量［M］.杭州:浙江工商大学出版社,2021.

［3］李昕.淘宝天猫店铺运营实战［M］.北京:电子工业出版社,2019.

［4］刘珂.淘宝、天猫网上开店速查速用一本通［M］.北京:北京时代华文书局,2015.

［5］淘宝大学.网店运营［M］.北京:电子工业出版社,2018.

［6］淘宝大学.电商运营［M］.北京:电子工业出版社,2012.

［7］淘宝大学.网店推广.店铺内功［M］.北京:电子工业出版社,2012.